"나는 왜 불안한가"
불안의 심리학

우리의 불안은 어디에서부터 시작되었나?
무엇이 나를 더욱 불안하게 만드는가?

나는 왜 불안한가
불안의 심리학

초판 1쇄 발행 2024년 11월 8일

지은이 노지숙·권혁주
펴낸이 장현수
펴낸곳 메이킹북스
출판등록 제 2019-000010호

디자인 최미영
편집 이정아
교정 강인영
마케팅 김소형

주소 서울특별시 구로구 경인로 661, 핀포인트타워 912-914호
전화 02-2135-5086
팩스 02-2135-5087
이메일 making_books@naver.com
홈페이지 www.makingbooks.co.kr

ISBN 979-11-6791-617-4(03180)
값 18,000원

ⓒ 노지숙·권혁주 2024 Printed in Korea

잘못된 책은 구입하신 곳에서 바꾸어 드립니다.
이 책의 전부 또는 일부 내용을 재사용하려면 사전에 저작권자와 펴낸곳의 동의를 받아야 합니다.

홈페이지 바로가기

메이킹북스는 저자님의 소중한 투고 원고를 기다립니다.
출간에 대한 관심이 있으신 분은 making_books@naver.com으로 보내 주세요.

"나는 왜 불안한가"
불안의 심리학

노지숙·권혁주 공저

젠더의 논쟁, 분노, 본질
상실의 시대에서
우리 아이들을
어떻게 키워야 하는지 질문을 던진다.

메이킹북스

차례

들어가면서 • 6

1장 불안의 정의와 원인

불안의 본능 • 12
불안의 작동 • 17
개인의 불안이 사회에 미치는 영향 • 19
젠더의 본질적 변화를 가져온 불안 • 23
개별 불안의 확장과 부모 불안 • 32
사회 불안의 확장과 갈등의 증가 • 64
불평등을 조장하는 사회 • 68

2장 성장 과정별 불안의 원인과 영향

발달 과정별 양육 및 훈육 방법 • 98
성장 과정별 훈육 및 불안 조절 방법 • 121

3장 사례로 보는 불안

부모가 느끼는 양육의 어려움 · 184
불안 진단 및 사례별 치료 과정 · 186

4장 불안의 역습

인간 존엄성 가치 상실의 시대 · 286
편향적인 사고방식의 위험 · 288
기초 안전욕구 불안의 위험 · 308
결핍과 혼란의 부작용 · 317
사회 불안의 형성과 부작용 · 325
인격형성의 부작용 · 334
가정의 생태계 위협(교란) · 340
인간 무의식 위협(교란) · 343
사회생태계 위협(교란) · 348
젠더의 역할과 본질의 위협(교란) · 353

맺으며 · 357
※ 불안이론 표

들어가면서

　정신분석이론을 통해 진단하고 대상 관계이론을 통해서 젠더의 역할과 인간의 관계성에 초점을 두고 심리치료를 진행하기에는 다소 부족한 부분이 있었다.

　수많은 임상을 거듭하면서 사람마다 느끼는 자극의 강도에 따라 정신 병리적 문제와 정서적 불안정에 직면하게 된다는 것을 경험하게 되었다. 사람들을 자극하는 사회 현상과 구조는 현대인의 혼란을 더욱 부추기고 있다. 자극에 자유로울 수 없는 사람들, 자극의 기초점은 생존(삶)에 대한 불안이라는 결론을 얻게 되었다. 인간은 왜 불안한가? 불안의 뿌리는 어디에 있는가? 불안은 인간에게 어떻게 작용하고 있는가? 등의 근본을 찾고자 불안 이론을 연구하게 되었다.

　1장은 불안의 정의와 원인에 대해 기초 부분을 정리하였고,
　2장은 발달성장 시기에 따라 불안과 영향에 대해 불안을 조절하는 방향성을 정리하였다.
　3장은 사례를 통해 불안이 부모와 자녀에게 어떻게 작용하는지를 정리하였다. 각 사례의 전달력을 위해 여러 가지 사례를 하나의 사례로 정리하였으며 대상을 특정하지 않았음을 밝힌다.
　4장은 인간의 불안이 재생산되어 불안이 사회와 가정 그리고

개인에게 미치는 영향, 즉 불안의 역습에 대해 정리하였다.

불안이라는 주제를 가지고 많이 고민하면서 인간이 가지는 꿈과 무의식이 사회와 문화를 만들고 윤리와 도덕의 영양분이 되고 있음을 느끼게 되었다. 이 영양분은 인간이 꿈을 꿀 수 있도록 하였으며, 인간이 꿈을 꾼다는 것은 그만큼 인류가 세대를 거듭하면서 무의식에 많은 경험이 축적되었기 때문일 것이다.

불안에 대해 정리하는 것은 매우 어려운 일이었다. 그러나 인간이 불안을 잘 활용한다면 인간 스스로 진화하며 성숙한 사회를 만들 수 있다는 믿음을 갖게 되면서 아무리 힘들어도 우리가 경험한 불안을 정리해야 한다는 책임감을 느끼게 되었다. 불안을 정리하면서 인간의 불안과 불안을 이용하려는 자들로 인하여 사회가 얼마나 위협적인지, 위험한지, 불평등과 불균형이 심각한지를 깨닫게 되었다. 인간은 위험한 사회 속에서 살고 있지만, 우리의 자녀들은 건강한 사회에서 자라게 하고 싶은 마음이 강렬하게 움직이게 되었다. 어쩌면 이 책은 아이들이 건강하게 자랄 수 있도록 도와주는 육아와 훈육의 발판이 될 수도 있을 것이다.

이 책은 수십 년을 사회복지와 심리치료의 현장에서 경험한 것들을 불안 이론으로 정리한 기록물이며, 경험을 바탕으로 한 서적이라는 점에서 조금 특이할 수 있다. 책의 흐름에 따라 지루할 수도, 어려울 수도 있겠지만 반복되는 문제를 좀 더 깊이 있게 다루고자 하였기에, 반복된다는 것은 인간, 환경, 사회에서 문제를 더 많이 안고 있다는 것으로 이해해 주길 바란다. 반복되는 인간, 환경, 사회문제를 진단하고자 적용한 이론은 프로이트(Freud)의 정신분석학이며, 사회라는 틀에서는 매슬로우(Maslow)의 인간 욕구 5단계를 인용하여 불안을 진단하였고 연쇄적인 사회문제는 배버리지(Beveridge)의 5대 악을 인용하게 되었다.

사례를 어떻게 풀어나가야 할지 집필하면서 가장 고민하였다. 내담자마다 치료에 접근하고 적용하는 방법이 달라 더욱 주의를 기울이게 되었고 현장의 치료 접근에 대해서는 개인정보 및 사생활 보호를 위해 기록을 최소화하고 각색하였다. 사례를 기록하면서 동양의학인 허준(1539~1615)의 동의보감에 나와 있는 영혼에 관한 기록이 사람을 이해하는 데 도움이 되었다.

현장에서 치료적으로 접근할 때 외국의 사례나 논문을 지나치게 의지하여 인간의 심리를 해석하고 치료에 적용하지 않았으면 하는 바람이 있었다. 치료사 자신이 먼저 심리가 건강한지를 진단하고 건강한 심리를 통해 내담자와 건강한 교감을 하고 있는지, 아니면 외국 논문에 의지한 채 논문에서 기록된 변화만을 보고 있는 것인지 판단해야 한다. 밑바탕에는 분명한 이론이 있고 이론을 자신의 것으로 만들어 자기만의 기능과 기술, 그리고 신념을 가져야만 좀 더 깊이 있게 사회문제를 다룰 수 있으며, 인간의 심리를 안정화할 수 있는 좋은 결과를 만들 수 있을 것이다. 이 서적은 다른 면에서는 심리치료 현장이나 사회복지현장에서 일하시는 모든 실무자(워커-worker)들에게 자극제가 되기를 바라고, 부모들과 개인들에게도 자기를 위한 긍정적 자극제가 되길 바란다.

　마지막으로 불안을 먹고 사는 사람들을 경계해야 한다고 말하고 싶다. 인간의 불안을 자극하여 사회를 불안과 혼란에 빠뜨리고 있기 때문이다. 특히 약한 사람들의 불안을 보고 즐거워하며 사람들의 불안으로 돈 중심과 권력의 이득을 취하려는 사람들, 사람들의 경계심을 허물고 가장 취약할 곳을 건드리려는 사람들을 경계하여 스스로 자기를 지켜내야만 불안을 먹고 사는 사람들이 설 자리를 잃게 될 것이다.

1장

불안의 정의와 원인

인간이 느끼는 불안, 그 불안은 무엇이며 어디에서부터 시작되는지, 왜 불안이 인간의 성장과 발달 그리고 삶에 많은 영향을 미치는지, 현대 사회에서는 불안이 사람들에게 어떻게 작용하고 있는지, 불안이 사회에 어떠한 영향을 미치고 있는지 의문과 해답을 깊이 고민해 보면서 스스로 질문을 던져 보았다. 인간은 왜 불안을 느껴야 하며 불안을 느끼지 못하는 인간이 있을까? 불안을 떨쳐버리고 싶은데 떨쳐버릴 수 있을까?

불안의 본능

　불안은 생존본능의 욕구에서 비롯되었기에 인간의 불안은 본능적인 감정이며 생명을 지키고 유지하려는 자기보호 에너지의 원천이 된다. 생명이 있는 모든 유기체, 생존을 위해서라면 수단과 방법을 가리지 않고 자기가 가지고 있는 모든 능력을 동원하게 된다. 유기체는 생존과 안전에 불안이 증가하게 되면 생존을 위한 다양한 접근이 가능하도록 지적 수준을 올릴 수 있는 순기능적 효과가 나타나고, 집단일 경우 더욱 강한 응집력을 발휘하게 되며 지적 수준 또한 월등해지면서 새로운 시도를 할 수 있는 도전에 적극적인 형태를 보이게 된다. 집단의 결속으로 생존에 대한 불안과 위협이 감소하게 되면 생존의 개별화를 위해 자기중심적 욕구로 전환하게 되며 이 과정에서 자기에게 효과적인 최대치를 확보하기 위해 자기 욕구 충족이 자극받아 집단에서 불안이 재생산되는 역기능이 나타나게 된다. 역기능은 집단의 응집된 힘과 안전망을 무력화시키는 부정적 효과로 작용한다. 이렇게 생명을 유지하기 위한 생존 불안은 인간에게 응집된 힘을 갖추게도 하지만 개인에게는 자기를 보호할 수 있는 능력도 갖출 수 있도록 기능한다. 인간 하나하나가 느끼는 불안이 집단을 만들고 집단은 현대 사회 구조를 이룩하였으며 인류의 번영과 발전을 거듭하게 한 원동력이 되었다. 불안의 기초는 인간이 느끼는 생존을 위한 본능적 자기보호 능력에서부터 시작되어 현대 사회의 인류와 삶의 안전과 안정을 가져왔지만, 자기 욕구 충족에 자극받은 인간은 자기보호와 생존본능이 강해지면서 자기중심적 채움이라는 이기심에 잠식되는 불안의 역기능이 뚜렷해지고 있다. 이러한 자기보호 본능은 하나의 정자만을 받아들이는 난자가 수정체를 안전하게 지키기 위한 생존의 불안에서부터 시작되었고, 자기보호 공간을 최상의 안전한 상태로 만들려는 본능적인 욕구에서부터 기인한 것이어서 자기보호 본능은 당연한 인간의 생존 수단이 된다. 당연한 인간의 생존 수단은 성장 과정을 거치면서 성숙함을 갖추어야 하지만 성숙보다는 이기적인 생존을 위해 자기보호 본능 욕구가 강해져 전체의 인류, 집단, 그리고 개인(자신)의 삶을 위협하게 된다.

고유의 기초 불안이 아닌 자극의 불안은 처음의 자기보호 공간인 자궁 속에 약물, 도구(낙태, 시술 등)가 엄마와의 안정교감이 아닌 부정 교감의 상태로 들어오게 되면 태아는 공포(공격)로 받아들이며 생명에 위협을 느끼는 불안이 자극받게 된다. 부정 교감의 태아는 자기보호 공간에서 생존을 위해 스스로 아무것도 할 수 없는 무기력감을 느끼게 된다. 이는 착상된 수정체에서도 생존의 불안에 반응하고 자극을 받고 있다는 보고가 있을 정도로 생존을 위한 불안 반응은 본능적인 기초 감정이며, 부모가 자신을 선택하지 않았다는 부정 교감을 통해 느끼게 되면 불안정한 착상 상태를 보이게 되는 것이다. 불안정한 착상은 부모의 감정에서 불안을 많이 느낀 태아일수록 나타나기 쉬운 위축된 생존의 위협이며, 불안이 계속될수록 태아는 힘(낙태의 감정이나 부모의 불안이 커질수록 태아에게는 치명적인 불안이 생산될 수 있다)을 잃게 된다. 자기 영역이 침범당하고 보호받아야 할 환경이 안전하지 않은 상태라는 위협의 과정이 태아를 자극하여 의식적(트라우마/무의식의 무력함으로 각인) 불안으로 각인되어 기초 불안이 증가할 수 있어 출산을 결심한 부모들은 더욱 신중하게 태아와 교감해야 한다.

　무의식의 기초본능(기능)은 생명 유지, 생존 욕구가 가장 큰 비중을 차지하고 있으며 매슬로우(Maslow)의 인간 욕구 5단계를 보더라도 생존에 대한 욕구의 기초본능이 가장 큰 비중을 차지하고 있다는 사실을 알 수 있다. 매슬로우(Maslow)는 인간이 성장하면서 느끼는 단계별 욕구가 있다고 보았으며, 그가 제시한 인간 욕구 5단계에서 욕구의 단계가 불안의 척도를 나타내는 방증이기도 하여 이 이론을 바탕으로 인간이 본능적으로 가지고 있는 불안을 다루게 되었다. 매슬로우(Maslow)의 인간 욕구 5단계를 살펴보면 피라미드 구조의 가장 기초이자 가장 크게 자리를 잡은 1단계 생존의 욕구, 2단계 안전욕구, 3단계 소속(관계, 환경 등) 욕구로 구분되어 있다. 1단계의 기초 욕구 크기가 말해주듯이 인간이 생존에 얼마나 많은 자기 에너지를 소비하고 있는지를 볼 수 있다. 2단계와 3단계 또한 인간의 생존과 직결된 안전과 소속감의 안정감이 생존을 유리하게 만들 수 있다고 해석해 볼 수 있다. 이렇게 기초 욕구는 1단계에서 3단계가 충족되어야만 생존 불안을 조절하는 힘이 생기는데 이러한 불안을 조절하지 못하게 되면 불안이 증가하여 두려움을 느끼며 두려움은 분노와 상실을, 분노와 상실은 인간을 불안정하게 만든다. 기초 욕구가 충족되었다고 해도 불안에서 벗어나지 못하는 것은 미래에 대한 불확실성, 질병, 노화, 재해 등에서 발생할 수 있는 수많은 변수가 존재하기 때문이다.

불안은 생존본능이라는 절대적인 감정이기에 불안에서 자유로운 사람은 없다. 다만, 무뎌진 현상에 의해 불안을 느끼지 못한다는 자기감정의 오류가 있을 뿐이다. 불안의 진행이나 강도의 차이는 사람마다 다르다. 일상생활에서 유독 환경이나 관계에서 자극받아 불안을 느끼는 사람이 있고 일상적인 생활에서 불안을 느끼지 못하다가 자기의 약점이나 대면하기 어려운 트라우마에 직면하게 되면 불안이 시작되는 사람들이 있으며, 평소에는 불안을 잘 조절하다 자기에게 맡겨진 역할에 유독 부담을 느끼는 사람들이 있다. 인간이 느끼는 불안은 사람마다 다양한 방식으로 표현되고 관계나 환경에서 느끼는 긴장과 두려움은 불안의 다른 표현이기도 하며, 긴장과 두려움의 감정을 처리하기 위해서 과도하게 자기 에너지를 소모하게 된다. 소모적인 관계나 환경이 계속되면 자기 에너지는 고갈 상태가 되며, 고갈된 자기 에너지는 관계와 환경에서 불안을 가속시키는 촉매제가 된다. 불안이 가속되면 기초 불안이 증가하여 환경과 관계를 위협으로 받아들이게 되며, 불안에 잠식되고 관계와 환경을 이해하는 폭이 좁아지면서 갈등, 대립, 분노, 상실, 무기력, 우울 등 부정적 감정 상태로 확대된다. 이러한 인간의 불안을 교묘하게 이용하려는 사회 현상에 의해 인간 스스로 자기 불안에 더욱 크게 자극을 받게 되면서 불안 사회로 진입하게 되었다.

불안 사회의 사람들은 다양한 매스컴(채널), 관계와 환경을 통해 위협, 위험, 갈등, 범죄, 초조함, 긴박감 등의 감정으로 받아들이고 사회 문제에 쉽게 동요된다. 뉴스 정보에 의존하는 사람들일수록 자기 불안이 높아지게 되고 자기와 사회가 하나라는 인식이 강해지면서 사고의 오류를 보일 수 있으며 매사에 불안과 불만, 공격성과 분노, 상실과 무기력, 우울 등 감정의 다양성을 보인다. 이 감정들이 가정환경에서도 갈등을 생산하고 관계에서도 자기 기준을 만들어 갈등을 부추기며 문제의 중심에 놓이기도 한다. 이처럼 자기 불안과 외부에서 오는 불안을 분리하거나 구분하지 못해 생산되는 불안은 증폭된 불안이 되어 자기를 더욱 불안에 노출되게 만들고 불안 때문에 자기 생산성을 떨어뜨리게 된다. 자기 불안에 떨어진 생산성은 노력해도 안 된다는 감정화를 만들게 되면서 무기력하거나 분노를 느끼게 된다. 관계에서도 자기 기준이 확고해 자기중심적인 사고가 발달하면서 갈등을 만들고 갈등 대상과 관계를 청산하려는 감정화의 행동이 나타난다.

불안의 작동

인간은 불안하기에 다양한 경험을 통해 긍정적으로 생존에 유리하도록 조절하는 법을 학습하고, 부정적인 행위와 행동에 대해서도 학습하며 인간이 진화할 수 있는 계기를 마련한다. 안전한 사회를 만들기 위해 모두가 노력하지만, 소수의 불안에 의해 다수의 안전이 위협받고 있는 불안 사회가 만들어지고 사회는 그 불안을 다시 재생산하여 개인의 불안으로 돌아오게 된다. 소수의 불안이 사회에 미치는 영향으로 다수가 피해를 보는 것은 소수가 다수에 미치는 영향이 그만큼 크다는 것이며, 그 원인 중 하나는 손해 보지 않으려는 심리와 경쟁에서 밀려날 것 같은 초조함이 다수의 불안을 촉진시키기 때문이다. 불안을 스스로 통제하지 못하고 원가족 부모의 불안을 구분하거나 분리하지 못하면 개인의 불안은 더욱 가중되어 자기의 기능과 재능을 발휘하지 못하며 자기중심적이고 편협한 사고의 편견으로 사회문제에 중심이 될 것이다. 현대 사회의 성인들조차도 경험이 다양하지 못하고 부모들도 자기 불안을 구분하지 못한다. 불안 사회에서 자녀를 지키고자 하는 마음으로 자녀를 통제하며 통제를 통해 위험과 위협에서 자녀를 지킬 수 있다고 믿기 때문에 자녀들의 경험을 차단하거나 대리 경험으로 키우려고 한다. 불안이 세대를 거쳐 대물림되는 현상이기도 하다.

불안은 각기 다르게 표현 또는 표출된다. 경제적인 불안, 부부 갈등 불안, 경쟁에서 밀려나지 않으려는 불안, 관계에서 우위를 차지하고 싶은 욕구 불안, 사회관계 불안, 세대 간의 소통 불안, 남녀 관계 불안, 상대의 행동을 위협으로 느끼는 불안, 자기 역할에 대한 부담감의 불안, 질병에 대한 불안, 자신과 가족의 죽음에 대한 불안, 자녀 양육불안, 공부 불안, 취업이나 사회 진출 및 사업을 준비하는 준비 불안 등으로 나타난다. 불안은 해소하거나 제거할 수 없는데도 불안을 해소하거나 제거할 수 있다는 믿음이 더욱 불안한 삶에서 자기를 벗어나지 못하게 하는 촉매제로 작용하고 있다.

불안(긴장감)이 지나치게 높을수록, 그리고 부모와의 부정 교감으로 불안을 경험한 자녀들일수록 품행 문제, 학습 지연, 과잉 행동, 환청, 환각, 망상, 분노 조절 등의 정신적인 문제를 겪을 수 있으므로 주의해야 한다. 자기 불안을 조절하지 못하거나 부정 감정에 쉽게 자극받는 사람일수록 높은 불안감과 긴장감을 처리하지 못해 분노, 공격성, 상실감, 무기력, 우울과 조울 등의 극단적인 행동 양상을 보이기도 하며 쉽게 중독에 빠지거나 유혹에서 헤어 나오지 못한다. 자기 불안을 이해하지 못하고 제거하려 시도하면 할수록 불안이 증폭되어 중독에 빠지기 쉽고, 자기의 중독에 의한 무뎌진 현상으로 불안을 통제한다고 믿게 되는데 이는 통제가 아닌 제2, 제3의 중독에 의해 불안 요소를 촉진시킬 수 있다. 불안은 인간이 타고난 고유성으로 생명체가 느끼는 생존이며 인간이 진화할 수 있도록 돕지만, 퇴화시킬 수도 있다는 것을 꼭 기억해야 할 것이다. 지금의 현대 사회가 불안 사회가 된 원인 중 하나는 국민의 불안 심리를 자극하여 삶을 지배하려는 모순의 사회에서 모순된 사람들에 의해 불안이 조성되고 조작되고 있기 때문이다.

개인의 불안이 사회에 미치는 영향

　인류의 근원은 진화론인지 창조론인지 둘로 의견이 분분하지만, 분명한 것은 현대 인류는 진화를 계속하고 있다는 것이다. 진화는 인간 형태의 변화가 아닌 인류 문명의 발전이다. 많은 희생을 치러가면서 질병을 정복하고 과학과 의학의 발전으로 개인의 수명이 연장되면서 자기 생존에 대한 갈망으로 개인의 갈등은 극과 극을 치달으며 소모적인 논쟁을 계속해 오고 있다. 개인의 갈등은 더 나아가서 인종의 갈등으로 확대되어 인류를 위협하는 국가관을 형성하였다. 한정된 국가관에 갇혀 이익을 위해 수단과 방법을 가리지 않고, 국경이라는 선을 만들고, 침략이라는 전쟁을 일삼으며 전체 인류에 대한 불안을 만들어 내고 있다.

　개인이 자기의 욕심을 채우기 위해 욕구를 충족하는 방법이 어느 순간 다른 문명을 파괴하고 멸망시키는 행위를 통해서 개인과 조직, 더 나아가서는 국가의 이익이라는 허울 속에 인간이 인간을 학살하고 복종시켜 야욕을 채워갔다. 많은 것을 차지하고 싶은 욕망, 생존에 직결되지 않아도 다른 것을 뺏으려는 욕구는 어떻게 설명해야 할까? 자기 생존을 위한 본능적 불안이라는 감정이 타인의 권리를 침해해도 된다는 것은 아니다.

개인의 불안이 가족의 불안으로, 단체와 조직의 불안으로, 사회의 불안이 한 나라의 불안으로 표출(현)되면서 개인과 사회의 불안정성은 확산하고 있다. 도미노와 같이 처음의 기초가 안정적이지 않아 쓰러지게 되면 모든 것이 쓰러져야만 끝이 나는 것처럼, 불안이 인간과 사회에서 들불처럼 퍼지는 것을 막을 수는 없다. 시대적인 불안은 늘 존재하였으며 시대에 따라서 침략이나 전쟁으로 권력과 힘을 유지하고 국민의 불만과 불안을 다른 불안으로 덮고자 하였다. 그로 인해 불안이 인간의 욕구를 자극하고 정신을 지배하게 되어 공격성으로 나타나게 되면서 파괴적인 불안의 본능을 끌어냈다.

불안의 본질적 변화

현대 사회는 침략과 전쟁의 충돌은 줄었지만 경제적인 우위를 차지하려는 다툼의 전쟁은 계속되고 있다. 개인의 안전, 안정, 풍요 등을 갈구하는 생존의 법칙에 따라서 불안이 가중되었고, 이기적인 자기 욕심과 욕구를 채우기 위해 지나친 자기중심적인 사고로 불안이 불만과 분노로 변질되어 더욱 본능적이고 역기능적인 성향을 보이고 있다. 특히 자본주의 사회는 자기 이익을 위해서는 수단과 방법을 가리지 않는 개인주의 성향을 뚜렷하게 보이고 있으며 이면에는 가난과 소외, 차별이라는 불평등의 불안이 가속화되면서 살인, 납치, 강간, 착취, 유인, 사기, 중독, 마약 유통 등의 강력 범죄는 날로 증가하고 있다. 자본주의 사회에서 화를 참지 못하는 사람들이 넘쳐나는 이유는 불안의 역기능이며 불안에 짓눌려 공격성이 표출되는 퇴화 현상을 보이고 있는 것이다. 과거 사회나 현대 사회의 다른 점을 찾을 수 있다면 기술, 과학, 의학 등의 발전과 편리성을 위한 진보일 뿐, 진화의 산물인 성숙이 매우 부족하다는 것이다. 사회가 발전하면서 더욱 자본을 바탕으로 삶이 결정되고 평가되다 보니 끝없이 삶의 질을 높이기 위해 채움의 욕망만 바라고 있어 성숙의 진화를 방해하고 있다.

불안한 사회가 계속된다면 미래 세대에게 안전한 사회를 물려줄 수 없다. 과거 세대가 출산을 많이 한 이유는 일할 수 있는 노동력이 필요했고, 자기 가족의 세력화를 키워 불안을 조절하고 통제하려는 기능적인 측면이 강했기 때문이다. 하지만 사회가 발전을 거듭할수록 가족의 기능적인 측면이 사회적인 기능의 측면으로 변화하게 되었고, 사회적인 기능은 가족 중심에서 사회(기업, 국가 중심) 중심으로 중심의 변화를 가져오게 되었다. 중심의 변화는 가족의 집단 방식보다는 가족의 단위 방식으로 변화를 가져오게 되면서 현대의 가족 중심이 되었다. 현대 사회 가족의 형태는 비대한 집단이 느끼는 생존 불안의 규모를 최소화하는 데 효과적이지만, 집단 응집력의 원동력이 되는 안전과 안정의 2차 생존 불안을 조절하고 통제하는 데는 많은 어려움을 겪게 되었다. 핵가족화의 작은 단위가 감당해야 하는 한계성은 외부의 불안에 의해서 타격(갈등, 양육의 부재, 방임, 억압, 경제성, 범죄의 노출 등)을 받으면 깨지기 쉬운 유리처럼 사회적인 불안의 조절과 통제에는 효과적이지 못하였다. 불안을 분산하고 조절하지 못하면서 인간의 기초 불안은 더욱 흔들리게 되었고, 다시 가족의 집단 방식으로 돌아가려는 회귀 본능을 보이게 되었다. 하지만 안전과 안정의 2차 생존을 위한 집단화의 관계와 환경에 대비하지 못하면서 집단화에 따른 갈등과 대립의 불안이 증가하게 되었다. 준비되지 않은 회귀 본능은 개인주의라는 뚜렷한 인간의 기질과 성향에 대해서 준비하지 못하였고, 기질과 성향은 각기 다른 욕구와 불만의 감정이 표출되어 가족이라는 집단이 포용하지 못하게 되면서 자기중심적 개인주의라는 갈등화가 촉진되었고, 사회는 갈등의 정쟁에 휩쓸리게 되었다. 정쟁은 공평하지 않은 사회를 만들고 안전을 위협하는 사회가 되었다.

젠더의 본질적 변화를 가져온 불안

먼저 현대 사회가 사용하는 용어를 정리해 보겠다.

- 시스젠더(신체적 성별과 성 정체성이 일치하는 사람)
- 트랜스젠더(신체적인 성별과 자신이 인식하는 성별이 일치하지 않은 사람) 남↔여
- 게이(동성애자를 뜻함. 영어의 뜻은 명랑한, 쾌활한 등 긍정의 뜻을 지닌 단어로 자신의 성 정체성을 긍정하기 위해서 사용)
- 페미니즘(여성 지향적인 의식 혹은 남성 중심적인 가부장제 이데올로기에 대항하는 여성주의 담론)
- 급진적 페미니즘(성 대결, 자율, 자유, 자기합리화 등으로 변질되는 경향이 큼)
- 페미니스트(사회의 일반적인 여성관에서 벗어나고자 하며, 남성과 동등한 기회와 자격을 가지기 위해 노력 - 19세기 여성 참정권에서 비롯되었으며 모든 차별을 부정)

젠더, 성은 생물학적으로 타고난 자기를 결정하는 결정체이며 역할을 알리는 순수성을 가지고 있다. 젠더는 생물학적 남성과 여성을 뜻하며 가장 쉬운 개념 중의 하나이지만 그 내면의 감정은 매우 복잡하다. 불안의 시작점이며 현대 사회에서의 갈등과 다

툼, 분쟁 등의 많은 사회문제를 만들게 된 원인이기도 하다. 젠더(gender)의 갈등은 전체 인류, 사회에서 전반적으로 나타나는 사회 현상이다. 하지만 현대 사회의 젠더갈등은 갈등 자체가 부정적이고 갈등과 분쟁의 파국적인 현상으로 형성된 것이며, 성차별의 불안으로 증폭된 사회 현상에서 기인한 것이다. 현대 사회는 젠더라는 단순한 개념에도 불구하고 성의 다양성을 인정하라는 요구가 거세지고 있으며, 이 요구가 순수한 젠더의 역할이 아닌 제3의 성을 인정하라는 사회적인 이슈를 만들고 있다. 또한, 남성이나 여성이 성의 다양성을 앞세워 각기 타고난 성의 역할을 회피하며 젠더로서의 순수성(역할)을 포기하고 자기 성을 훼손(전환)하는 경우가 증가하고 있다. 왜 이러한 현상이 나타나게 되었을까? 과거 사회에서 여성을 억압하던 사회적 부정자극의 불안이 해방과 인권이라는 자유 의지와 결합하면서 의무는 없고 권리만 주장하게 되는 역효과를 낳게 된 것은 아닐까? 남성의 젠더는 책임과 의무라는 강요된 사회적 부정자극의 불안이 평등이라는 자유 의지와 결합하면서 자신만의 권리를 주장하게 되는 역효과를 낳게 된 것은 아닐까? 역사적 자극에 의한 불안 자극의 경험이 쌓여 현대 사회에서 불거져(부정적인 작용) 나온 젠더의 억압된 감정의 부작용이라고 볼 수 있다. 제3의 성은 부모와 자녀 간 극도의 불안정성과 불안이 정체성을 혼란하게 만들어 생겨난 치명적인 불안의 피해자가 아닐까를 생각해 보지만 그에 대한 답은 속단할 수 없다. 퇴적물처럼 쌓인 부정적 자극에 의한 의식(무의식에 쌓인 침전물)의 불안 경험을 스스로 인지하거나 표현할 수 없고 스스로 해석할 수 없기에 논의의 대상화가 되기 어렵다. 하지만 젠더의 성 정체성에 대한 역할과 이해를 위해서는 논의가 필요한 시기이다.

성 정체성에 대해서는 많은 시대를 거쳐 왔다고 할지라도 한마디의 축약된 말로 의미를 가늠할 수 있다. 각각의 단일성을 가지는 인간의 성에 대한 구분은 동물의 짝짓기와는 사뭇 다르지만, 인간이 가지는 본능으로 본다면 동물들의 짝짓기와도 같다고 할 수 있다. 동물들은 각각의 성에 따라서 본능적으로 역할을 수행하고 있으며 성의 구분에 따라 질서, 관계, 사회, 서열, 환경을 배우게 된다. 하지만 인간은 조금 더 복잡한 지식 체계를 가지고 있다 보니 다양한 환경을 배워야 하며, 환경 변화에 따라 시대별 정보를 습득해야 하는 경쟁의 어려움이 있어 사회와 환경으로부터 동물적인 욕구와 본능의 통제를 강요받고 있다. 과거 사회에서는 사회와 환경이 현대 사회보다는 복잡하거나 다양하지 않았지만, 생존을 위협받는 불안의 위험요인이 많아 자기 효능감을 구체화하지 못하였고 무기력과 절박함을 해소하고자 본능적인 성적 역할에 집중하였다. 그러나 현대 사회에서는 사회와 환경에서 자기의 효능감을 구체화하고자 하는 지적 욕구가 높아지면서 본능적인 생산성을 떨어뜨리고 있다. 또한, 과거 사회가 여성에 대해 억압의 성적 역할을 강요하면서 무의식 속에 남아 있는 억압과 통제의 반감 심리가 현대 사회에서 의식화된 억압에 대해 반항심리로 작용하였고, 주체성에 대한 가치를 우선시하면서 성 정체성의 역할을 소홀하게 만드는 원인이 되었다. 주체성은 자율, 표현의 자유, 자기만족 등으로 재해석되면서 남성과 여성에게 뚜렷한 성의 정체성을 가져왔지만 성 정체성에 따르는 성의 역할에 대해서는 모호한 상태가 되었고 즐기기 위한 유희의 조건이 되었다. 성의 역할에서 단일성을 가진 인간의 구분된 성이 동물과 다른 것은 인간이 가지는 윤리적인 생산성이며, 인간의 성장과 성숙이 철학(무의식)이라는 바탕을 통해 이루어진다는 것이다. 하지만 유희를 위한 수단으로, 유희의 조건 또한 대가성을 가지고 있으며 대가성이 없다면 이제는 범죄가 되는 사회가 되었다는 것은 인간의 윤리적인 가치를 버리는 것과 같다. 윤리적 가치를 버리게 되면서 젠더의 갈등과 대립은 사회를 불안정한 상태의 위험 속에 가두게 되었고 가정 환경에서 갈등과 대립의 불안을 배워가고 있다.

현대 사회의 가정에서는 성의 역할에 대해 갈등과 대립의 논쟁이 심하게 나타나고 있다. 성의 윤리성을 요구하던 과거 사회에서의 억압된 성의 역할, 즉 남성은 책임과 의무, 여성은 출산과 양육이라는 사회화가 없는(사회적 역할) 구시대적인 굴레에서 벗어나지 못하고 있다. 가정이라는 틀은 인간을 인격체로 만드는 자기 보호 공간이지만 아직까지도 고유성에 따라 어머니/아내/딸(자녀), 아버지/남편/아들(자녀)/가장 등으로 상대방을 인식하는 경향이 많아 역할에 자신을 가두며 권리와 주체성을 위해 대결 구도를 만들고 있다. 이렇게 가정에서 젠더의 갈등과 대립이 심해질수록 성 정체성에 변화를 가져올 수 있으며, 성 정체성의 변화는 냉소적인 인격 형성도 가져올 수 있다. 자연의 순환(법칙, 섭리)이 갈등과 대립이라는 치명적인 불안을 만들게 되면서 여성이 여성의 역할을, 그리고 남성이 남성의 역할을 스스로 포기하도록 부추기게 되는 것이다. 치명적인 불안에 의한 성 정체성의 혼란은 자기 성의 역할을 스스로 거부하게 되면서 인구 조절을 위해 인공물로 아이를 생산하는 시대가 올 수 있다. 인공물에서 생산되는 아이들은 무의식의 영역을 탐험하지 못하고 선별되어 태어나 감정을 통제받는 인류가 탄생될 수도 있다는 것을 지극히 경계해야 한다. 반복되는 젠더의 갈등과 대립은 인간의 의식을 자극하여 무조건적 반응 행동으로 표출되면서 인간이 본능적으로 이성을 기피하게 되는 문제로 확대될 수 있다.

젠더의 불안으로 인한 대표적인 사회문제의 첫 번째는 성범죄이다. 강간, 성폭력, 성추행, 살인, 사기, 약탈, 협박, 유인, 납치, 감금, 학대 등 사회적인 약자 또는 여성에게 행해지는 폭력적인 시선과 행위이다. 강요, 강제적인 관계를 통해 남성이 여성을 마음대로 할 수 있다는 믿음과 사회적인 분위기가 불안을 가중시키고 있다. 그와 반대로 여성이 남성에게 가해지는 강간, 성폭력, 성추행 등은 범죄가 아닌 남성의 자발적이며 수동적인 행위로 터부시되고 있는 것은 아닌지, 그에 대해서 우리는 무엇이 이런 사회 현상을 만들었는지를 알아보아야 한다.

두 번째는 성 대결이다. 아이들 놀이는 명확하게 구분되어진다. 남성의 역할과 여성의 역할, 성의 개념이라는 것을 배우지 않았어도 성의 고유적인 에너지의 흐름대로 자기들의 역할에 충실하며 각각의 성을 표현하고 있다. 좋고 싫음이 명확한 것처럼 서로의 이성에게 관심을 두고 그 감정을 충실하게 표현하지만 성장하면서 왜 성(젠더)의 부정적인 요소들이 만들어지는 것일까? 이 부정 감정들이 어디에서 비롯된 것인지, 누구의 영향인지에 대해 알아보아야 한다.

세 번째는 성의 평등이 변질되어 대립하는 것이다. 남성을 혐오, 잠재적인 범죄자, 쿵쾅대는 사람 등으로 비하하고 여성을 김치녀, 된장녀 등으로 비하하며 서로가 대립하고 갈등을 조장하고 있다. 급진적 여성주의가 있는가 하면 서로를 한남(한국 남자), 한녀(한국 여자)로 취급하며 스스로 성을 낮잡아 보고 있다. 데이트 폭력이라는 사회적인 문제가 발생하는 것은 남성이 여성에게 일방적인 신뢰성과 믿음을 강요하고 강제적인 구속을 시도하기 때문이다. 과연 이러한 문제만 가지고 데이트 폭력이 이뤄지는 것일까? 남성만 가해자이고 여성만 피해자인지를 알아보아야 한다.

대립은 변질되어진 젠더관을 가지게 한다. 물질만능주의로 인해 여성은 남성의 존재가 필요 없다고 느끼고 있다. 즉, 여성은 남성이 필요하면 대가를 지불하고 노동 매매를 하면 된다고 생각하기 때문이다. 필요에 의해서만 사용하고 불필요한 존재를 곁에 두고 싶지 않다는 심리는 어디에서 오는 것인지, 왜? 누구에게? 어떤 변화 때문에 나타나는 심리인지 알아야 한다. 여기에서 가장 중요하게 생각해 봐야 하는 것은 서로 좋은 감정이 섹스로 더욱 공고해지기도 하지만 반면에 헤어짐을 준비하는 계기가 된다는 것이다. 처음 관계! 그 처음 관계에서 섹스의 좋은 경험을 하는 사람은 지속적인 관계 유지를, 반대의 경우는 헤어짐의 근거로 삼고 있으며 헤어짐을 수긍하지 않은 상대에게 가혹한 범죄의 낙인을 찍을 수도 있다는 것이다. 원하지 않은 섹스, 강제로 시도된 섹스라는 자기 포장으로 남성과의 관계를 끊으려는 여성들이 점차 늘어나고 있다는 것이다.

네 번째는 결혼 생활의 문제이다. 양육, 생계, 집안일의 책임 등을 두고 매우 불필요한 공방을 벌이고 있다. 여성은 자기의 뜻이 남성에게 전달되지 않거나 남성이 비수용적인 태도를 보이면 성으로 남성을 조정하려 한다는 것이다. 남성은 그에 반해 결혼 생활에서 섹스를 당연한 권리로 여기며 '여성은 남성이 원하면 언제든 섹스해야 하는 섹스 파트너로서의 역할에 충실해야 한다.'는 생각으로 자기의 행동을 정당화, 합리화한다.

성으로 인한 감정의 통제 및 조종, 성의 정당한 권리와 표현이라는 대립이 부부들(젠더)의 가장 큰 문제이며 시급하게 풀어야 할 과제인데도 그에 대한 문제를 인식하지 못한 채 서로에게 가면을 쓰고 가면 속의 행동을 하며 결혼 생활을 유지하고 있다. 여성은 배려받고 싶은 욕구가 강하고, 성과 삶의 만족을 위해서 남성을 성으로 통제하고 조종하려는 시도가 계속되고 있다는 것이다. 이 시도는 시댁과는 거리 두기, 친정과는 깊은 친밀 관계이길 바라는 심리가 작용하면서 '너희 부모'라는 선을 긋기도 한다. 남성은 여성에게 시댁에 대리 효도를 강요하는 것과 여성은 남성에게 '결혼 후 효자 노릇을 하려고 한다.'라는 감정의 대립이 더욱 심화되어 가며 불안의 종속물이 되어 가고 있다.

불안에 종속되어 가는 것은 원가족과 자기 가족을 구분하지 못하는 것에서부터 시작된다. 원가족과 자기 가족을 구분하지 못하는 것은 원가족의 불안을 그대로 가져오는 것이어서 결혼 생활에 심각한 문제를 만들 수 있다. 원가족에서 독립된 자기 가족, 내 가족이라는 것을 서로가 구분하는 노력이 필요하다. 원가족에 소속되어진 심리 정서의 잔류물이라는 표현이 잘못되었지만, 그 잘못된 가족 무의식을 분리하거나 구분하지 못하고, 서로의 원가족이라는 소속에서 벗어나지 못하는 미숙한 정서와 심리가 어디에서 오는지를 정확하게 진단하고 알아야 한다. 자기의 독립, 부모와 다른 개별적인 존재로 구분하지 못하는 것은 젠더라는 큰 테두리에서 아직 벗어나지 못한 독립되지 않은 불안을 안고 있는 자아라는 것이다. 원가족과 젠더의 테두리에서 벗어나지 못했다는 뜻은 무엇일까? 독립된 성은 자주성과 자율성, 책임성을 갖추지만, 자기성에 대해서 책임을 지지 않은 역할이 모호한 성은 독립의 개체로 보기 힘들다는 것이다.

젠더는 생물학적으로 나뉘어 있지만 나누어진 역할을 현대 사회에서 서로가 부정하고 있으며 분쟁과 갈등을 키우고 있다. 남성은 돌출된 성기에 따라 자기의 감정을 표현하고, 여성은 속으로 들어가 있는 성기에 따라 자기의 감정을 감추고 충분히 사고를 정리한 후 표현한다. 남성은 생존과 번식의 원초적인 감각을 조절하지 못하여 충동적인 행동을 보이고, 여성은 상대를 평가하여 우월한 유전자를 탐색하는 원초적인 본능을 갖추고 있다. 어쩔 수 없는 본능은 공평하지 않다. 여성의 탐색에 따라 남성은 선택되고 여성에 의해 비로소 남성의 본능이 충족되는 것 또한 어쩔 수 없는 본능으로 공평하지 않다는 것이다. 공평과 평등에서 차별을 느끼게 되면 분노의 감정으로 즉각적인 반응을 보이는 것은 인간의 불안 정서가 공평과 평등에서 불안정성과 불안전성을 느끼기 때문일 것이다.

여성은 유전자를 탐색한 결과 훤칠한 키에 잘생기고, 매너도 좋고, 고학력이라면 관대해지고 그에 대한 매력에 끌린다. 이것이 우월성을 갖고 싶은 젠더의 유전자 탐색이다. 반면 남성 유전자의 본능적인 욕구는 시각적인 부분이 많다. 여성들은 레깅스를 입고 많은 곳에서 자기표현의 권리라고 주장한다. 일상복, 운동복, 외출복 등 다양한 곳에서 입고 다니지만, 자기만족에 의한 착용인데 '왜 음탕하게 바라보느냐, 이건 성추행이며 이런 모습을 보고 흥분하는 것은 성폭력이며, 시선 학대다'라고 주장한다. 자기만족? 자기의 우월한 모습을 본능적으로 남성에게 보이고 싶은 욕구를 과하게 포장해 표현해서는 안 된다. 레깅스 입은 모습을 잘생기고, 키 크고, 호감 가는 남성이 바라봤다면 과연 시선 학대, 성추행이라고 주장할 수 있을까? 유전적으로 우월하지 않다고 생각하는 남성들이 바라보니 기분이 나쁘다고 표현하는 것이 옳은 게 아닐까? 남성도 예쁘고 섹시한, 완벽한 여성이 자기를 바라보는 것과 그렇지 않은 대상이 바라보는 것에 분명한 차이를 느낀다. 이것은 어쩔 수 없는 인간의 심리이며 원초적인 본능이다. 우월적인 유전자의 탐색은 열성이라는 유전적인 요소를 제거하려는 불안의 심리에서 본능화된 세포의 코딩이며 학습의 효과라는 것이다. 이처럼 인간의 불안은 우월성을 갖기를 원하지만, 우월성이 불안을 제거하지는 못한다.

개별 불안의 확장과 부모 불안

미성숙한 부모(준비되지 않은 부모)

가정에서 부모라는 젠더의 역할을 통해 자녀들은 불안을 조절하거나 통제하는 방법을 배우며 성장한다. 임신 중 갈등을 많이 경험한 부부의 자녀는 생존의 자기 불안과 부모의 불안을 동시에 느끼게 되면서 정서적인 불안감이 증가하게 된다. 정서적인 불안감이 높은 자녀에게 부모 서로가 양육 방식과 책임을 두고 갈등 관계를 지속하여 불안한 가정환경을 경험하게 하면 자녀의 젠더는 정서가 위축되고 정서 불안과 애착 관계 불안으로 성장을 방해 받게 된다. 하지만 부모는 자녀의 성장보다 부모 자신들의 분쟁과 갈등에 많은 에너지를 낭비하고 있다. 서로가 좋아서 선택한 결혼이 살다 보니 다른 성향에 힘들어하고 상대의 성향을 자기에게 맞추기 위해 심리전을 펼치며 힘겨루기를 시작한다.

불안을 경험한 자녀의 부모들은 가정에서부터 양육하기 버겁다거나 힘들다는 말을 많이 한다. 가정환경이 불안해 정서적으로 힘든 아동들은 관계에서나 집단에서도 자기를 표현하지 못하거나 분노로 자기를 표현한다. 허준(1539~1615)의 동의보감에서 자녀의 자아는 부모에 의해 영향을 받으며 부의 젠더는 영을, 모의 젠더는 혼을 주어 영혼이 형성된다고 했다. 영혼은 자아의 시작이며 자아는 부모의 젠더에게 많은 영향을 받을 수밖에 없다. 불안하거나 관계성이 부족한 아동은 부모의 불안 심리에 영향을 많이 받고, 부모의 불안과 아동의 불안이 더해져 증폭되면 환경과 관계에서 문제가 나타날 수 있다. 가중된 불안은 일차적 생존에 위협을 느끼고 있는 자녀들에게 스스로 살아남도록 강요하는 것과 같다는 것을 명심해야 한다.

부모는 자녀를 키울 때 불안 환경을 촉진하는 문제를 생산한다. 이는 자녀에게 특별함을 부여하거나 특별하다고 착각하는 것이다. 즉 '우리 아이는 스페셜(특별하다)하다'라는 과도한 신념이 자녀의 관계 불안을 생산한다는 것이다. 천재성이 있다는 믿음으로 과한 학습과 경험을 주려고 하며 이러한 과정이 잘못되었다고 생각하지 않는다. 자녀의 존재 자체에 대한 인정과 사랑의 마음으로 존재성에 무게를 두고 양육해야 하는데, 존재성보다는 천재성을 사랑하고 천재성의 모습에만 인정하려 한다. 천재성이 아니면 부모에게 수용적인 자녀를 사랑한다. 부모의 불안이 자녀를 특별한 존재로 몰아가고 부모 자신의 불안 경험과 미래에 대한 불안을 많이 느끼기에 자녀의 사회적인 성공으로 불안을 제거하려고 한다. 부모만의 특별한 자녀는 어떻게 성장할까? 특별한 아이, 불안을 생산하는 아이가 관계에서 자기중심적인 아이로 성장한다. 성장하면서 느끼는 모든 불안과 갈등을 자기 탓이 아닌 남 탓으로 돌리거나 환경을 탓하며 분노와 상실, 우울, 공격성의 문제에 노출되기 쉽고, 위기에서 자기를 통제하고 조절하는 내적 에너지가 약해 관계에서 극단적인 선택을 하거나 가정으로부터 도피적이고 부정적인 독립을 시도한다.

그러면 내적 에너지가 부족한 자녀는 어떠한 행동을 보이는지 그에 대해 단정할 수 없지만, 경험을 토대로 말하자면 무모함을 용기로 착각하는 것, 오기와 분노로 관계를 형성하는 것, 자기중심적으로 관계를 만들고 깨트리는 것, 약자에게 강한 사람이 되는 것, 대중 앞에 모습을 숨기거나 자기를 알리지 못하는 것, 남을 훔쳐보거나 험담하는 것, 자기를 과대 포장하는 것, 무리를 즐기며 모임이나 음주 등에서 삶의 만족을 찾는 것, 죄책감 없이 일탈 행위를 하는 것, 관계에서 상대를 무시하는 것, 강자에게 맹목적인 충성으로 비도덕적 행동 또한 합리화하는 것, 비뚤어진 성 정체성으로 음란함을 즐기는 것, 어른인 줄 알지만 아이의 행동과 감정에서 벗어나지 못하는 것, 겸손하지 못한 것, 현실을 직시하지 못하거나 자기만족이 없는 것, 불만만 느끼며 사는 것, 할 줄 아는 것도 없는데 높은 처우를 요구하거나 자기 존재성을 과도하게 평가하며 자기의 주제 파악을 하지 못하는 것, 성인이 되어도 자기 스스로 책임지지 못하고 자기 스스로 할 수 있는 일이 없거나 독립되지 않은 자아로 인하여 부모나 형제에게 과도한 의존성을 보이는 것, 자기 자녀의 양육을 방임이나 방기 더 나아가서는 학대하는 것, 성인이 되어도 자기중심적인 사고로 자기중심 및 자기 우선주의로 사는 것 등 사회성과 관계성에 많은 문제를 생산과 재생산, 확대시키며 살아간다. 부모의 불안과 자기의 불안, 사회의 불안을 조절하거나 분리하지 못한 불안 정서가 만든 역기능의 심리 정서적인 문제로 재생산된다는 것이다. 불안을 느끼는 아이들은 애정 결핍과 같은 욕구를 채우기 위해 지나치고 과도하게 집착하며 사랑을 요구한다. 집착과 지배적인, 맹목적인 사랑을 요구하며 자기의 불안을 통제하려고 한다.

부정적인 독립은 자기의 감정대로 살며 이른 나이에 성에 집착하고, 자기 경험이 부족한 상태에서 자녀를 갖게 되는 악순환이 반복되면서 원가정의 부모와 대립한다. 원가정의 부모는 미숙한 자녀의 가족에게 책임감을 느끼며 두 가족의 체계를 이끌면서 서로가 독립된 개체로서 책임을 끊어내지 못하고 내 책임이려니 하며 그 불안의 무게와 삶의 무게를 지려 한다. 또한, 무수히 많은 문제와 사고, 실패에도 얻어걸린 작은 성취에 원가정 부모는 '잘할 수 있는데 안 해서 그렇다'라는 말로 자녀들을 대견해하거나 만족해하며, 자기 스스로도 대견해하고 만족해한다. 불안에 지배당한 존재는 사회적인 역할에도 소홀하고 자기 성취욕에 대한 자기 기준과 가치관을 높게 평가하려는 경향이 많다. 이렇게 미래 계획에 대해 막연하게 접근하는 단순한 사고방식이 고착되며, 지나온 과거에 집착하게 되는데 그 이유가 지나온 과거에 후회와 미련이 많기 때문이다. 당장 일을 저지르고 후회하거나 죄책감 없이 '될 대로 되라' 식의 삶을 살아가도록 부추기는 것은 특별함으로 사회 환경에 적응하기 힘들기 때문이다. 특별함은 선택이 아닌 당연한 권리로 받아들이고 문제의 책임은 회피하거나 외면한다. 자신의 역할에도 책임감이 없으며 특별함이 사라지면 과거에 집착한다.

현대 사회의 부모는 자녀의 불안과 갈등을 부모가 대신 차단하거나 처리해 주려고 시도하면서 자녀의 내적 긍정 에너지를 키우는 것을 방해하고 있으며, 방해받은 경험은 성장하면서 자기 불안에 지배당하고 분노와 이기적인 자기중심적인 사고로 인해 사회문제를 만들고 있다. 불안과 갈등을 부정적으로 처리하는 행동이 어느 정도인지는 신조어에서도 볼 수 있는데 노키즈 존이 대표적이다. 불특정 다수가 많이 이용하는 식당이나 카페에서 자기 자녀의 행동이 아이로서 하는 당연한 행동이라고 생각하며 다른 사람들에게 피해를 주는 것임에도 멈추지 않는다. 타인과의 관계에서 오는 불안과 갈등을 본인들 스스로 만들었음에도 부모들은 사람들의 반응을 외면한다. 부모와 가족에게 특별한 우리 아이는 부모와 가족이 사랑하는 아이일 뿐, 모든 사람이 사랑하는 아이가 아니다. 대중과 관계에서 서로에게 불안과 갈등을 만들지 않고 인정과 사랑받는 아이가 관계에서 뛰어난 능력을 발휘하는데도 대중과 관계와 대립하면서 갈등을 부추기며 자기에게만 특별한 아이로 키우고 있다. 과거에 아이는 지역에서 자유롭게, 때로는 지역 어른들의 훈육과 충고, 양육의 경험을 교류하였다. 사회가 아이를 키우는 방식이었지만 지금은 자기 자녀에게 자그마한 충고나 싫은 소리도 용납하지 못하고 분노를 토해내며 다투려 한다. 맘충이라는 신조어는 교감에 실패한 부모 자신의 불안을 자녀에게만큼은 겪게 하고 싶지 않다는 마음이 앞선 것이며, 자녀를 보면 부모의 자기 불안이 투사되어 참기 힘든 분노를 느끼게 되면서, 내 아이에게는 정서적인 불안을 주지 않으려는 불안한 존재의 부정적인 행동으로 표현된 것이다.

인간은 환경에서 벗어날 수 없으며 본능적으로 환경에 영향을 받는다. 환경은 타인이 원인을 제공하는 것으로 보일 수 있지만 좋은 환경이든 나쁜 환경이든 자신에 의해서 형성되고 만들어진다. 각자가 다르게 해석하는 환경, 성장하면서 평가된 모든 환경은 자기의 생각과 느낌으로 판단한다. 같은 환경이지만 자기 어린 시절은 불행했고 불우했으며 하고 싶었던 것도 참아야 했다고 표현하는 사람은 유독 불안에 많은 영향을 받아 자기 욕심을 채워 불안을 해소하고 싶은 욕구가 강하다는 것이다. 자기가 또래나 사회 관계에서 오는 상대적인 비교를 통해 자기의 지나친 욕구가 많아 형성된 불안이 더해지면서 형제자매와 비교당했다는 과거의 슬픔을 표현하고 있다. 유독 욕구가 강하고 자기 욕심이 지나쳐서 부족했다고 느끼는 사람들은 자기의 판단과 느낌으로 만족하지 못했던 과거의 불만을 이야기한다. 참을성을 가르치려는 부모의 지시에도 서운함을 크게 느끼며 이 환경의 원인이 무조건 부족하게 키운 부모라고 탓하지만, 자기도 일정 부분 불안을 만들었다는 것이다. 같은 형제나 자매, 남매도 똑같은 시절을 겪었지만, 불행이나 불우한 환경에서도 스스로 만족한 자녀들은 삶의 계획을 세우고 살아가며 성장하면서 누구를 원망하지 않는다. 하지만 성장에서 욕구 충족이 부족했다고 느끼는 사람들은 '어린 시절 내가 부족하게 자랐으며 집안이 어려워 고생했으니 자녀들에게는 고생을 대물림하지 않겠다.'라고 다짐한다. 물질로 충족되는 욕구는 없다. 하지만 현대 사회의 욕구 불안 부모들은 물질로 자녀를 키우면서 자녀의 성장 과정 및 진로, 삶의 계획에 과도하게 개입하며 성인인 자녀들의 환경까지도 지배하려고 한다. 욕구 불안에 대해 부모가 강제하면 안 되며 자녀들의 욕구 불안의 원인을 찾아 이해시키지 않는다면 또 다른 불안의 시작점이 될 것이다. 또한, 부모가 만족하지 못한 욕구 불안을 해소하기 위해서 자녀들을 훌륭하게 키워 냈다는 보람으로 욕구 불안을 충족하려 하지만 이는 엄연히 자녀의 성취감을 자기의 성취감으로 대리 만족하려는 행위이다. 이처럼 잘못된 욕구 불안의 심리는 부정적인 자기 환경을 만들고, 자기가 아닌 자녀나 타인의 환경을 지배하려고 한다. 타인에게 자기 중심과 자기 위주의 환경을 강요하고, 환경을 주도하려는 행동을 빈번하게 보이며 관계에서 갈등을 조장하기도 한다. 자기 욕구 불안과 자녀와 타인의 불안을 구분하지 못하고, 특히 자녀들의 불안과 욕구 불안까지 떠안으려는 과도한 책임감을 보이는 것은 현대 사회의 부모가 만들고 있는 사회문제이다.

성교육을 외면하는 부모

성은 인간에게 가장 생산적이고 소중한 존재와 친밀한 관계 맺기의 과정이며 의식이다. 생명을 잉태하는 것만으로도 성은 가장 아름다운 것이다. 젠더의 출발점은 생명의 잉태에서 비롯되어진다. 성은 강제적일 수 없고 불안한 감정으로 행해져서는 안 된다. 서로의 행복한 감정이 교감을 통해 전달되어야 하고, 관계의 행복은 지속되는 삶의 일부분이다. 하지만 부모는 자녀들이 성에 관하여 탐구하고 호기심을 느낄 때 자녀들의 성에 대한 노출과 행동을 지나치게 경계하고, 바르지 못한 행위로 단정 지으며 '추잡하다, 더럽다'라고 표현한다. 성에 의해 인간은 존재하고 성숙해지며, 성은 인류를 보존하고 발전시키는 원동력인데도 의미를 추락시키는 행동을 서슴없이 보이고 있다. 성장하는 남성 젠더는 이성에 관심을 두고 포옹을 통해 흥분과 쾌감을 느끼며 자위와 몽정을 한다. 여성 젠더는 자기의 성기를 누르고 쪼이는 형식으로 자위를 하며 월경을 시작한다. 인간의 고유한 프로그램이며 코딩된 시스템이다. 부모는 자녀에게 성을 감추고 성교육을 타인에게 미루고 있다. 타인에게 맡겨진 성교육은 질적인 측면에서 매우 부족하고 젠더의 기본인 성을 알기에도 부족하며, 호기심만 자극할 뿐이다. 자녀가 초등학생이 되면 같이 목욕하는 것을 꺼리고 부부가 하는 포옹과 같은 사랑의 표현도 자제하며, 성의 본능을 억제하거나 감추려고 한다. 부모가 혐오하고 불결한 행위로 교육한 성은 부모의 성도 감춰야 하는 함정이 될 수 있기에 성을 표현하는 방식에 대해 고민해야 한다. 자연스러운 자녀의 성을 부모가 무력화시키는 시도가 계속된다면 자녀가 성을 경험할 때 충동성을 참지 못할 것이다. 자기의 자녀가 성에 노출되었을 때 부모들은 호들갑스럽게 큰 사건이 난 것처럼 자녀를 꾸짖고 잘못된 행동이라는 비언어적인 표정으로 자녀를 비판한다. 자기가 자녀에게 하는 비판이 부족하다고 느끼면 배우자를 통해 자녀 행동을 비판하도록 종용하는데, 이러한 행동은 성에 대한 갈등 불안을 더욱 부추기고 있는 행동이며 불안을 불안으로 처리하여 자녀의 성 정체성에 혼란만 줄 뿐이다. 성은 젊은 사람들의 전유물이 아니다. 성교육을 실천하지 못한 부모의 성생활에 대해 자녀들은 당연함이 아닌 역겨움과 더러움으로 혐오의 시선을 보낼 것이다. 자녀들의 성적 호기심은 부모들이 생각하는 것보다 훨씬 빠르다는 것을 명심해야 한다. 성인이 된 자신들은 언제부터 성적 호기심을 느꼈는지를 생각해 보면 자녀들에게 단계별로 성교육을 해야 하는 시기 또한 계획할 수 있을 것이다.

자녀들의 무료함을 참지 못하는 부모

부모들은 자녀들이 심심하고 무료해하는 것을 참지 못한다. 자녀가 심심하다고 말하면 어떻게 해야 하는지를 묻는 부모들이 많다. 또한, 양육하는 과정에서 스스로 자기 활동을 하거나, 놀거나, 공부하거나, 자기의 일과를 관리하는 다른 아이들을 이야기한다. 다른 가정의 양육 방법에서 외적으로 보이는 모습만을 보고 자기의 자녀들과 다른 아이들을 비교하기 시작한다. 다른 아이들이 행동하는 모습을 보고 '저 아이는 저런 것도 해?'라고 의아하게 생각하며 단순하게 지나치지 못한다. 혹시 '우리 아이가 뒤처질까 봐, 경쟁에서 밀릴까 봐' 염려하기 시작하면서 지루함을 학습으로 채우고 가두려 한다. 강요된 학습은 자유 의지와는 무관하게 수동적 행동과 태도이며 공부 불안이 증가하면서 반감 심리가 크게 작용한다. 내가 원해서 한 것이 아닌 부모가 조급함을 느껴 부모가 원해서 한 행동이기에 좋은 성과에도 불구하고 자녀는 그에 대한 만족감을 느끼지 못한다. 자기의 성취감, 성과에 대한 칭찬, 선물 등의 보상에도 만족감을 느끼지 못하고 부모 또한 만족감을 느끼지 못하는 자녀를 보며 상실감과 허탈감을 느끼게 된다. 학습 또는 공부 불안은 자율, 자유가 없는 분노의 감정으로 나타나게 되며 성장하면서 자극의 부정적인 측면으로 나타날 수 있다. 자극의 부정적인 측면으로는 부모와 관계 거부, 대화가 없는, 성장하는 자녀와의 추억이 없는 등 많은 것을 놓치게 되며 후회할 수 있다.

스스로 만족할 수 있는 학습을 위해서는 자녀와의 미래 계획, 앞으로의 준비를 통해서 할 수 있는 것과 하고 싶은 것을 심도 있게 논의하면서 쉼이라는 것을 주어야 한다. 공부에 유독 욕심이 많은 아이조차도 어느 정도는 수동적인 놀이를 통해서 아이에게 쉼을 줘야 한다. 부모들이 공부를 적당히 할 수 있도록 유도하면서 머리가 쉴 수 있는 시간을 주는 것도 필요하다는 것이다. 10점이나 20점을 맞아도 자기의 가치나 주관이 뚜렷한 아이들은 그 자체만으로도 행복을 느낀다. 굳이 행복을 느끼는데 혼내거나 학습을 강요하면 안 된다는 것이다. 다만 책을 가까이할 수 있도록 같이 책을 읽거나 읽어 준다면 어느 순간 아이는 학습이 아닌 공부를 할 수 있는 준비가 되어 있을 것이다.

지루함을 견디게 하는 효과는 무엇일까?
부모 스스로 자녀들의 지루하다는 말에 반응을 최소화하고 '지루하다'라는 자녀의 속뜻을 정확히 파악하여 지루한 시간을 스스로 해결할 수 있는 참을성을 가르쳐야 한다. 인간은 살아가면서 대학 진학, 취업, 결혼, 출산, 양육, 건강, 내 집 마련, 부양 등 단계별 불안을 경험하게 된다. 경험한 불안을 조절하고 통제하기 위해 스스로 많은 노력을 해야 하며 노력의 결과는 성숙한, 안전한, 자유로운, 공평한 등의 여유로운 삶이다. 많은 사람과 경쟁해야 하고 많은 것을 알아야 하며, 많은 것을 겪어야 하고 많은 사람과 관계를 맺어야 하는 복잡한 사회에서 공허함이나 상실감의 불안에 대비해야 한다. 자기를 충분히 충전할 수 있는 멈춤의 쉼이 필요한데 어린 시절부터 지루함을 스스로 처리하는 훈련이 되어 있지 않으면 많은 활동에 집착하게 되고 혼자 있는 것을 불안해하며 자기 불안을(외로움이나 긴장감) 분산하려는 시도가 많아진다. 아동이나 청소년기에는 친구 관계에 집착하고, 성인이 되어서는 자기 무리(초등, 중등, 고등, 대학교 등 동창 모임, 계모임, 직장동료 모임, 부부 동반 모임, 산악회 모임, 취미 모임 등)를 통해 불안을 해소하기 위한 행동을 끊임없이 시도한다. 이러한 관계 불안은 부부 관계에서 한쪽의 배우자에게 양육을 강요하거나 또는 자녀를 방치하거나, 부모 세대 원가족에게 의지하거나, 도우미를 고용하여 책임을 회피하면서 가족보다는 관계에 집중하는 행동들을 보인다는 것이다. 이런 모습을 보며 성장하는 자녀는 좋은 젠더로서의 역할과 가정환경을 경험하지 못하여 감정 처리나 행동을 모방할 수 없고 부모의 부재에 따른 불안을 느낄 것이며, 자녀들 또한 관계 불안을 해소하기 위해 지나친 관계 중심으로 부정적인 사회성이 형성된다. 더 나아가서는 불안에 무뎌져 관계를 즐기기 위한 수단으로 변질될 수 있어 스스로 경계해야 한다. 간혹 부모들이 부부 동반 모임에서 술에 취해 행동을 과하게 하는 모습을 볼 수 있다. 아이들은 어떤가. 모두가 방치되어 미디어에 노출되었거나, 이곳저곳을 방종하게 탐색하거나 그곳의 환경을 엉망으로 만드는 데 주도적인 역할을 하고 있을 것이다. 때론 동성 간의 모임으로 자녀들의 진학을 걱정하고 자녀들의 장래를 위해 무엇을 할 것인가를 논의하는 시간으로 보이지만, 자기들의 관계 중심 시간을 즐기는 것이며 관계를 통해 자신의 불안을 해소하기 위한 행동일 뿐이다. 이렇게 부모들조차도 지루함을 견디기 힘들어한다. 모든 관계를 차단하라는 것이 아니라 자녀들과 충분한 놀이를 통해 교감을 쌓는 것이 먼저라는 것이다. 자녀들이 놀이를 스스로 할 수 있도록 부모가 환경을 만들고 부모와의 교감을 통해 불안을 조절해야만 자녀는 지루함을 견딜 수 있는 내적 에너지가 생긴다. 지루함을 스스로 견디고 즐길 때 뇌는 충분한 휴식을 취할 수 있고 쉼을 통해서 더욱 긍정적인 행동과 학습의 효과는 올라갈 수 있다는 것이다. 불안이 심한 아이들은 혼자 놀지 못하고, 지루함을 더욱 견디지 못하기 때문에 부모와의 좋은 교감을 통해 안정을 주어야 한다. 더욱이 아이들은 불안을 느낄 때 집착, 미디어 중독, 분노, 짜증, 반항, 무기력, 상실감, 우울감 등을 표현하는데, 이러한 행동을 보이면 부모들은 자녀의 불안 요소를 찾아 어느 정도는 완화시켜 줘야 한다.

청결 관리가 안 되는 부모

자녀들의 청결 관리를 가르치지 않는 부모는 자기 불안에 짓눌려 무기력하다. 청결 관리가 잘되지 않는 자녀들은 부모의 청결하지 않은 습관을 모방하는 것이며 잘못된 행동에 대해 지적하는 부모를 이해하지 못한다. 부모 자신도 하지 않은 가정에서의 역할을 자녀라는 이유로 문제를 지적하고 행동을 고치려 하는 부모에 대해 자녀들의 반항심리가 작용하는 것이다. '나는 되고 너는 안 돼'

라는 사고의 불안이 억지를 쓰는 성인으로 성장하는 문제를 만들 수 있다. 어른이지만 자기의 역할을 하지 못하는 부모를 보고 성장한 아이들은 자기의 부모를 스스로 비판적으로 생각하면서도 보고 배운 경험이 부족하기에 사회적인 역할에서도 무기력하고 자기중심적인 행동을 보인다. 자기 불안을 해소하기 위해서 억지와 몽니를 부림으로 상대를 제압했다고 생각하고 상대와의 다툼이나 논쟁에서 승리했다는 착각의 망상적인 사고를 심하게 보인다. 망상이 심한 사람들과는 대화를 지속하기 힘들고 같은 주제를 두고도 전혀 다른 부분을 보면서 화합하지 못하거나 화합했지만 나중에 다른 말을 하는 사람들이 많다. 무기력하지만 우월적인 존재가 되기를 원하다 보니 자기중심적인 사람들이 많다.

청결하지 않은 부모, 즉 청결하지 않은 부부들은 가정에서 배우자에게 느끼는 기본적인 갈등이 많고, 서로가 서로를 위해서 '희생하고 있다.'는 자기중심적인 심리를 보이고 있다. 청결하지 않은 부모들은 가사에 많은 갈등과 다툼을 보이며 불안을 생산한다. 양육과 가사일, 직장 및 사회생활을 구분 짓기를 원하며 서로가 공동으로 책임져 주길 바란다. 서로가 서로에게 희생하고 있다는 생각이 강해 배우자에게 권리를 주장하며 합당한 대우를 요구한다. 서로에게 보상받기를 원하지만, 갈등과 다툼이 많아지면서 불안을 느끼는 강도가 증가하고 불안의 강도가 강해질수록 불안에 지배되어 자포자기 상태에 빠져 가정에서 역할을 포기하고 자녀들을 돌보는 데 소홀해진다. 부모 모두가 청결하지 않다면 이성과 동성 모두에게 비판적이며, 부모 중 한쪽이 청결하지 않다면 각각 부모의 성별에 따라 비판적인 사람으로 성장한다. 청결하지 않은 부모에게서 성장한 자녀들은 부정적인 독립을 시도하고 본능적인 욕구에 반응하여 원가정과 같은 환경이 반복되는 악순환이 계속된다는 것이다. 청결하지 않다는 것은 갈등의 씨앗을 심는 것과 같다.

일상생활에서 그리고 가정에서 청결 관리를 해야 하는 이유는 관계 형성에 많은 영향을 미치기 때문이다. 가정에서 부모들은 자녀들에게 정리하는 습관을 가르치지 못하거나, 자녀들이 정리하는 것을 못 미더워하거나, 자녀들이 싫어한다는 이유로 부모가 대신 정리한다. 정리하는 습관을 가르치지 못하는 부모들은 자기 자신들이 정리가 잘 안 되거나 청결 관리에 미흡한 수준일 수 있다. 가령 집에 돌아온 가족들이 손발을 씻고, 자기 전에 자기의 생식기를 씻는 행위들이 있어야 하지만 보통은 손발은 씻고 생식기는 씻지 않은 경우가 많다. 청결 관리가 부족한 부모일수록 자녀들의 청결 관리에 부족하며, 청결 관리가 부족한 부부일수록 갈등의 소지가 산재되어 있다. 왜 자기의 생식기를 씻어야 하는가? 왜 땀 냄새를 제거해야 하는가? 왜 의복을 청결하게 관리해야 하는가? 왜 자는 공간과 놀이 공간을 구분해야 하는가? 이를 통해 관계에서 오는 불안의 척도를 알 수 있기 때문이다. 집 안에서 놀이 공간과 자는 공간을 구분하지 못하고 여기저기 흘리면서 먹는 행동, 자기 집이 아니면 어질러도 되며 자녀의 손에 있는 쓰레기를 아무렇지 않게 길에 버리는 행동들이 자녀들에게 모범이 되는 행동인지를 깊이 생각해봐야 할 것이다. 젠더의 성은 생식기에서 나뉘는 것처럼, 생식기는 청결해야 하며 자기 주변의 청결을 위해 노력할 수 있도록 가르쳐야만 성장해서도 관계에서 기준이 확실한 아이가 될 수 있다. 청결 관리는 보이는 불안을 조절하는 방법으로써 질병을 예방하고, 더러움에서 자기를 보호하고, 관계에서의 안전한 만남을 유지하는 기준의 경험인데 부모들은 강박 사고를 만들 수 있다고 생각해 청결 교육에 집중하지 않으려고 한다. 우리 자녀가 타인에 의해 질질 끌려가는 모습이 보기 좋은가를 생각해 보아야 한다. 맺고 끊음은 중요하며 삶의 기준이 되어 적정한 관계 유지를 할 수 있고 관계에서 일방적이지 않으며, 무조건 수용적이지 않은 관계를 유지한다. 청결한 자기 관리는 자기에게 해야 할 일들을 정하고 스스로 계획을 세울 수 있는 기초가 되며 조급하지 않고, 감정을 절제하고, 차분함을 줄 수 있는 정화 작용을 할 수 있다. 또한, 안 좋은 관계를 개선하고자 하는 감정도 구분할 줄 알고 관계의 불안을 스스로 판단하고 불안의 요소를 찾아 제거하는 내적 에너지를 형성하는 데 많은 도움을 받을 수 있다. 가사 일은 자녀들에게 아주 중요한 젠더로서의 역할을 가르치는 것이다. 자기 방을 청소하고, 일정 부분 가사 일의 책임감을 주는 것이 자녀들이 자기의 결혼 생활과 사회에서 갈등을 이겨 낼 수 있는 공정성과 불안을 구분하는 것을 알아가게 할 것이다. 내가 더 많이 하고 있다는 피해 의식보다는 내 가족과 자녀를 위해 가사 일에 적극적으로 참여하고 자녀들에게도 참여할 수 있는 다양한 방법을 서로 찾아간다면 가정에서의 불안과 갈등은 완화될 수 있다.

훈육에 일관성이 없는 부모

　아이들의 생각은 단순하다. 당장의 잘못된 행동을 부모가 바로 지적하거나 혼내지 않으면 그때의 상황이 끝났다고 생각한다. 당장 잘못된 행동이 아닌 지난 잘못의 행동을 집에 와서 바로잡겠다고 혼낸다면 아이들은 어리둥절할 것이고, 이미 지난 일에 대해 비난받는 분노감이 마음속에 가득 차 있을 것이다. 분노하는 자녀의 감정을 용납하지 않는 부모일수록 주관적인 잣대로 자녀를 훈육한다. 잘못이 있다면 그 자리에서 바로 잡고 훈육을 해야 하는데 '너 집에 가서 두고 봐.'는 자녀들에게 반항의 맷집과 부정적인 불안의 무뎌짐만 키우는 결과를 가져온다. 부정적인 불안의 무뎌짐이 키워진 자녀들은 더욱 부모에게 반항적이며, 부모의 일관되지 않는 훈육과 태도에 불안과 긴장이 아닌 불만을 표출한다. 일관되지 않은 훈육으로 이곳에서 허용된 것을 왜 저곳에서는 문제가 되는지 이해하지 못하기 때문이며, 이해시키지 못했기 때문이다. 자녀를 훈육할 때 현재의 긴장된 환경을 누가 만들었는지 자녀들에게 생각하게 하고, 부모가 혼내는 것에 대해서 부모의 실수와 잘못된 부분을 말할 수 있는 시간을 주어야 한다. 부모가 자신의 행동과 태도에 대해 자녀들의 이야기를 듣는다면 자녀도 자기의 행동과 태도에 대해서 생각하는 자녀로 바뀔 것이다. 부모를 비평하는 아이로 성장시켜야 자기 환경에 대해 주관적인 생각과 상황들을 객관적으로 보기 위해서 노력하는 부모와 자녀로 성숙과 성장하게 될 것이다.

경계의 기준이 없는 부모

자녀들을 키우는데 문제의 태도나 행동을 반복하는 이유는 사회적인 행동 규범에서 기준이 없기 때문이다. 기준이 없는 부모는 타인에게 과도한 관심을 보이고, 상대가 원하지 않는 지나친 배려를 하며 가까운 관계나 가족에게 내 것과 네 것을 구분하지 않는다. 인간은 사회 행동과 가족의 행동에서 규범이나 기준의 선이 있어야 하나 오지랖과 예의로 가장하며 과도하게 자기 일처럼 개입하는 등으로 선을 넘고 있다. 모든 선을 무시하며 자기 위주로 판단하고, '내가 이렇게 해 주잖아, 내가 없으면 너희는 안 돼'라는 자기만족의 성취감을 느끼며 그에 대한 보상을 원한다. 만약 보상이 따르지 않으면 상처를 받거나 부정적으로 관계를 청산하고 '고마움도 모르는 사람'으로 자기 분노를 표출하며 모든 호의를 거둬들인다. 기준이 없어 선을 넘는 부모는 부부 관계, 원가족과의 관계, 자녀의 훈육에서 자기중심적이며 상황에 대해 주도권을 잡고자 한다. 원하지 않는 배려를 하고 상대의 반응이 뜨뜻미지근하면 실망하고 상처를 받는다.

선을 넘는 부모에서 아버지는 아버지의 역할을 가장의 책임과 무게로 규정하고 양육에 참여하지 않는다. 자신의 주관적인 평가이지 상대적인 평가가 아닌데도 가장의 역할에 대해서 많은 권리를 부여하고 있다. 이러한 아버지들의 행동과 표현에 있어 '내가 이 고생해서 먹여 살린다, 이 정도 벌어다 주면 된 거 아냐, 벌어다 주는데 왜 이렇게 돈을 못 모아' 등으로 가정 살림을 이해하지 못한다.

'5백만 원을 벌어주면 최소 3백만 원씩만 모았어도 1년이면 3천 6백만 원은 되겠지'라는 생각을 하는 남편 또는 아버지들이 있다. 여성으로서는 이해하기 힘든 논리로 접근하니 대화가 안 되는 것이다. 이러다 보니 어머니의 역할이 가정에서 중요한 중심축으로 작용한다. 젠더는 남성과 여성으로 구분돼 있고 감정, 감성, 동물적인 경험도 필요하지만, 여성은 이성적으로 아이를 키워야 한다고 생각하면서 동물적인 본능의 감성은 누르려 한다. 이때 아이들은 충동적이며 이성에 대한 반감이 형성되고 편견이 생기게 된다. 남성의 경우 여성에 대한 편견과 여성이 편협한 사고방식을 갖고 있다고 생각하며, 어머니에게 받았던 짓눌림을 여자 친구 또는 아내에게서 느낄 때 분노가 재생산된다. 여성의 경우 남성은 생식 능력과 돈벌이라는 수단 외에는 불필요한 존재라는 이성의 짓눌림으로 남성을 향한 편협한 사고방식과 혐오감이 형성되어 대결 구도가 만들어진다. 자녀 양육의 책임은 부모 모두에게 있는 것이지 한쪽에 있는 것이 아니다. 양육의 갈등으로 서로가 서로에게 좋지 못한 관계를 유지한다면 젠더의 역할을 배우는 자녀들에게 아무런 도움이 되지 못한다. 더욱 큰 문제는 자녀들이 성인이 되었을 때 결혼과 출산을 기피하고 이성 간의 갈등과 논쟁이 사회를 혼란하게 만드는 문제로 확대되기 때문에 가정에서 갈등과 관계의 불안을 잘 조절하고 통제하는 기준을 세워야 할 것이다. 규칙과 규범은 사회에서만 있는 것이 아니라 가정과 개개인에게도 존재한다. 가정의 규칙과 규범이 선행되어야 사회 불안을 조절하고 통제할 수 있다.

행동하지 않는 부모

수없이 많이 터지는 사회 문제, 자고 일어나면 발생하는 살인사건, 일탈 행위에 의한 사건 사고, 성폭력, 자살, 묻지 마 폭행, 조현병 환자들이 방치되어 발생하는 사회 문제, 인권 문제, 정치적으로 생산되는 가짜 뉴스, 사실의 왜곡, 반대를 위한 반대의 논쟁과 분쟁, 상식이 통하지 않는 사회는 불안이 팽창한 사회가 갖는 병폐적인 부작용의 현상이다. 이렇듯 불안이 팽창된 위험한, 안전하지 않은 사회에서 자녀를 키우는 것은 큰 모험이 되었다. 아이들이 안전하게 사회에서 자기의 역할을 하며 좋은 가정을 꾸리는 것은 누구나 바라는 바람일 것이다. 바람만 있지 행동하지 못하는 사람들, 그리고 방임하는 부모들에 의해 청소년 범죄는 날로 강력 범죄로, 그리고 대범하고 지능적이며 잔인해지고 있다. 우리 자녀뿐만 아니라 모든 아이들의 안전이 위협받고 있는 사회는 누구의 잘못인가? 왜 이런 강력 범죄가 계속해서 발생하고 근절되지 않는가? 성폭력 사건이 미투 운동으로 시작되고 학교 폭력의 미투 운동으로 확산되면서 성인이 되어서도 설 자리를 잃어가는 사람들이 있다. 엘리트라고 자부하는 집단에서도 비위행위가 적발되며, 갖가지 사건 사고가 발생하고 있는 현대 사회에서 어떻게 우리 아이들을 잘 키울 수 있을 것인지 고민하고 보호해야 하는 치열한 사회가 되었다. 사회 불안은 인간의 불안을 보듬어 안고 독버섯처럼 사회 곳곳에 퍼져나가 우리 인간의 삶을 위협하고 있다.

지금의 현대 사회가 폭력, 분노, 상실의 사회로 가는 원인은 무엇인가? 개인의 인성보다 생산성(이익)만을 강조한 사회가 문제이며, 불안에 지배당한 부모들의 안일한 대처라고 생각한다. 또한, 철학이 학교 과목에서 없어지면서 불안을 처리할 수 있는 성숙함이 사라지게 되었고, 그 자리를 재산 증식을 위한 성공, 출세, 안정된 직업을 위한 학습으로 채워지게 되었다. 삶에 대한 생존의 불안에 내몰린 가정, 가정에서는 불안을 해소하기 위해 더욱더 치열하게 살아가고 있다 보니 성숙한 인간의 사회적 역할과 사회에서의 가치 중심과 공평, 평등이라는 윤리적인 도덕성을 가르치지 못하게 되었고 그 시간도 허락되지 않고 있다. 가족, 부모의 역할은 관계의 윤리성을 가르치는 것이며, 가정은 자기의 역할을 계획하게 하는 젠더에 대한 교육의 장이다. 법률이라는 하위 개념에 매몰되어 법률이라는 제도에서 법률적인 가치 기준만을 강요당하고 있다. 아무리 윤리적으로 잘못하였다고 할지라도 법률로는 범죄가 되지 않는 사회가 과연 정당한 사회라고 말할 수 있을까? 우리는 윤리라는 상위 개념에서 살지 못하고 하위 개념에 자기를 맡기며 살아가고 있다는 사실을 알아야 한다. 법을 지키려는 의지보다는 누가 피해자인지만을 가려내는 행위는 인간의 삶을 더욱 불안하게 하고 있으며, 이런 상황이 지속될 경우 우리의 양심이라는 것은 상실되어 희미해지고 무의식에 완전히 잠식된 채 살아가게 될 것이다. 윤리적인 양심을 부모가 가정에서 가르치지 않는다면 하나하나의 불안이 모이는 사회에서는 더욱 치열한 경쟁 사회가 될 것이며, 자기의 이익을 위해 무슨 짓이든 하는 인간 존엄 상실의 시대에 마주하게 될 것이다. 사회 불안과 인간 개인의 불안은 하나인데 우리는 사회 불안만을 이야기한다. 사회 불안과 인간의 불안을 누가 만들었는지, 누가 그것을 이용하고 있는지, 누가 가장 많은 이익을 가져가는지를 지금부터라도 생각하고 경계하지 않으면 그 피해는 오롯이 우리에게 향할 것이다.

사회가치 기준이 없는 부모

부모의 젠더가 자녀들의 젠더에 중점을 둬야 하는 것은 인간다움과 존엄성, 관계의 배려와 이타심이다. 인간은 누구나 부모를 통해 그리고 자신의 무의식에 있는 배움의 유산 속에서 자기 역할을 알아가고, 공존하는 법과 도덕성을 회복시킬 수 있는 초자연적인 힘을 가지고 있다. 그와 반대되는 파멸이나 절대적인 권력을 가지고 싶어 하는 양면성도 존재하지만, 성숙이 요구되는 현대 사회에서는 퇴화보다는 진화를 위한 방향과 계획이 필요하다. 부모는 자녀들에게 안전한 사회와 안정된 삶을 물려주어야 하며 인간과 사회는 성숙의 진화를 준비해야 한다. 젠더는 자연의 섭리인 동시에 인류 발전의 기초가 되었지만, 부정적인 이면도 발전하게 되면서 인간은 자기 불안을 해소하기 위해 탐욕의 이기적인 사회로 만들어 인간의 존엄적 가치를 훼손하고 있다. 젠더의 중심적인 사고, 즉 자기 중심성이 강한 젠더들은 자기의 삶과 자녀를 키우는 양육에도 사회 가치 기준을 세우지 못하고 있다. 인간의 존엄적인 가치 기준이 없는 젠더들은 수없이 많이 발생하는 유혹(무모함이나 범죄의 유혹)을 이겨내지 못한다. 자기 우선 중심주의이기에 욕구가 있으면 바로 처리해야 하는 이기심으로 자신의 욕구를 충족하기 위해서 수단과 방법을 가리지 않는다.

　유혹을 이겨내지 못하는 것은 특히 범죄에서 많이 나타나는데 친구 따라 강남 가듯 범죄를 모의하여 실행한다. 모의된 범죄에 죄책감을 느끼지 못하고 반성하지 않으며, 반성 같지 않은 반성으로 양심을 회복한 것처럼 사람을 속이고 지금 상황만을 모면하려는 행동들이 다분하게 나타난다. 부모 자신들 또한 유혹을 이겨내지 못하기에 자녀의 젠더들이 이러한 유혹에 쉽게 빠지고 무모함을 용기라고 배우게 되는 것이다. 잘못된 부모의 행동을 자녀가 비판하고 비평할 때 참을 수 없는 모멸감을 공격적으로 대응하고 있는 부모의 젠더가 있다는 것은 사회에 아무런 도움이 되지 않으며 불안 사회를 가속시킨다. 부모가 이러한 불안을 가속한다는 것에 동의하지 않는 부모들도 있다. 대다수가 유혹에 빠지고 대다수가 순리라고 믿는 것은 아무리 안 좋은 현상이어도 정의(악법도 법이라는 주장)가 되는 사회인데, 우리 자녀들만 바르게 살아간다고 사회가 성숙해질 수 있냐고 반문한다. 그렇다면 이 사회는 계속해서 안 좋은 현상도 정의라고 해야 하는 것이 맞는지, 아무것도 변하지 않고 사회가 변해 주길 바라는 것은 기초 선의 규칙과 법률로써 통제받아야 마땅하다는 것과 같은 말이기에 하나의 변화를 위해서 기성세대의 젠더들이 더욱 노력해야 하며 중요한 문제의 접근이다. 불안 사회가 가지는 역기능에 자녀들을 내몰아 세우는 것과 같은 결과이기에 신중하게 자기들의 생각을 통해 해답을 찾아보는 것이 필요하다. 내가, 부모가 변하지 않는 한 내 자녀가, 내 자녀가 사는 이 사회는 변하지 않을 것이다.

불안 사회는 젠더들로 하여금 단순함에 빠지도록 유혹한다. 단순하게 접근해야만 사회적인 통제가 가능하기 때문이다. 복잡하게 접근하다 보면 사회는 우후죽순처럼 자기 의견을 내세워 논쟁의 사회가 되지만 논쟁은 다툼이 아닌 불안을 조절하는 과정인 것이다. 우리 사회는 불안을 조절하는 논쟁에 익숙하지 않다 보니 논쟁을 불필요한 소모전으로 평가절하하면서 인간의 성숙함을 가로막고 있다. 논쟁은 사회에서 꼭 필요한 의견을 조율하는 과정인데 우리 사회는 의견이 조율되고 서로를 이해하는 과정을 불필요하게 생각한다. 불안 사회의 역기능이며 단순화를 통해 사회 불안을 조장하고 사회 구성원을 통제하기 위한 수단에 지나지 않는다. 그러다 보니 현대 사회는 참과 거짓만이 존재하는 단순한 사회로 가고 있다. 복잡함을 싫어하는 세대의 현상이기도 하지만, 단순함을 유도하는 사회 현상이기도 하다. 가령 '정의다'라고 말하는 집단과 '아니다'라고 하는 집단의 싸움은 정의와 반대의 다툼이며 갈등이다. 하나를 가지고 흑백 논리를 통해 내 편 네 편을 가르는 식의 사회에서 다른 목소리를 내면 소수의 의견이라고 치부해 버린다. 현대 사회에서 자기 또는 우리의 의견이 무시되며 여론과 군중 심리에 의해서 움직이고 있다. 조용한 의견과 소수의 의견은 묵살되고, 자기 판단 없이 주도권에 의해 휘둘리고, 가짜 뉴스에 호도되고 있는 사회가 과연 건강한 사회인가? 조용한 의견이라 할지라도, 소수의 의견이라 할지라도 귀를 기울여 주고 들어주는 사회가 건강한 사회이다. 하나의 상황을 보고 해석하는 것과 바라보는 시선은 다를 수도 있고 같을 수도 있다. 다수의 의견과 소수의 의견을 절충하기 위해 노력한다면 양보와 배려를 통해서 갈등은 최소화될 수 있을 것이다. 하지만 우리 사회는 더욱 흑백 논리, 양분법, 내 편 네 편을 가르는 단순 사회로 가고 있으며 단순 사회를 지향하는 것은 현대 사회에서 흑백 논리와 불안에 지배를 당하는 것과 같은 것인데, 이에 대한 저항을 부모가 가르치지 않는다면 우리 자녀들은 어디에서 이 중요하고 진정한 정의와 사회적 가치를 배울 수 있겠는가. 이제부터라도 하나의 상황을 보고 다양한 의견을 수용하여 절충점을 찾기 위해 노력하는 것이 꼭 필요하겠다. 이러한 노력이 없다면 현대 사회나 미래 사회의 인류는 자기를 중심으로 돌아가는 이기적이며, 폭력적인 사회에 직면하게 될 것이다.

다양성을 배울 때 불안을 조절하는 다양한 방법을 배우게 되는 것이다. 부모가 다양성을 경험하게 하고 다양한 의견을 존중하며 인간을 이해하는 데 중심을 두고 있어야 한다. 자주 일어날 수 있는 하나의 단순한 사례를 들자면 식사 메뉴 선택이다. 식사 메뉴를 고르는 데 다양한 의견을 수용하기는 힘들 것이다. 여기에서 우리에게 내일(TOMORROW)이 있는 이유와 자기의 의견과 시간을 인정받을 수 있다는 것, 기다리는 법을 자녀들에게 정확하게 가르칠 수 있다. 오늘은 누구의 의견에 따라 식사 메뉴를 선택하지만 내일은 누구의 의견을 수용해서 식사 메뉴를 결정할지 의견을 나누며, 어린 자녀의 의견도 존중받고 있다는 감정을 가질 것이다. 존중해야 하는 작은 사회, 단순할 수 있지만 자녀들은 단순함 속에서 다양성을 기억하고 경험하게 될 것이다. 작은 사회는 가족으로부터 시작되며, 의견이 존중되는 과정을 몸소 느낀 자녀들은 자기의 갈등을 봉합하고 감정을 털어내는 데 어려움이 없다는 것이다. 어리다고 의견을 무시하거나 너무 타인의 의견에 수용적이라면 재차 상황을 설명하고 결정할 수 있도록 도와야 중립성을 지킬 수 있는 사고방식을 배울 수 있다. 다양성도 중요하지만, 중립을 지킬 수 있는 상황판단능력을 키워 줘야 갈등에서 중재하거나 중립을 지키려는 중립성을 갖출 수 있다.

준법정신이 없는 부모

준법정신이 없는 사람들이 자기의 잘못과 행동, 행위에 대해서는 뻔뻔하고 당당하지만, 자기가 불리한 상황에서는 법을 들먹이며 법에 더욱 의지하며 악용한다. 법을 좀먹는 행위로서 법충이라는 신조어가 나올 정도이며 비난이나 위반 행위들이 드러나면 법은 자기를 보호하는 수단으로 인권과 법을 들먹이며 보호받기를 원한다. 자기의 위법 행위는 당연한 권리이고 법에서 보호받는 것도 당연하게 생각한다. 이러한 원인을 제공하는 사회 현상이 정치인에게서, 법 전문가들에게서, 재벌들에게서, 언론에서 등 사회 각계각층에서 발생하며 도덕성을 상실한 사회를 가속시키고 있다. 대표적인 예로 중고차 사기를 말할 수 있겠다. 협박과 회유, 감금, 폭행, 갈취 등 불법과 위법 행위를 서슴지 않고 행동하다가도 자신의 잘못이 드러나면 법의 보호를 받으려고 한다. 보호받는 법에서 전혀 반성하거나 잘못된 행동이라고 생각하지 않고 벌금이나 집행 유예를 거치면 금방 해결될 일이라는 관점이 불안한 사회를 촉진하고 있다. 자동차를 운전하는 사람들을 보더라도 법을 지키지 않아 사고가 나면 되레 큰소리로 상대를 비방하고 상대에게 잘못을 전가한다. 잘못된 행동으로 인식하지 못하는 사회가 무뎌진 이성을 만들어 무법천지가 될 수 있다는 것이다.

인류의 보편적, 사회적인 상식이지만 인류는 단 한 번도 보편적인 상식에서 살아오질 못했다. 옳은 이야기에도 듣지 않는 사회, 전체주의 사회 현상에 자신을 맞추어 다양한 논리를 생각하지 못하고, 사람들의 다양한 생각과 성향을 이해하지 못하면서 극과 극의 선택에 익숙해지고, 자기 영역을 확장하기 위해 자기와 같은 생각을 공유하는 무리를 자기편으로 만들고 자기 힘을 과시하는 사회가 되었다. 힘을 중시하는 사회에서 우리의 아이들은 젠더를 어디에서 배우고, 사고의 다양성을 어디에서 배울 수 있을까? 자신이 먼저 변하지 않는데 사회가 변화하길 바라는 심정, '나부터'가 아닌 '너부터'의 이기적인 사회가 되었다. 자녀의 소리에 귀를 열지 못하고 귀를 닫은 부모가 위험한 사회를 만드는 데 한몫하고 있다는 증거이기도 하다.

이러한 귀를 닫는 현상, 올바름이 아닌 탐욕에 대한 극과 극의 현상은 온라인에서도 자주 등장한다. 오프라인에서는 수줍어하고 수동적이며, 관계를 원만하게 만들기 위해 많은 노력을 하는 젠더들이 좋은 관계를 위해 많은 에너지를 사용하다 보니 자신을 숨길 수 있고 드러내지 않는 곳에서는 강한 일탈의 현상을 주도하며, 관계를 자기 중심화하려는 시도를 보이고 있다. n번방 사건은 타인과의 직접 관계가 아닌 보이지 않는 불특정 다수와 자기를 숨길 수 있는 환경에서 관계를 중요하게 생각하지 않아도 된다는 것이 젠더의 일탈을 부추길 수 있으며, 이 환경과 공간에서는 자신의 양면적인 어두운 부분을 마음껏 드러내는 데 주저함이 없다는 것을 보여주었다. 가상의 공간에서 타인을 비판하고 타인을 조종, 지배하며 신이 된 것처럼, 왕이 된 것처럼 모든 행위와 행동에 잔인성을 보이고 있었다. 이러한 잔인성은 언제부터 생겼을까? 부모의 젠더로부터 표현을 부정당했거나 과도한 체벌의 훈육에 대해서 부모의 정당한 행동이었다는 당연함으로 인해 자녀들의 공격성과 잔인성의 기초 선이 만들어진 것이다. 이러한 부모들과 상담을 진행하면 자기 원가족의 부모 젠더로부터 자신이 배척당하고 차별당했으며 감정의 표현이 차단되어진, 철저하게 모멸과 무시당했던 흔적들이 보였다. 불안에 가중된 트라우마(상처)로 인해 사회 활동에서의 많은 어려움을 보이고 있으며 어려움에 처해 있다. 오프라인 즉, 대면의 관계에서 소외될 것 같은 불안으로 상대와의 관계에 집착하거나 관계에서 갈등을 표현하지 못하고 수동적인 행동을 보이며 속앓이를 하는 등의 사회관계에서 소외당하는 것을 참지 못하고 위기감을 느낀다. 감정이 억눌리고 차단된 가정환경에서 성장한 자녀들은 자기의 불안을 해소하기 위해서 자극적인 생각과 행동을 하며, 폭력의 대상이 되기도 하고 폭력의 주체가 되기도 한다.

억눌림과 귀를 닫은 부모에게 피해를 입은 불안한 심리는 학교 폭력에서 뚜렷하게 보인다. 지속된 학교 폭력의 가해자나 피해자의 가정에서는 유사한 환경의 특성을 보였다. 학교 폭력의 피해자들에게서 보이는 심리적인 불안은 부모의 젠더들이 자녀를 양육하는 방법에서 감정 표현을 억누를 때, 감정이 차단됐을 때 나타나는 갈등과 트라우마다. 학교 폭력의 피해자가 되거나 가해자가 되는 것은 어린 시절 자녀들의 감정을 억누른 행위에서 비롯되어 감정을 조절하지 못하고 이성적인 판단을 하지 못하는 자녀로 양육했기 때문이다. 학교 폭력은 분명히 잘못된 행위이며 행동이다. 그러나 학교 폭력은 가해자도, 피해자도 책임이 있다는 것을 말하고 싶다. 가해자는 감정을 조절하지 못해 분노가 표출되고, 피해자는 자신의 감정을 표현하지 못해 상대의 분노에 기가 눌려 발생하기 때문이다. 폭력의 주체가 지나친 공격성과 폭력성을 넘어선다면 가해자의 부모 또한 책임을 져야 하지만, 피해 학생의 가정에서도 표현이 제한적이다 보니 피해 상황을 알지 못하거나 모르고 지나쳤다는 책임에서 피해 부모도 자유로울 수 없다.

가해자의 그룹을 보면, 관계에 집착하고 강한 힘이 있는 그룹에 속하고 싶은 욕구가 강하다. 불안을 해소하기 위해 관계에 집착하는 가해자의 그룹에게 감정을 처리할 수 있는 작은 관심과 생각하고 표현할 수 있는 시간만 주어졌었다면 관계에 집착하지 않고 충분히 자기를 표현할 수 있는 내적 에너지를 기를 수 있었을 것이다. 억눌림보다는 무관심이 더욱 나을 수 있다는 것은, 지루함과 심심함을 이겨내는 힘만 있었다면 학교 폭력은 일방적인 가해/피해 상황이 아닌 서로가 문제를 해결할 수 있는 상황이 될 수 있었다는 것이다. 피해자의 젠더들은 지금이라도 학교 폭력 당사자의 처벌을 원하고 있다. 자기의 기억은 또렷한데 가해자는 기억을 모두 잊고 승승장구하거나 편하게 사는 모습을 보는 것은 힘들 것이다. 그 힘듦은 가해자가 유명해지거나 피해자가 양육을 시작할 때 더욱 무의식에서 의식화되어 감추었던 것들이 수면 위로 올라와 자기를 더욱 힘들게 한다. 불안 심리가 강한 부모일수록 자기 자녀의 표현 감정을 억누르고 타인이 놀아 주길 바라며, 타인이 돌봐 주길 바라는 심리가 강하다. 타인이 놀아 주고 돌봐 주는 것을 당연하게 생각하는 부모는 무기력한 부모에 속한다. 무기력할수록 감정 표현을 받아주질 못하고, 무기력할수록 삶의 우울과 상실감이 지배적이어서 귀찮음을 차단하기 위해 양육에 절대적인 권력을 행사한다는 것을 명심해야 한다.

부모의 방임과 지나친 허용

자기를 개별화하고 독립적인 개체로 성장시키지 못하는 젠더들은 무리에 집착하고 소속 집단을 만들어 그것을 자기의 권력과 힘으로 과시하며 자기의 것이라고 착각한다. 인간관계는 필요하지만 소속과 무리에 집착하는 행동은 미성숙함으로 인한 관계의 집착이라는 것이다. 무리와 소속에 집착하는 청소년의 무모한 행동들, 자기들은 용기라고 생각하며 집단을 형성하고 집단은 언제든지 나를 위해 움직이며 작동한다는 믿음이 강하다. 이에 대한 보상으로 서로에게 내 것, 네 것이 없는 관대함을 보이며 이성 관계의 대상도 서로가 공유한다. 의리, 쿨함, 깨어 있는 사고 등 말도 안 되는 상투적인 단어를 사용하여 무리와 소속 그룹에 충성도가 높은 것은 무모함을 용기로 알며 행동하기 때문이다. 무모함을 용기로 아는 집단의 에너지는 대화하는 방법도 비속어와 거칠고 투박한 행동이 주를 이루고 있으며, 자기들의 무모한 행동을 타인들이 보았을 때 강하다는 인식을 주기 위해서 상대와 다툼을 마다하지 않는다. 집단의 힘을 과시하는 방법은 '다른 집단과의 기 싸움이나 다툼에서 무모함을 누가 더 보일 수 있느냐'이며 이에 따라 집단의 위치가 달라지는 것을 알기에 집단에 대한 충성심과 결속력도 굉장히 두터운 신뢰를 바탕으로 형성하고, 그에 반기를 드는 집단의 무리를 응징하거나 배척하기도 한다. 무모한 무리는 소속감에 의해 도덕성이 없으며 동물적인 본능으로 욕구를 탐닉하고 끝없는 욕구를 위해 불법적인 행동도 서슴없이 자행한다. 강도, 도둑질, 집단 폭행, 집단 난투극, 성매매, 납치, 감금 등 강력 범죄를 죄의식 없이 행동하는 것은 집단에서 배척당함을 두려워하기 때문이며 이에 더욱 도덕적인 양심을 꺼내려 하지 않는다. 반복된 범죄에 무딘 감정으로 무뎌진 심리와 정서가 작용하여 죄의식도 점차 희미하게 사라지게 된다. 무뎌진 심리와 정서가 제 기능을 할 수 없기에 더욱 집단의 소속감에 집착하게 되는 것이다. 이러한 행동은 성인이 되어서도 자기들의 일들을 영웅담처럼 자랑스럽게 늘어놓은, 늘어놓을 수 있는 집단의 모임을 지속해서 이어가려고 한다. 특히 문신을 자랑처럼 여기며, 온몸에 문신하거나 자신의 몸을 키우기 위해서 과체중을 유지하려는 것은 몸을 통해 자신의 영역을 확장하려는 욕구가 강하다는 것이다. 문신을 통해 '나 무서운 사람이니까 건들지 마.'를 보여주고자 하며 자신이 걸어가는 길이 홍해처럼 갈라지는 영역의 확장을 원하기 때문이다. 자신의 힘을 과시하려는 욕구는 불안에 짓눌린 경험에 의한 것이며, 무리의 힘이 자신의 불안을 해소시킨다고 믿는 불안 정서의 상태이다. 이런 무모함을 용기로 아는 연령대가 점차 어려진다는 것이 심각한 문제이며 중학생, 고등학생 때부터 문신하기 위해 돈을 모으거나 돈을 벌기 위해 노력한다는 것이 안타까운 사회문제이며 현상이 되었다.

무모함을 용기로 아는 젠더의 불안 심리는 가정에서 부모로부터 방임된 자녀들이 자기 소속을 갖고자 하는 욕구에서 생겨나며, 반대로 자녀들의 행동과 욕구를 지나치게 허용하는 부모로부터 시작된다. 방임은 불안 정서를 경험한 부모들의 일탈 행위이며, 허용은 부모가 해야 할 역할을 관대함으로 포장하여 자녀의 욕구를 채워주는 방식으로 선택한 것이기 때문에 어쩌면 방임에 가까운 행동이 된다. 또한, 허용은 불안을 다른 욕구로 채워서 허상적으로 충족시키는 행위이기에 방임과 허용의 불안 심리는 가장 가까운 지지 기반인 부모와의 교감 실패에 의해 부정적으로 불안을 처리하는 방식이다. 무모함을 용기로 아는 자녀들은 부모와의 대화가 부족했거나, 부모가 자녀들의 의사 표현을 무시했거나, 말하지 못하게 하는 억눌림 또는 일방적인 대화 방식(됐어, 알았어, 무슨 얘기인지를 모르겠네, 네가 알아서 해, 네가 하고 싶은 대로 해 등)이다 보니 또래들과의 의사소통 또한 비속어로 말하기, 감정을 분노와 큰 말투(화난 말투)로 표현하기, 다른 상대에게 위협적인 말투 등 정상적이지 않은 표현 방식을 보인다. 교감의 불안(실패) 심리는 처음의 관계가 만들어지는 부모와의 의사소통이나 정서적인

지지 기반이 부족할 때 다른 지지 기반이나 같은 경험을 한 무리에게 이끌리게 된다. 정서적인 문제나 불안이 있는 아이들은 서로에게 자석처럼 이끌리듯 관계가 형성된다. 부모와 좋은 교감 그리고 의사 표현에 관심을 두고 지지를 받은 아이들은 그렇지 않은 아이들과는 자석의 음과 양처럼 서로의 이끌림이 없으며, 무모한 행동을 좋아하지 않아 집단과 무리를 동경하지 않는다.

불안 심리의 부정적인 관계를 맺은 아이들은 성인이 되어도 자신을 개별화하지 못하고 독립적이지 못해 소속과 집단을 이루려 한다. 사회적인 많은 위협과 위험에서 자기들을 지키려는 불안 욕구가 강하고, 힘을 과시하는 무모함 때문에 위협과 위험을 만드는 존재가 되며 집단에 더욱 의존하게 되는 것이다. 남성과 여성의 무모함은 다르게 나타나는데 남성은 무리의 힘을 자기의 힘으로 착각하며 행동하고, 여성의 무리는 정서 지지 기반을 위해서 그리고 자기를 과시하기 위한 수단으로 사용된다는 것이다. 방임과 허용은 안전하지 않은 사회에서 아이들을 강하게 키우는 것이 아니라 경험을 하지 않아야 할 것을 경험하게 하고, 안전을 위협하는 위협적인 존재로 키우는 것이기에 미성숙한 존재에 지나지 않는다. 아이들의 미성숙함은 성인이 되어서도 연속적인 작용을 한다는 것을 경계해야 한다.

사회 불안의 확장과 갈등의 증가

　사회문제 중 하나가 비흡연과 흡연의 갈등이다. 흡연권을 주장하는 사람과 간접흡연에 건강권을 침해받았다고 주장하는 사람들. 거리 흡연충, 개념 없는 흡연자, 흡연에 대해 부정적인 인식이 과도하게 생산되다 보니 점차 금연 거리, 금연 건물이 늘어나면서 흡연자들이 설 자리를 잃어가고 있다. 흡연으로 갈등이 생긴 것인지, 갈등 때문에 흡연이 문제가 되는 것인지, 갈등의 불안 심리를 흡연자가 만든 것인지, 사회 불안 심리를 조성하기 위해서 흡연을 갈등 수단으로 만든 것인지를 생각해 봐야 한다. 흡연하면서 눈치를 보고, 갈등에 피로도가 높은 흡연자는 비흡연자가 혐오스럽게 쳐다봤다는 이유로 폭언과 폭행을 한다. 흡연과 건강권에 대해 양분화된 갈등만을 주는 사회는 불안할 수밖에 없으며 그로 인해 안전이 우려되는 사회가 되었다. 계층과 사회 불안의 심리는 문제의 핵심을 보지 못하는 것이 갈등의 원인이며, 현재 흡연으로 인한 피해와 흡연자를 향한 비난 상황(사회 분위기), 당장의 기분 나쁨(사회 분위기와 개인의 감정), 건강의 해로움(개인감정) 등 불안이 어떻게 자신에게 작용하는지를 탐색하고 객관적으로 생각해 봐야 한다.

　흡연자들은 담배 소비를 통해 정부의 재정을 일부 책임지고 있다고 생각하지만, 비흡연자들은 흡연으로 발생하는 각종 질병에 노출되어 사회 재정이 악화된다고 확신한다. 또한, 담배꽁초를 아무렇지 않게 버리는 태도에서 환경오염과 정화의 간접비용이 증가하여 백해무익한 기호 식품이라고 단정 짓는다. 이렇게 단점이 많은데도 왜 정부는 담배를 생산하고 판매를 독점하고 있는 것일까? 국민감정은 무시한 채 담배 생산을 독점하고 있는 정부에게는 반감을 느끼지 않고 흡연하는 사람들이 잘못됐다며 흡연자를 비방하고 오롯이 흡연자의 책임이라고 말한다. 정부의 담배 생산과 독점의 가장 큰 이유는 세금확보이며, 두 번째는 의료비 절감이다. 흡연을 통해 질병에 노출되어 사망률이 높을수록 1인당 지출해야 하는 정부의 의료비가 자연 사망보다는 적다는 것이다. 담배 회사나 정부는 흡연자나 비흡연자의 건강권에는 관심이 없으며 직접적인 이윤과 세수를 확보하기 위한 수단으로 이용되고 있다. 건강권을 향한 사람들의 강한 요구에 사회적인 책임과 공헌을 앞세워 표면적으로는 금연 정책을 만들어 국민의 저항 없이 이윤과 세수를 확보하는 것이다. 흡연을 통해서 사회 불안을 조성하고 흡연자만의 문제로 몰아세워 사회 불안을 개인들의 불안으로 돌려 책임을 회피하는 것은 문제이다. 자본과 정부는 좋은 프레임, 나쁜 프레임은 흡연자로 향하게 하는 교묘한 사회 불안이 개인들의 불안 심리를 자극하고 있다는 것이다.

흡연은 비판적이나 음주에 대해서는 관용적인 사람들의 자세도 문제가 된다. 유독 흡연에 대해서만 사회 불안의 책임을 개인의 갈등과 불안으로 생각하는지를 살펴보면, 흡연은 '불특정 다수에게 피해를 준다.' 하지만 '술은 개인에 한정되어 있어 불특정 다수보다는 개인의 문제다.'로 인식하기 때문이다. 음주는 충동성과 폭력성을 보이며 많은 사회문제를 일으키고 있는데 왜 사회 불안으로 생각하지 않을까? 습관적인 음주 문화로 인하여 아이들이 성인이 되면서 당연하게 술을 마시며, 술을 보편적으로 구입할 수 있다 보니 청년기에 알코올 중독 초기 증상이 늘어나고 중년기에는 알코올에 의존적인 사람들로 넘쳐나고 있는데 말이다. 음주 문화는 불안의 억눌림이 심한 아이들이 성인이 되면서 가치 기준을 스스로 높이기 위한 수단이며 어른이 되었다는 부정적인 독립의 상태라는 것이다. 음주 문제가 심각한데도 음주는 사람들의 불안을 일시적으로 제거하는 효과(관계 형성, 친밀감, 갈등 처리, 비즈니스, 영업 등 실생활과 사회생활에 밀착되어 있는 밀착형 문화로 받아들이는 것)가 있다고 믿기 때문에 관대함을 위장한 채 음주로 인한 사회 불안을 감추는지도 모르겠다. 흡연은 싫어하나 음주는 즐기는 사람, 음주는 싫어하나 흡연은 즐기는 사람, 흡연과 음주를 동시에 하는 사람이 있다. 하지만 유독 흡연의 갈등은 수도 없이 재생산된다. 공동 주택에서도 문제로 삼는 것은 음주보다 흡연의 문제로 연일 방송과 다툼, 비난과 갈등을 보이고 있다. 자기 집에서 흡연하지 말라, 화장실에서 피우지 말라, 공동 주택 계단이나 주차장에서 피우지 말라, 꽁초를 함부로 버리지 말라, 베란다에서 피우지 말라 등 이제는 거리에서 가정에까지 갈등이 확산되고 있다. 갈등의 주체는 다른 곳에 있는데 왜 개별의 사람들끼리 갈등을 부추기고 생산하고 있는지를 판단하지 못한다. 흡연하는 사람들의 문제도 있다. 거리낌 없이 버려지는 담배꽁초와 담뱃갑, 가래침, 담뱃불 처리 등 환경을 오염시키는 주범이 되기에 위생적 개념에서 흡연하는 자세를 돌아봐야 한다.

담배 판매로 인한 세수의 확보는 교육에도, 보편적인 복지에도, 지방의 재정에서도 활용되고 있다. 하지만 정부나 기업은 재정의 기여도보다는 사회 공헌으로 초점을 맞추고 흡연자의 소비를 통해 얻은 이윤이라고 생각하지 않는다. 이해득실을 따지지 않고 흡연을 개인들의 불안으로 만들어 갈등을 부추기는 형식이다. 금연 정책 또한 흡연자를 향한 비흡연자의 비난적 민원을 적극적으로 수용하면서 흡연 공간은 더욱 축소되었고, 있는 곳마저 철거하고 있는 실정이다. 뒤따라가지 못하는 정책과 제도에 혼란과 갈등의 몫은 일반 국민의 몫이 되어 가고 있다. 갈등이 점차 확대되면서 잠시 맡는 담배 연기에도 질병에 노출되는 것처럼 생각한다. 이쯤에서 흡연을 통한 건강권의 침해인지, 사회갈등으로 인해 흡연이 문제인지를 판단해야 한다. 흡연권을 주장하는 사람들의 목소리와 비흡연에 의한 피해자의 목소리도 들어야 하며, 흡연자는 비흡연자를 배려하고 매너를 지키고 비흡연자는 흡연자를 향한 비난의 눈초리를 바꾸어야 한다. 흡연의 반감 심리는 사회 불안에 의해 조작된 불안 심리의 하나이다. 사람들의 다양한 논리는 자유롭게 표현되어야 하며 사람들의 다양한 논리에서 흡연자의 논리가 빠져서는 안 된다. 갈등과 불안은 진통을 겪어야만 비로소 논의가 되는 사회라면 진통에 대해서 피할 필요는 없다.

흡연의 문제는 개인의 불안이 사회 불안에 어떻게 지배당하고 있는지를 간단하게 풀어 보려는 것이지 사회 정책을 비방하는 것이 아님을 밝힌다.

불평등을 조장하는 사회

　불평등의 갈등 중 하나는 단순 기능 기술직에 대한 논란이다. 노동조합의 집단행동과 파업이 국가 발전과 기업 성장에 걸림돌이 되어 사회적인 불안과 갈등을 부추기고 있다는 뉴스를 들어보았을 것이다. 문제의 심각성을 확대하기 위해 같은 뉴스를 다른 버전으로 생산과 재생산을 거듭하고 있고, 이런 행동들이 미래 세대의 사회 진출을 가로막고 있으며 실업률이 역대 최대라는 불안을 조성하고 있다. 노동조합은 생산성 기여에 따라 기업이 많은 이윤을 보았으니 그에 대한 합당한 대가와 권리를 주장한다. 권리가 관철될 때까지 투쟁과 파업을 하겠다고 벼르며 강 대 강의 갈등으로 불안을 부추기고 있다. 기업과 노동자는 이윤과 배분에 대해 다툼을 계속하고, 이윤이 부족하다는 강변과 충분한 이윤에 대한 성과를 바라는 강변을 토로하고 있다. 강 대 강의 사회 불안을 만들면서 서로에게 책임을 전가하고 있는 상황을 한심하게 바라보는 국민의 따가운 시선은 아랑곳하지 않는다. 기업과 노동자는 끊임없는 투쟁으로 자기 것을 확보하기 위한 총력전을 벌이고 있으며, 집단 이기주의에 빠져 이익을 위해서는 사회를 멈출 수 있다는 위협과 행동을 하면서 정당성을 스스로 만들어 가고 있다. 자동화에 따라 단순 조립하는 생산직의 연봉이 억대가 되며 그 또한 부족하다고 매년 노사 분규를 만들어 사회 분열을 조장하고 있다. 이에 더 강한 조건을 내세워 가족의 채용을 통한 대물림의 직장이 되었고, 복리 후생과 성과급으로 자기 잇속을 채우는 집단은 과연 건강한 집단인지를 묻고 싶다. 또한, 공공 기관, 공기업, 정부 기관은 전문직을 넘어 국가의 주도권을 가질 정도로 방대한 권리를 행사하고 있는데 이런 행위를 어느 누구도 비판하지 않는다. 사회 불안의 불평등, 아랫돌 뽑아 윗돌을 쌓는 현상, 풍선 효과 등 내 것에 대한 지나친 탐닉을 위해 행동하면 다른 곳에서는 필연적으로 손해를 보게 된다. 과도한 탐닉 때문에 갈등을 처리하는 사회비용이 증가하며 상실감, 불안과 불만, 기회상실 등으로 시민들의 삶은 위협받는다. 이미 기업과 노동자는 상식을 벗어난 행동을 하고 있다. 노동자를 보호할 법률이 제정되고 상식이 통하는 사회를 만들기 위해 노력한 대가는 없고, 이젠 자기 집단의 이익만을 키우고 있다. 기업들은 방대한 자본을 축적하고 마치 주머닛돈을 사용하듯 횡령과 비리가 넘쳐나고 있으며, 더 많은 재산 증식과 자본을 축적하기 위해 사회를 조정하고 있다. 정부, 기업, 노동자, 사회 등은 불평등과 불공정이 판을 치는 사회를 만드는 데 일조하고 있어 국가적 기능이 점차 상실되어 가고 있다.

사회의 불평등을 역이용하는 집단이나 집합체가 늘어날수록 사회적인 갈등만 부추길 뿐 사회적인 논의는 힘들어진다. 논의보다는 집단의 논리로 인해 사회 불안을 조장하고 이해보다는 억지에 가까운 주장을 한다. 현대 사회에서 증가하고 있는 집단이나 집합체의 집단 이기주의가 증가할수록 자녀를 키우는데 많은 어려움이 따른다. 언론이, 사회 분위기가 불평등과 불공정을 만들고 견고함을 유지하고 있다 보니 부모들 또한 사회 불안이 증가하여 생계에 내몰리고, 갈등과 불안이 높아져 자녀들을 돌볼 여력을 상실하게 되었다. 자녀들은 부모와 사회의 관심에서 점차 멀어지며 학력의 격차와 학습권, 건강권, 보호받을 권리를 빼앗기는 나비 효과의 피해자가 되어 사회 불안의 연쇄적인 문제의 중심에 서 있다. 지금의 사회는 금전 사기가 급증하고, 청년들이 외제 차와 명품을 선호하면서 맞지 않은 옷을 입기 위해 이득만을 좇고 있다. 외제 차가 보험사기의 수단이 되면서 사기 집단을 이루고, 탐닉적 성공을 위해 성급하고 조급하게 생각하며 범죄에 쉽게 빠지고 도덕성을 상실하는 상실과 불안의 사회가 되었다.

젠더갈등을 부추기는 사회

가정은 관계 형성과 사회를 배우고 자기 역할을 탐색하도록 돕는 지지 기반이다. 가정에서 젠더를 이해하고 자기 불안을 조절하며 통제하는 기술과 가족 구성원의 원활한 사회 구성원의 역할과 기능을 돕고, 서로에게 위로가 되어 주는 환경을 제공하는 것이 가장 모범적일 것이다. 하지만 가정환경이나 상황이 긍정적 배움이나 자극을 줘야 하는 기능적 역할에 모범적이지 않다. 우선 개별적 만남을 살펴보면, 상대의 성에 대한 호감을 느끼고 시작하는 연애 시절을 거치며 각자의 성향을 파악하고 성향 때문에 만남과 헤어짐을 반복한다. 좋은 감정에서 시작하지만 겪어 보지 못한 각자의 성향이 보이면 자기 성향에 상대를 맞추려 기 싸움을 시작한다. 처음은 좋은 모습으로 호감을 얻기 위해 성향을 상대에게 맞추려 행동을 하지만 서로가 감정이 공유되고 편해지면 왜 상대의 단점이 보이고 고집과 자기주장이 강해질까? 가정에서 젠더를 경험하고 이해하며, 젠더에 대한 역할을 배웠는데도 서로에게 이해심이 좁아지는 이유는 부모의 갈등 처리와 부모가 느끼는 상대 배우자에 대한 불안 심리에서 비롯되었기 때문이다. 부모와 같은 갈등을 겪고 있지만 정작 자신은 아니라고 생각한다. 논의라는 단어를 많이 사용하게 되는데 사회갈등만이 아니라 가정에서도 논의는 아주 중요하다. 논의 없이 상대를 향한 갈등은 단점에 대한 갈등을 키우고 갈등을 느끼는 내가 갈등을 만든 것이지 갈등의 대상은 갈등이라고 생각하지 않는다. 왜? 논의가 없는 갈등은 상대가 없는 자기의 갈등이기 때문이다. 부모, 젠더, 관계, 사회성을 가정에서부터 잘 이해했다고 하지만 현재의 자기 자신이 배운 것과 이해한 방식으로 상대방을 평가하기 때문에 상대방의 성향과 특성을 오해하는 것이다. 부모로부터 배운 방식으로 상대를 평가하고 '여성의 젠더, 남성의 젠더는 이렇게 해야 한다.'며 젠더의 역할을 강요하는 것과 같다. 상대방의 젠더를 자기가 봐 왔던, 그리고 경험한 부모를 모델로 삼아 평가하고 있는지 스스로 돌아보아야 한다. 갈등과 불안 처리가 잘되지 않았던 가정에서 젠더를 이해하고 그 경험의 바탕으로만 상대 배우자를 평가한다면 갈등과 다툼을 시작하겠다는 선전 포고와 같은 것이다.

갈등과 불안이 왜 시작되었고, 서로가 다른 환경에서 젠더의 영향을 어떻게 받았는지, 그에 대한 논의는 관계가 지속될수록 서로에게 중요하다. 성장한 환경을 무시할 수 없지만, 상대를 위해 성숙할 기회를 받아들이지 못한다면 서로에게 상처만 주고 의미 없는 만남이 될 것이다. 여성은 만남에서 감정을 공유하길 원하는데 이 행동은 논의하고자 하는 시작의 신호이나 논의에 익숙하지 않은 남성은 논의하는 자리를 회피하려 한다. 실체가 없는 소모적인 논쟁이라고 받아들이는 남성의 시그널은 부모로부터 표현하는 것을 제한받았기 때문이다. 논의를 피하고 싶은 남성은 묵묵히 자기를 지켜봐 주는 여성을 선호하고, 여성은 미래지향적인 계획성을 갖고 많은 대화를 하는 남성을 선호한다. 성의 차이는 여성은 정신적인 교감부터, 남성은 스킨십의 교감부터 만남이 시작되었다고 여긴다.

연애의 감정에서 여성은 자기감정을 공유받고, 공유하길 원하며 남성이 자기만을 바라보고 자기 일에 나무랄 것이 없는 완벽하진 않지만 완벽에 가까운 존재이길 원한다. 여성은 '내가 원하는 것이 무엇인지 진짜 몰라?', '내 생각을 모르겠어?', '오늘은 무슨 날일까?' 등의 방식으로 감정을 공유받길 원한다. 처음 만난 날의 일주년, 자신이 왜 기분이 안 좋은지, 말투에 따라 자기의 생각을 알아주길 바라는 식의 감정 공유는 남성을 옥죄는 긴장감을 줄 뿐이다. 남성이 데이트와 기념일을 기억하고 그에 대한 이벤트를 계획하는 것을 당연하다고 생각하는데 이런 행동과 생각은 결혼을 하고서도 계속된다. 계획이 없는 행동을 싫어하고, 계획하지 않는 행동에 대해 실망하며 사랑과 관심이 식었다고 생각한다. 반대로 남성의 젠더는 실체에 집중하며 같이 놀고, 같이 고민하는 강한 소속감을 원한다. 자기의 노력을 알아주길 바라고 자기의 행동에 대한 성과와 결과를 같이 공유해 주길 바라며 안정감을 원한다. 남성은 실체가 없는 감정의 공감보다는 실체가 있는 사건을 중심으로 해결점을 찾기 원하며 감정의 공유를 객관화하고 상황을 판단하고자 한다. '내가 어떻게 해결할 수 있을까?' 고민하고 그 상황을 정리하여 여성을 신속하게 진정시키고자 노력한다. 정신적인 유대감보다는 상황을 객관화하고자 남성은 실체가 없는 이야기에 집중하지 못하고 신속한 진정이 여성에 대한 배려라고 생각한다. 여성은 이러한 남성의 행동에 실망하고 분노가 차츰 쌓이게 된다. 사건을 해결하고자 노력하는 남성의 노력은 보지 않고 감정만을 공유해 달라는 여성을 이해하는 데 어려움을 보인다. 여성은 남성을, 남성은 여성을 너무 모르기 때문인데, '그것도 몰라, 일부러 모르는 척하는 거야.'라는 그릇된 고정 관념으로 상대와 자신의 불안을 키우는 문제가 된다.

자기는 상대를 '배려하고 이해했다.'라는 그릇된 생각을 하고 '다 좋은데 나랑 안 맞아서 헤어졌어!'라고 말하며 성향 차이로 헤어짐을 강조한다. 서로가 서로에게 성향을 맞추기보다는 자기에게만 맞춰 주길 바라는 심리는 다른 대상과의 관계에서도 그런 상황이 반복될 뿐 나아지질 않는다. 쉽게 말하면 지금의 상대에게 만족하지 못하면 다른 상대를 만나도 만족하지 못하며, 자기는 문제가 없는데 상대의 문제로 바라보고 단정 짓는 행동과 사고방식이 자기의 욕구 불안을 만들고 상대에게도 불안을 느끼게 한다는 것이다. 상대의 불안을 바라보며 서로가 불안을 조절하지 못하고 통제하지 못해 불안의 근원지를 상대에게서 찾아 책임을 전가하려는 행동이다. 자기의 불안이 증가하는 것을 상대의 탓으로 돌리며 헤어짐을 준비하는 마음이 있는데도 결혼을 한다면 그 문제는 가정생활에 큰 갈등과 불안의 원인이 될 것이다. 각자가 경험한 것은 다르다. 자란 환경도, 보고 들은 환경도 다를 것이다. 서로가 다름을 인정하지 못하고 자기에게 맞춰 주길 바라는 것은 자기중심적인 사고이며 이기적인 행동이다. 만남은 한쪽에 치우침 없이 중립적이며 객관적인 환경을 만들려고 노력해야 한다. '너만 고치면 나도 바뀔 수 있어'라는 생각은 오만이다. 현재의 관계에 충실하고 개선하려는 노력과 언제든 환경에 자신을 변화시킬 수 있는 노력은 서로가 성숙하는 계기를 마련할 수 있다. 10개 중 8개를 노력해서 맞췄는데도 불구하고 2개 또한 자신에게 맞춰 주길 바라는 것은 변화가 아닌 개조일 뿐이다. 여성은 감정 공유를 강하게 요구하는 것부터가 성으로 남성의 젠더를 조정하려는 시도인 것을 명심해야 하며, 남성 또한 집단이라는 소속에서 벗어나 개별화를 통해 현재의 관계에 집중해야 할 것이다.

결혼 생활에서 부부들은 어떨까? 남성은 원가족과 자기 가정, 자기 주변과 환경과의 관계 등 전체를 보고 상황을 판단하여 자기의 일을 결정한다. 여성은 자기의 원가족과 자기 가정의 단위를 보고 상황을 판단하여 자기의 일을 결정한다. 남성은 사회, 공동체, 집단, 가정, 원가정을 보며 사회 구성원으로 인정받고자 하는 욕구가 작용하지만, 여성은 현재의 가정에 충실하길 원하며 안정 욕구에 중점을 두고 생활하려고 한다. 남성이 결혼하면 자기가 속해 있던 집단에 여성이 소속되길 바라지만 여성은 현재의 대상과 감정을 공유하길 원한다. 남성은 관계에서 불안을 조절하고 구분하는 방법을 찾으려고 하며 여성은 상대방과 정서적인 교감과 보호 본능으로 불안을 조절하고 구분하려 한다. 남성은 책임감, 여성은 안정감이라는 욕구가 다르기 때문이다. 주변 환경에 책임감을 느끼는 남성의 특성 때문에 자기가 속해 있던 환경에 아내가(아내를 자기와 같은 존재로 인식 - 원래 가족인 것처럼) 들어와 주길 바라고, 여성은 남편과 남편의 환경(남편의 환경을 받아들이는 시간이 필요한 다른 존재로 인식 - 가족이 되기 위한 준비가 필요)에서 안정적이길 바라며 충분한 시간을 통해 서로를 알아가려 한다. 결혼 생활의 실체라는 상황에서 서로가 다른 생각을 가지고 있다.

결혼 생활에서 충분히 감정을 공유하고 안정을 취하기도 전에 자신의 환경에 책임감을 느끼는 남성의 행동을 여성은 이해하는데 어려움을 느낀다. 여성 또한 남성의 감정을 잘못 해석하는 오류가 발생하여 자기 원가정에 집착하게 되고 자기 소속에 남성의 젠더를 끌어들이기 위한 기 싸움을 시작하게 된다. 상대를 알아가는 과정은 많은 시간이 필요하며 서로에 대한 이해가 바탕이 될수록 관계는 견고해진다. 가족이라는 것은 많은 교감과 갈등을 통해 더욱 견고해지며, 부모와 자녀들도 서로를 알아가는 과정이 필요하다. 친구 관계에서도 처음에는 탐색하고, 갈등과 다툼을 통해 서로에 대한 유대감이 형성되어 좋은 친구 관계가 되는데, 부부 관계는 더욱 많은 시간이 필요할 것이다. 고작 몇 년 만났다고 해서 가족과 같은, 친구와 같은 유대감이 형성되기는 어려울 것이다. 부모들이나, 가정을 꾸린 부부들이 독립적인 생활을 하도록 적극적인 지지를 통해 서로가 실체의 삶을 탐색할 수 있는 시간과 과정을 지켜봐 주는 것이 건강한 가정을 꾸릴 수 있는 시작이 될 것이다. 신혼은 바쁘다. 자기 생활공간을 꾸미고, 서로 감정을 공유하며 유대감을 형성하고 싶어 한다. 하지만 없는 가족 모임을 만들어 잦은 식사 시간이 만들어지고 가족 행사에 참여하길 바라며, 혼자 먹기 아까운 음식이 있다며 같이 먹길 바라고 먹거리를 가져다주는 등의 간섭은 원만한 가정생활에 방해가 될 수 있다. 독립된 개체로서 부모의 젠더도 자녀를 독립시킴으로 또 다른 독립을 준비해야 하며 자녀들 또한 독립된 개체로 성장하도록 밀어줌과 때론 멀어짐이 필요하다. 양보와 참고 살아가는 것으로 갈등과 불안을 처리하는 것이 아닌 개별 독립체라는 인식과 젠더의 역할을 다시 배우고 이해하는 것이 문제의 핵심이다.

가족의 교감을 방해하는 사회

출산, 양육, 교육, 역할 그리고 독립으로 인간의 삶은 반복되며 젠더의 본능적인 삶과 역할에서 부부 관계는 자녀들의 삶에도 중요한 영향을 미치게 된다. 부부의 긍정적인 교감에 따라 자녀들의 사회적인 역할뿐 아니라 자녀로서, 젠더로서의 역할이 결정된다고 해도 과언은 아닐 것이다. 결혼 생활은 하나의 개별 독립체(성숙한 성인, 의무와 책임)가 만나 부부가 되어야 하지만, 과거나 현대의 부부들은 원가족에게 의존적이며 부모에게 젠더의 역할을 올

바르게 배우지 못한 불안정 상태에서 시작한다. 의존성은 자기 가정을 스스로 설계하지 못하고 도움을 원하다 보니 원가정의 참견과 개입을 당연하게 받아들인다. 독립되지 않은 정서는 원가정에 종속되어 자기 가정과 부부의 역할을 외면하거나 회피하면서 교감보다는 갈등을 만들게 된다. 갈등은 부부 생활의 불안을 증가시키고 불안을 제거하기 위해 남성은 더 많은 관계에서 유대감을 형성하길 원하고(명목상 사회 활동이지만 외부의 관심과 관계에 집착), 여성은 자신과 가정에 집중하길 바라며 양육의 공동 책임을 요구한다. 체계적인 생활을 위한 계획을 세우길 바라지만 서로가 역할을 떠넘기며 많은 문제를 쌓아 간다. 서로 맞지 않는 성향과 노력하지 않는 결혼 생활에 만족하지 못하다 보니 부부 관계는 소원해지며 쇼윈도 부부, 섹스리스, 대화 단절, 같은 공간 다른 생활, 다른 생각을 하며 부부 관계를 불안하게 유지한다. 부부가 긍정적인 교감을 하지 못하고 불안의 갈등을 생산하면서 자녀의 양육에 좋은 환경과 영향을 제공하는 것이 과연 가능할까? 젠더의 처음 시작이 갈등으로 부정적 교감을 하는데 자녀들이 젠더의 역할을 잘 해낼 수 있을까? 자녀들은 성장하면서 부모가 보인 행동에 따라 불안과 갈등의 사춘기를 겪을 것이고 불안과 갈등으로 인한 반항 심리가 커질 것이며, 결혼에 부정적이고 이성에 대한 호감보다는 반감이 나타날 것이다. 성 대결, 이성 갈등은 부모가 자녀에게 좋은 부모의 모습보다는 불안과 갈등을 만드는 주체라는 인식을 심어 주기 때문이다.

그렇다면 교감은 무엇이며 부부, 부모 자녀가 어떻게 교감을 해야 하는가? 교감은 언어와 언어 속의 감정, 표정과 시선 속의 감정, 행동을 느끼고 읽을 수 있는 능력이며 동물적인 본능에서도 생존 능력에 속한다. 이러한 교감의 능력은 엄마의 태내에서부터 만들어지는데, 자녀들은 부정적인 교감에 민감하게 반응한다. 눈치라고 생각할 수 있는데, 눈치는 상황과 환경, 분위기를 이해하는 능력이라면 교감은 상대의 감정을 파악하고 불안과 안전, 안정을 느끼며 조절하는 정서적인 이해 능력이다. 교감은 사람이라면 모두가 가지고 있는 능력이다. 특히 부부, 부모 자녀 사이의 교감 능력은 견고하고 두터운 유대감이다. 부모들은 자신들의 불안과 갈등을 자기들만이 느끼고 자기들만의 문제라고 생각하지만, 자녀들은 부모의 불안과 갈등을 같이 느끼고 있으며 부모의 불안을 자기의 불안으로 받아들인다. 좋은 교감은 굳이 말하지 않아도 부모가 행복하고 서로를 배려하는 것이며, 사랑하는 마음과 눈빛만으로도 자녀들은 행복을 느끼고 정서적인 안정을 갖게 된다. 교감은 책임감과 의무, 갈등을 처리하는 방법 등을 알아가게 해준다. 관계에서의 교감은 불안을 조절하고 구분할 수 있는 중요한 감정 처리 방식이다. 위험을 감지하고 인정과 관심을 감지하며 사회 능력(위기관리 능력, 감정 조절 능력)에서도 자기에게 탁월한 선택을 할 수 있도록 돕는 효과가 있다. 부모로부터 긍정적인 교감 능력을 배우고 물려받았다면, 환경에 적응하는 능력이 우수하고 자기와 다른 환경을 탐색하는 내적 에너지가 좋은 아이로 성장할 수 있으며, 불안을 조절하고 구분하는 능력 또한 갖추게 된다. 반대로 부모의 불안과 갈등, 다툼과 대립을 처리하는 방법에서 부정적인 교감에 많이 노출된 아이들은 자신의 내적 갈등을 처리하는 데 에너지를 소모할 것이며, 부모의 불안과 자기 불안을 분리하지 못할 것이다. 자녀들이 환경에 적응하는 문제는 중요한 부분이다. 환경 적응능력이란, 독립 보행(걸음마)을 시작하면서부터 개별 독립을 준비하는 본능이고 위험과 안전을 정확히 탐색하여 탐색한 결과에 자기 효능감을 발휘할 수 있으며, 불편하거나 잘못된 것도 스스로 개선하려는 노력과 행동이다. 아이들은 보행을 시작으로 의무교육 과정을 거치며 자기 환경의 변화를 두려워하거나 적응하기 힘들어하는데, 부정적 교감에 노출된 아이들은 현재의 환경에 적응하지 못해 의존적이고 자신감이 부족하여 소심하며, 분노 조절에 어려움이 있는 아이로 성장하게 된다. 내적 갈등의 씨앗은 부정적 교감에 의한 불안인데 가족이나 타인과의 관계에서 관계 유지를 힘들어하는 사람들은 자기의 공간에 대해 민감하게 반응한다. 내적 불안과 갈등은 자기중심적인 사람들이 많이 겪는 감정이며, 상대와의 관계 형성에서 발생하는 긴장감, 어색함, 어려움, 공감 등을 힘들어하고 관계 형성에서의 지친 내적 갈등을 해소하기 위해 동물에 의존적이며 공감대를 형성하려고 한다. 사람들에게 소모된 에너지를 동물을 보호하는 것으로 소진된 에너지를 채우고자 한다. 관계는 상호 작용이지만 다른 존재와의 교감은 일방적이기에 상대의 감정을 신경 쓰지 않아도 되며, 자기 공간과 자기 영역을 침해받고 싶어 하지 않는 사람들이 특히, 동물에 집착하는 경향을 보인다. 자기 불안을 조절하지 못하는 사람들이 동물에 집착하면서 자기 불안을 제거하려 한다. 동물에 대한 집착을 통해 '사람보다 낫다, 나만 바라보고 나에게 의지하는, 사람을 배신하지 않는' 등의 말로 자신을 위로하며 자신만의 환경을 만들어 사람들과 거리를 두고 사람들로부터 자신을 보호하려고 한다.

반려견, 반려묘, 반려동물에 집착하면서 동물의 유모차, 옷, 사료, 의료, 학습, 유치원, 호텔, 장식품 등 사람보다 동물에 비용을 아끼지 않는 사람들이 늘어나고 있고, 이는 젠더의 역할에 위협이 되고 있다. 동물에게 자신이 집착하고 있다면 불안교감을 긍정화하는 방법을 찾아야 할 것이다.

부정적 교감으로 내적 갈등이 있는 사람들은 참을성이 부족하고, 관계에서도 갈등의 대상이 되거나 주변 환경에 쉽게 영향을 받아 작은 사건에도 스트레스를 느끼며, 중요한 자리에서 자기의 능력을 충분히 발휘하지 못한다. 외부 소리에 민감하게 반응하는 것은 내적 갈등을 많이 겪고 있다는 것이며, 자기 공간에 대한 침범이나 방해를 받고 싶어 하지 않는다는 경계심이다. 단순한 예를 들면 아파트 층간 소음의 갈등 문제이다. 공동 주택에서 흔히 일어날 수 있는 문제인데 소리에 민감하게 반응하며 이웃과의 다툼을 시작하게 되고, 분노와 상실을 동시에 느끼며 갈등을 확산시킨다. 환경에 적응하지 못하는 아이들은 소리에 민감하게 반응하기 때문에 성인이 되어서도 소리에 민감하게 반응하고 대응하는 것이다. 흔히 사람들은 불특정 소리에 민감하게 반응하며 소리의 근원을 찾지 못하면 불안해한다. 소리에 무딘 사람들도 위험하다고 느끼는 소리를 구분하며 위험을 감지한다. 인간은 본능적 위험을 소리로 감지하는 능력이 있는데 부정적 교감으로 인해 소리에 유독 민감하게 반응한다면 일상생활에 많은 지장을 받을 수 있다.

건강한 가정을 방해하는 사회

건강한 젠더, 건강한 부부, 건강한 부모로 연결되기 위해서는 각각의 노력이 필요하지만 실천하기에는 정말 어려운 현실이 되었다. 생존과 경쟁, 권력, 독점, 배척 등으로 내몰려 사람답게 살 권리를 잃어가는 사회의 불안이 팽창되었기 때문이며, 개인의 불안 또한 사회를 위협하고 있기 때문이다. 먹고 살기 힘든 과거보다 더욱 불안한 사회가 되면서 사람답게 살아가는 것이 힘든 현실이 되었고, 자기조차도 책임지기 힘든 사회에서 가족을 책임지는 것은 무책임한 행동이라는 현세대와 미래 세대의 건강한 젠더의 삶을 위협하고 있다. 젠더의 역할과 삶의 무게가 젠더의 본질을 망각하게 하는 망각의 사회가 되면서 부모가 된 젠더의 갈등과 불안이 증가하면서 건강한 가정도 위협받고 있다.

사회경쟁에서 내몰린 부모는 가정과 양육의 책임감 또한 감당해야 하는 어려움으로 젠더의 본질을 잃어가고 있다. 본질을 망각한 부부는 생계위협에서 열등의식을 느끼고 자신만 희생을 강요당하고 있다는 피해 의식이 성 대립으로 정체성에 혼란을 느끼고 갈등 관계를 지속하며 가정환경을 무너뜨리고 있다. 갈등이 심한 부부는 '우린 아무렇지 않아'라는 외형적인 부분에만 집중하게 된다. 갈등을 처리하는 방법에는 관심을 두지 않고 자기 갈등은 풀 수 없으며, 상대가 양보하지 않으면 끝나지 않는 다툼으로 규정한다. 갈등을 참고 살아가며 갈등은 또 다른 갈등을 견딜 수 있는 힘이라 착각하면서 성숙과는 거리가 먼 행동을 하며 살아간다. 다른 부부와 자기들을 비교할 때도 '겉은 저래도 속은 알 수 없어'라며 자기 위안을 삼고자 누구나 겪는 갈등이라고 생각한다. 좋은 에너지가 있는 부부나 부모에 대해서는 동화되지 않으며, 밝은 사람들을 마주하면 그 감정을 회피하고 힘들어하는 사람들이 많다

사람들은 자기 삶의 갈등을 처리하는 데 많은 시간을 허비한다. 그러나 갈등의 원인을 자기가 아닌 상대에게 있다고 생각하며, 풀리지 않는 갈등에 대해서는 젠더(부부)의 성향 차이라고 단정 짓는다. 문제의 부부들은 남 탓을 하는 모순의 함정에 빠져 자기만 많은 희생과 노력을 하고 있다고 생각하며 상대가 변하길 바란다. 가족이 되어 가는 과정에서도 상대방의 원가족에 대한 거부감을 보이고 있으며, 원가족 또한 가족이 되어 가는 시간을 무시한 채 서로가 대립하며 갈등을 키우고 있다. 갈등 대립의 양상을 보면, 시어머니가 하는 조언이나 충고의 말이 친정어머니가 하는 조언이나 충고와 같은 내용인데도 시어머니가 하는 조언이나 충고에는 거부 반응을 보이고, 장인어른이 하는 조언이나 충고의 말이 친아버지의 조언이나 충고와 같은 내용인데도 거부 반응을 보이며 가정 간 젠더의 갈등과 불안을 확산시키는 것을 볼 수 있다. 갈등과 대립은 가정에서 관계로, 그리고 사회에서 문제를 만들기에 건강한 가정을 위한 부모의 노력이 중요하며 우선시되어야 한다. 학습은 부모의 지원에 따라 잘할 수도 있지만, 학습이 젠더의 본질을 이해하거나 사회에서 갈등과 대립을 해결하는 성숙의 교육은 아니다. 자녀들이 행복하고, 안정된 삶을 살기 바라는 마음은 모든 부모의 바람일 것이다. 원만한 부부 관계는 건강한 부부 관계이며 건강한 가

정생활이다. 가정에서부터 젠더의 갈등과 대립을 보고 자란 자녀들은 이성과의 만남에서 서로가 이해하고 배려하는 처음의 시기가 지나고 나면 이내 갈등과 대립을 겪는데, 갈등과 대립의 원인을 상대에게 있다고 배웠기 때문이며 부모들이 푸념과 불만, 자녀들의 단점을 가지고 다투었던 갈등의 감정을 은연중에 보고 배웠기 때문이다. 은연중 나타나는 부정행동과 언어표현은 자녀들이 이성을 경멸하고 멸시하는 방법을 알려주는 것이며, 가족이 되었을 때 이성을 고문하는 다양한 방법을 전수해주는 결과를 만들 것이다. 이처럼 젠더의 갈등과 대립은 세대를 거쳐 반복되고 있다.

부모의 문제가 젠더의 본질을 흐리고, 더 나아가서는 가정환경에서 탈출을 시도하려는 자녀들의 부정적인 독립을 부추긴다. 부정적인 독립을 부추기는 환경은 자립이 아닌 짓눌린 듯한 긴장감과 갈등의 환경에서의 분리 욕구일 뿐 자녀를 개인으로서 개별화하는 과정을 망치는 행동이다. 개별화는 사회에서 자기 역할과 해야 할 일과 하지 말아야 할 행동에 대해 배우며, 구분하고 이해하는 과정이며 관계에서 오는 갈등과 대립을 중재하고 해결할 수 있는 자기 긍정의 힘이다. 또한 갈등의 원인과 불안을 제거하고 평가와 계획을 세울 수 있는 자기 개발 욕구의 근본이 되며 부당함에 대항할 수 있는 대항력을 갖추어 자기의 불안과 관계에서의 불안을 조절하고 통제할 수 있는 밑바탕이 된다. 개별화는 긴장과 두려움에 맞서 극복하는 힘이 있으며, 자기의 부정적인 감정을 처리하는 능력을 발휘하여 극단적인 선택을 줄여주는 생존(자기 위로, 다시 시작할 수 있는 판단력)에 대한 안전장치이다. 이러한 자녀의 개별화 과정을 부모의 갈등과 대립으로 무관심하거나 자녀들의 어려움과 두려움을 대신 처리하는 경험 차단은 문제를 키울 뿐이며, 성장한 어른이 되어서도 부모에게 의존하게 만드는 과정이다. 부모들은 갈등과 대립을 스스로 직면하고, 갈등의 원인을 평가하여 갈등을 처리하는 행동과 모습을 보여야 한다.

건강한 젠더로서 성장을 방해하는 사회

섹스는 젠더의 본질과 본능이며 관계를 이어 주는 생산적인 활동이다. 젠더가 젠더를 향한 본질적인 행위이자 행동이며 관계의 교감이다. 하지만 섹스라는 단어에 민감하게 반응하는 사람들, 섹스는 하등 동물의 행위라고 생각하는 사람들이 자신들을 신격화하고 있다. 관계 맺기에 불안을 느끼는 사람들이 젠더의 갈등을 만들고, 성을 상품화하는 상대를 비하하는 대립의 분노 사회가 급진성 회의론자를 만들었다. 현대 사회는 젠더의 갈등이 개인과 가족을 위협하고, 사회를 위협하고 있으며 갈등과 대립의 불안이 매춘과 섹스 거부의 보복으로 젠더의 불안이 확산되어 가고 있다. 젠더갈등이 섹스의 거부감으로 이어져 사용 기한을 정하면서 리스(lease)+섹스, 단기간 섹스를 임대하거나 생물학적 관계를 거부한다는 무서운 단어가 만들어졌다.

어린 나이부터 섹스 동영상에 노출되다 보니 섹스에 대한 부정적인 반감 심리가 지배적이며 관음증, 불감증 등의 문제를 보이고 있다. 미혼인 젊은 세대들도 문제이지만 부부의 섹스 거부는 젠더 갈등을 부추기고 있다. 현대 사회의 부부는 섹스 거부를 당연하게 여기며, '불감증이야, 섹스할 때 기분이 별로야, 아파, 그저 그래, 목석이냐, 재미없어, 고개 숙인 남자, 공장 문 닫았어' 등으로 자기의 성을 스스로 억압한다. 현대 여성은 '섹스는 추잡하고 남성의 욕구를 채워주는 불편한 행위이지 자기의 성적인 쾌감과는 거리가 멀다.'라고 얘기하며 섹스가 없어도 충분히 행복하고 삶에 만족을 느낀다고 표현한다. 반면 남성은 다른 곳에서 은밀하게 또는 소속 집단에서 과감하게 자기 욕구를 채우려 하고 있다. 부부 관계의 익숙함, 갈등과 대립, 자기에게 부여되는 역할과 책임감에 의무적인 생활만 유지한 채 섹스는 거부하며 스스로 부여된 젠더의 본질과 권리를 상실하고 있다.

성의 본질을 존중하지 않고 주어진 역할과 의무만을 강조하며 상대방 젠더의 본능을 억압하고 있다. 상대를 향한 애정과 관심, 존중하는 눈빛, 포옹, 지지하는 말투, 배려, 손잡음 등이 섹스를 촉진하는 교감의 과정이나 섹스를 차단하기 위해서 이런 과정을 무시하는 행동은 자신과 상대를 성으로 억압하고자 하는 심리의 작용이다. 여성은 자기 욕구 해소와 무료함을 섹스로 채우려는 남성을 혐오한다. 남성으로 하여금 이성적인 행동을 원하고 가족과 함께할 수 있는 여행이나, 놀이, 나들이, 산책 등으로 행동을 유도한다. 여성은 피곤해서, 마음이 조급해서, 불편해서, 애들이 볼까 봐 등 다양한 핑계를 대고 섹스를 피하고자 노력한다. '나가서 하고 왔으면 좋겠다. 난 섹스를 싫어하는데 요구를 하니 어쩔 수 없이….'라는 논리로 젠더의 본질을 폄하한다. 젠더의 본질을 스스로 억압하고 상대를 억압하면서 매춘에 대해서는 분노하고 자녀들의 성교육에는 등한시하며 자녀들의 성조차 억압과 억누름을 통해 통제하려고 한다. 이에 남성은 욕구를 채우기 위해, 자기의 희생에 대한 보상 심리로 여성을 성으로 지배하려는 비뚤어진 심리를 보이며 반강제적인 행동을 한다. 자기 욕구를 해소하고 싶어도 말하지 못하는 여성의 심리를 이해하는 것처럼 행동하는 남성은 '막상 관계를 하면 좋아하고 오르가즘을 느끼며 적극적으로 섹스에 참여하는 여성'이라는 생각을 하며 섹스를 자기 논리로 대상화하여 비논리적인 행동을 한다. 서로에 대한 성의 개념적 판단의 오류로 갈등과 불안이 확대된다.

이러한 억압의 행동은 걷잡을 수 없는 갈등과 감정 폭발의 양면성을 가지며 서로가 관계를 개선하고자 노력하지 않으려 한다. 부부의 관계를 개선하고자 하는 노력에는 '너 어디서 다른 짓하고 다녀? 뭘 보고 와서 이런 자세를 원해? 너 하는 짓이 수상하다.' 등으로 상대의 노력을 의심하고 비난한다. 서로에게 진전이 없는 부부 관계의 갈등 해결을 위해 어떤 노력을 하고 있으며, 어떤 노력이 필요한지를 놓고 관계개선을 위해 고민해야 한다. 가령 섹스를 원하고, 원할 때 어떤 준비가 필요한지, 어떤 자세에서 좋은 자극을 받았는지, 서로가 주의해야 할 부분이 무엇인지, 섹스 후 만족도는 어땠는지 등 부부간 젠더의 본질적인 대화가 중요하다. 젠더는 신체 발달에 따라 20대, 30대, 40대, 50대, 60대, 70대의 섹스에 대한 반응과 신체 부위별 느끼는 흥분 정도, 감정 등이 다르게 나타나므로 부부 관계에서 서로를 위한 섹스를 고려해야 한다. 섹스에 대한 편견과 선입견을 버리고 젠더의 본질에 충실하며 만족을 느낄 때 배려와 이해, 지지와 관심의 기초 욕구는 자기도 모르게 채워지는 것이다. 이 욕구를 외면하면 부부 관계는 좋아질 수 없다. 기초 욕구가 좋은 부부일수록 상대를 바라보는 모습이 관대하며, 자녀들을 대하고 바라보는 것도 인간을 이해하려는 기본적인 마음을 갖게 된다.

그렇다면 젠더의 본질적인 섹스는 세대별 어떤 의미가 있을까? 20대는 서로의 에너지를 느끼며 젠더의 본능을 깨우는 탐닉이 있으며, 30대는 본능에 즐거움과 이해가 있다. 40대는 섹스의 본질과 긍정적인 의미를 알고 풍요를 느끼며, 50대는 삶의 만족과 배려, 서로에 대한 인정과 관심을 느낀다. 60대는 안정을 추구하고 본질의 욕구를 통한 삶의 희열을 느끼며, 70대는 살아 있음의 생존 욕구를 느낀다. - 부모님이 느끼는 섹스에 관한 대화는 인간이 인간을 이해하는 큰 바탕이 된다. - 이렇게 섹스라는 행위가 다양한 감정을 느끼게 해준다. 섹스가 주는 관대함이나 허용은 부모·자식 간의 관대함이나 허용과는 전혀 다르다. 부부간에서도 기준이 있다면, 섹스하는 동안은 본능적이며 서로에게 주어진 규칙이나 기준이 느슨해지는 시점이 있다. 서로가 이러한 행위를 통해 젠더의 본질을 느끼게 되며, 젠더의 본능과 의미를 알게 된다. 부부 사이가 좋을수록 관계의 만족이 높으며, 관계의 만족을 증가시키기 위해 자기에게 충실하고 상대에게 충실해진다. 서로에게 충실하면 좋은 가정환경을 위한 준비나 노력의 방법이 다르며 자녀들의 양육 또한 적극적으로 개입한다. 부부의 행복한 교감이 자녀에게 전달되어 자녀들도 부모를 보는 감정에서 행복한 교감을 느끼며, 안정된 환경에서 젠더의 본질을 이해하고 주체적 개별화로 성장한다. 행복은 전이되어 한곳에서 여러 곳으로 퍼질 수 있고, 부부가 서로에게 얼마나 성실하고 충실하냐에 따라 섹스의 질도 달라진다.

먼저 성에 대한 이해부터 성에 대한 기능을 간략하게 설명하면 섹스에서 '성 만족도가 높다.'는 각자 느끼는 정도와 정의에 따라 다르다. 성의 쾌감은 여성이 높지만, 여성을 만족시켰다는 만족의 쾌감은 남성이 높다. 남성은 시각적인 자극과 사정에서 오는 흥분의 지수가 높고, 여성은 촉각적인 자극과 과정에서의 오는 흥분 지수가 높다. '프로세스(과정)가 중요하냐? 아웃풋(결과)이 중요하냐?'는 따질 만한 개념도 아니고 갈등이나 논쟁의 대상이 될 수 없다. 원시 시대의 젠더를 보면 남성은 여성을 관계 중에서도 보호하려는 욕구가 강했다. 여성을 천적과 경쟁자에게서 보호하기 위해 관계 후 몸을 추스를 수 있는 시간을 주고, 관계 중에도 모든 감각을 깨워 여성을 보호하려는 본능적인 행동을 했다고 한다. 원시 시대 젠더는 본능과 번식을 위한 행위에서도 갈등보다는 배려가 중심에 있었다. 진화와 발전에 따라 현대인은 자기만의 공간에서 서로 관계를 즐길 수 있고 더욱 안전이 확보된 교감의 관계가 가능한데도 갈등이 있다는 것은 이해와 배려가 부족해졌기 때문이다. 성에 대한 이해와 기능 그리고 역할에 대해 알지만 실천하지 못하는 현대인이 자녀들의 본질과 본능을 억압하게 된다. 억압 속에서도 본질과 본능을 젠더는 성장하면서 알게 된다. 욕구에서 오는 교감과 만족이 자녀들에게 사회에서 젠더와 좋은 관계 형성의 방향을 제시할 수 있다. 하지만 자녀들이 성적인 행위를 하다 들키거나 미디어를 통해서 야한 동영상을 보는 것에 대해 '추잡하다, 더럽다, 미쳤냐?' 등의 반응을 하고 체벌을 통해 젠더의 본능적인 성을 통제하려 한다. 통제보다는 본능적인 젠더의 욕구를 이해시키는 것이 좋다. '관계해야 할 때를 기다려야 한다.', '궁금하지만 성교육 외에 부모 동의 없이 보지 않도록 하자', '어른이 되기 위한 반응인데 훔쳐보지 말자', '자연스럽게 관심이 가겠지만 조금은 참아 보자' 등으로 억압보다는 본능적인 행위와 감정처리의 올바른 방법을 알려주는 것이 젠더의 참을성과 절제력을 길러 주는 것이며, 관계의 불안을 조절하는 능력을 키워주는 것이다.

부모들이 부부 관계, 즉 섹스를 하다가 자녀들에게 들키면 거의 대부분 이 상황에서 남성은 '뭐 어때, 가서 어서 자'라는 말로 대수롭지 않게 생각하고, 여성은 민망해하고 상황을 무겁게 받아들이거나 호들갑스러움을 보인다. 자연스러운 행동이지만 나쁜 행동을 하다가 들켜 버린 것처럼 이 상황에 대해 자녀들의 눈치를 보며 어떻게 대처해야 하는지를 고민한다. 당당하게 자녀들에게 설명하자. '엄마·아빠는 사랑하는 방식이 너희들과 조금 다르다. 엄마·아빠의 사랑에는 시간이 필요하고, 누구에게도 방해받지 않았으면 한다.'라고 말이다. 자연스러운 젠더의 행위를 애써 포장하지 말고, 그렇다고 너무 하찮게 설명하지 않는다면 아이들도 자연스럽게 성을 이해하는 젠더로 성장할 것이다.

불안의 개별화와 선택적 사고를 방해하는 사회

우리 인간은 모든 순간마다 선택을 하게 된다. 영유아기는 부모의 선택으로, 학령기부터는 부모와 자녀의 의견이 반영된 선택, 성인이 되면서 연애부터 결혼, 자녀의 양육과 사회생활, 그리고 더 범위를 넓히면 삶의 모든 과정과 관계에서 의존적 또는 독립적 선택을 하게 된다. 선택의 방법으로는 최선이 아니면 차선을, 차선이 아니면 차악을 선택하며, 최악을 피하기 위해서 본능적으로 행동한다. 선택은 자기의 몫이지 타인의 몫이 아니다. 친구의 선택을 마지못해 따라 한 행동 또한 자기중심이 없는 수용적인 선택이며 본인이 선택한 결과이므로 자기가 책임져야 하는 자기의 선택인 것이다. 자기중심이 없는 수용적인 선택은 정서적인 불안 행동으로 '관계에서 멀어질까, 관계가 깨질까, 관계에서 자신이 어떻게 평가될까' 등 관계에 집착하는 불안에서 기인한 행동이다. 부모의 무관심, 방임에 가까운 성장 환경, 과도한 훈육과 체벌, 표현과 감정의 억눌림이 자녀들에게 지속적인 관계 불안을 만들어 자녀들은 관계를 형성하고 유지하기 위해 관계에 집착하는 불안으로 나타나게 된다. 관계에 집착하고 관계에서 끌려다니며, 관계에 불안을 느끼는 자기가 싫어서 극단적으로 관계를 단절하는 행동을 반복하는 것은 사람에 대한 그리움과 두려움의 감정을 동시에 느끼기 때문이다.

그럼 선택 중 가장 중요한 선택은 무엇일까? 사람이 살아가는 과정에서 결혼, 출세, 성공, 성취 등 원하고 바라는 것을 이루는 것도 중요하지만, 제일 중요한 것은 사람과 사람의 긍정적인 교류와 만남이라고 생각한다. 자신의 삶에 좋은 사람을 만나고 좋은 사람과 교류하며, 좋은 것을 나누고 서로에게 위로가 되는 삶의 선택은 개인의 출세와 성공보다도 더욱 값진 선택이 될 것이다. 선택은 가정에서부터 기초를 배우고 처리하는 방법들을 익히게 된다. 가정이라는 틀은 하나의 환경이며 다양한 감정을 지니고 있다. 부모와 자녀가 아닌 독립체로서의 개인, 그리고 부부라는 개념에서 선택의 기초를 배우고 처리하는 방법은 매우 중요하다. 가정이라는 틀에서 일방적으로 자기 선택만의 존중을 바라는 것은 상대에게 자신의 선택을 강요하는 것과 같다. 상황에서 발생하는 문제에 대해 상대가 선택할 수 있는 선택권을 가족이라는 공동체의 틀에서 가두려 하지 말고, 그 상황에서 발생하는 자기의 감정을 이야기해 보자. 그러면 선택의 다양한 경우의 수를 경험할 수 있고 갈등을 피할 수 있는 자기 선택의 폭이 넓어져 갈등을 처리하는 다양한 방법도 익히게 될 것이며, 관계에서 자신을 보호할 수 있는 안전장치가 마련될 것이다. 선택은 자녀를 양육하는 데 있어서 이처럼 중요하다. 부모가 강요하는 선택에 자녀들은 만족하지 않으며 만족하지 못한다. 자녀들에게 옳고 그름을 이해시키고 선택을 존중하는 양육의 기술이 필요하다. 설령 그름(잘못된 선택)의 선택을 했을지라도 자기 선택임을 기억하게 하고 옳고 그름(잘못)의 선택을 경험하게 하는 것은 삶의 중요한 지표가 될 것이다. 어린 시절부터 경험이 빠를수록 긍정적인 선택을 하며 사회적으로 이로운 사람으로 성장할 것이다.

배우자를 선택하는 데 실패했다고 생각하는 사람들의 말을 각색해 보면 '성실한 모습이 좋아 보였는데 살다 보니 미련해 보여서 싫다, 순한 모습이 좋았는데 살다 보니 겁쟁이 같고, 용기가 없는 모습이 싫다, 적극적인 모습이 좋았는데 모든 것에 사사건건 참견과 다른 사람들의 일에도 너무 적극적이어서 싫다, 꼼꼼한 것이 좋았는데 좀팽이 같아서 싫다, 부모에게 효도하는 모습이 좋았는데 너무 부모에게 이끌려 다니는 것 같아 싫다, 알뜰해서 좋았는데 옥죄어 오는 답답함이 싫다, 쿨해서 좋았는데 너무 나한테 떠넘기고 맡기는 것 같아 싫고 다른 사람들한테 쿨하게 보여 미련해 보인다, 말을 잘해서 좋았는데 너무 자기주장만 하고 자기주장을 강요해서 싫다, 용기 있어 보여 좋았는데 무모하고 모든 것에 공격적이어서 싫다' 등 다양한 문제를 보이고 있었다.

부정적인 독립을 부추기는 사회

현대 사회에서 이른 나이에 결혼한 사람들에게 보이는 시선은 곱지 않다. '사고 쳐서 결혼한 사람들' 여기서 사고란 미성년 상태에 임신을 시킨 남성, 임신한 여성, 아니면 부모의 무관심이나 과도한 간섭에서 벗어나고 싶은 젠더들이 어린 나이에도 불구하고 동거나 결혼하는 것을 말한다. 어린 나이에 동거나 결혼을 해도 자신의 가정을 잘 꾸려갈 수도 있고 가족을 위한 책임감을 보이며 자신의 인생을 계획할 수도 있는데, 왜 이들을 곱지 않은 시선으로 바라볼까? 위태로운 미숙함, 준비되지 않은, 나약한 의지, 의존적이며 책임감이 없는 등 미성숙한 존재의 막연한 결정에 걱정이 앞서기 때문이다. 이들 또한 어떻게 살아가야 할지 막연하게 생각하며 미숙한 자기 인생에 대해서 걱정하고 있다.

어린 나이에 동거나 결혼하게 된 동기, 임신하게 된 동기를 아는 것이 중요하다. 과거에는 현대 사회보다 결혼과 자녀를 낳은 시기가 빨랐는데, 이는 농경 사회의 노동력 확보와 인간 수명이 짧았기 때문이다. 인간 수명이 짧아 결속, 생존, 풍요, 저장, 상속(부의 대물림), 자기 집단(가문)에 대한 번영 등의 불안이 자극제가 되었고 사회 분위기도 조혼을 합리적으로 생각했다. 반면 현대 사회는 복잡한 사회 시스템과 얽혀 있어 소집단 가족의 생존과 더불어 사회 불안을 안고 살아가야 하며, 대가족의 결속보다는 분리가 생존에 유리한 환경이 조성되었다. 결속보다는 분리라는 현대 사회의 불안한 환경에서 부모의 부재, 부모의 방임은 생존을 위한 필수적 선택이 되었다. 불안한 사회의 부모는 가정의 생존과 유지를 위해 방임을 선택할 수밖에 없었고, 충분한 관심과 보살핌을 받지 못한 아이들도 사회문제로 내몰리는 부정적인 결과를 만들었다. 충분히 준비하고 결혼을 해도 많은 문제와 부딪치며 시행착오를 겪는데 준비가 없는 결혼은 더욱 많은 문제와 시행착오를 겪게 하는 연쇄적 반응과 문제를 만들어 낸다.

부모보다 잘 살 수 있다는 오만(무모함을 용기로 착각)과 미성숙한 젠더의 본능적인 성관계를 통해 스스로 성인이라는 착각을 일으키며, 다양한 유혹을 견디지 못하는 조급함이 이른 결혼과 출산의 문제를 만들고 있다. 그나마 다행인 것은 일부는 자신의 행동에 책임을 지고 가정을 꾸리는 것이다. 하지만 대부분 무모함에 따른 책임을 회피하고 있어 버려지는 아이들의 문제는 심각한 사회문제가 되고 있다. 어린 나이에 책임을 지며 가정을 꾸렸다 해도 책임의 무게를 감당하지 못하고 가정을 포기하거나 자기 욕구에 쉽게 빠지게 된다. 자기 욕구의 갈망으로 배우자와 갈등이 커지고 자신의 삶을 가까운 친구들과 비교하며, 젊음의 즐거움을 동경하게 되면서 자녀들을 학대하고 방임하는 사례들이 빈번하게 발생하고 있다. 사회 불안의 피해자인 부모에 대한 원망을 하며 부모보다 잘 살 수 있다는 오만으로 시작했으나 자신의 삶을 갈망하는 욕구가 커지다 보니 불안한 가정환경을 만들고 자녀들의 훈육 또한 체벌에 가깝다. 자신의 선택을 후회하고 보상받기를 원하며, 배우자를 원망하고 다툼과 갈등을 만들어 가출하거나 이혼을 당당하게 요구하고 있다.

보상 심리는 피해자라고 생각하는 사람들의 특징이다. 하지만 여기에서의 보상은 자기의 행동과 책임에 대해 상대와 주변의 관계에서 오는 보상이 아닌 자기가 자신에게 주는 이기적인 욕구의 충족이다. 이른 나이에 부모가 되어 타인들이 즐기고 누렸던 삶을 자신과 비교하며 지나온 인생에 대해 스스로 보상받으려 한다는 것은 선택의 실패에 따른 부정적인 욕망이며 끝없는 욕구의 시작이 된다. 이기적인 자기 보상의 유혹을 뿌리치지 못하거나 현재의 삶을 견디지 못하는 것은 충동적인 자기 결정인데, 이 충동성은 가정에서 부모와의 교감 실패의 산물이다. 부모와 자녀의 교감 실패는 사회 불안이 악순환을 만들어 부정적인 독립을 부추기게 되는 것이다. 부정적인 독립을 한 사람들은 자녀들의 부정적인 독립에 대해 분노로 맞대응하며 이른 나이에 결혼하는 것을 반대하거나 결혼 자체에 대해 자기 경험에 비추어 부정적으로 반응한다. 부모의 삶에 대한 푸념과 불만, 불안, 갈등, 다툼 등으로 자녀들과 교감하며 부정적인 가정환경을 제공하고 젠더갈등을 부추기게 된다.

어린 나이에 결혼한 사람들은 자기 스스로를 윗사람, 즉 어른이라고 생각한다. 출산과 결혼, 양육, 생활 등 가족에게 많은 도움과 지원을 받는 의존적인 삶에서도 자기의 경험을 우월적 가치로 포장한다. 가정을 잘 꾸리고 유지할 수 있는 방법과 가장으로서 책임감의 기준, 가정생활에 대한 마음가짐, 자녀들의 양육 방법에 대해 자랑스럽게 조언한다. 자기과시 행동은 타인의 상황을 하찮게 평가하고 음주와 흡연을 당연한 권리로 착각한다. 자기 경험이 정답인 듯 충고하며 자기의 가치를 높이 평가하여 타인의 충고와 다른 사람들의 의견을 듣지 않고 귀를 막고 사는 사람이 된다. 귀를 막고 사는 사람들은 관계에서 외면받으며, 사회역할에서 자신의 약점이 보이면 관계를 회피하고 겉도는 행동을 보인다. 주류가 되고 싶으나 미성숙함으로 주류가 될 수 없어 자기를 과시하는 행동을 보인다. 하지만 자기과시 행동은 자기가 보호받고 싶은 자기보호(자기 이해, 관심, 배려 등의 관계 욕구) 심리 감정들의 잔해들이다.

2장

성장 과정별 불안의 원인과 영향

자녀들을 양육하는 기술에 따라서 행복과 불행, 평범함과 특별함, 안전과 위협, 성공과 실패, 이해와 왜곡, 배려와 편견 등으로 결과는 달라질 수 있다. 아이는 태내에서부터 엄마와 교감을 통해 처음 관계를 맺고, 주변의 환경과 사회 분위기를 받아들이는 엄마의 감정으로 사회를 배운다.

발달 과정별 양육 및 훈육 방법

태내기 : 긍정교감은 불안을 조절하고 처리하는 능력을 키워주며 위험을 감지하는 안전장치이다

인간은 수정을 통해 엄마의 태내에서 10개월가량 지내며 무엇을 느낄까? 엄마의 모든 감정을 느끼며 엄마와 자기를 하나의 존재로 인식한다고 학자들은 말한다. 젠더가 느끼는 감정과 엄마라는 존재의 감정, 모든 관계에서 오는 감정. 즉 슬프고, 즐겁고, 행복하고, 우울하고, 화가 나는 분노와 상실, 무기력감, 조급함과 나른함 등 수없이 많은 감정을 공유하며 교감 신경을 발달시킨다. 교감 신경은 생존에 가장 필요한 아이들의 강력한 무기이며 동물적인 본능에 속한다. 이런 특성을 가지고 태어난 아이들은 부모의 싫고 좋음, 행복과 불행의 감정을 알아가는 고차원적인 교감 신경에 더욱 집중하게 된다. 교감은 대상과 상호 작용에 의해 좋은 교감 형성의 방식과 부정적인 나쁜 교감의 처리 방식을 배우게 되는데, 긍정교감의 많은 경험이 부정적인 감정을 처리하고 자신을 정화하는 방법을 본능적으로 익히게 한다. 부모가 부정적인 자기감정(자극받은 의식)을 처리하는 방법과 속도, 정화 능력이 좋다면 아이들은 자연스럽게 부모의 긍정교감 능력을 배우게 되지만 그렇지 않다면 스트레스나 갈등이 심한 아이들로 성장할 것이다. 교감 능력이 불안을 조절하는 데 중요한 이유 중 하나는 위험을 감지하는 능력도 향상시키며 지적 능력을 자극하여 상황판단과 인식에도 많은 영향을 줄 수 있기 때문이다.

  즉, 좋은 교감은 아이들의 지적 수준을 올려줄 수 있는 중요한 감정의 전달 방식이라는 것이다. 또한, 지각 능력이 자극되면 상황을 인식하고 인지하는 학습 능력이 뛰어나고 자기감정이 어디에서 비롯되었는지 관찰하며 처리하는 방법이 다양해진다. 자녀를 키울 때 '오래전에, 어디서, 무엇이 싫었다.'라는 표현을 가끔 듣는 경우가 있었을 것이다. 자극적인 감정을 의식적으로 처리하기 위해 그만큼 많은 에너지를 쏟고 있었다는 것이다. 다른 다양한 경험을 위해 에너지를 쏟아도 부족한 상황에서 부정적인 감정을 처리하기 위해 애를 쓰고 있고, 부정적인 감정이 처리되지 않아 좌절감과 상실감을 느끼고 힘들어했을 것이다. 교감의 긍정과 부정의 효과는 태내에서 시작되며, 부모의 젠더가 똑같이 영향을 주고 부의 젠더는 영을, 모의 젠더는 혼을 주기에 아이들이 자아를 형성하고 성장하는 시기와 과정을 무심코 지나치면 안 되는 것이다. 이처럼 긍정적인 교감으로 발달된 지적 수준은 환경이나 상황에서 자신들을 안전하게 지킬 수 있고 위험을 감지하는 능력을 발휘하여 스스로 위험한 상황을 피할 수 있으며, 현재 자신의 불안을 평가하고 조절하는 능력을 갖추는 데 중요하다.

  부모는 서로 대화와 교감을 통해 출산과 육아를 고민하며 좋은 것, 좋은 환경, 좋은 부모가 되기 위해 준비를 거듭한다. 태교에 좋은 말과 행동, 가족의 울타리에서 보호받는 감정과 태어날 자녀를 두고 미래를 그리며 지우기를 반복한다. 좋은 감정과 서로에 대한 믿음으로 아이에게 좋은 것만 주려 노력하고 안전하게 지키고자 다짐한다. '특별하게, 다르게, 소중하게'라는 보호막을 치며 부모 자신들의 불안을 자극시키는 부정 교감이 활성화된다. 자극된 불안으로 '다르다, 소중하다.'의 의미는 가족이라는 틀에서는 분명 중요하지만 특별하다(위에서 설명된 개념)의 의미는 가족의 틀에서 벗어나는 타인의 다른 개념이기에 주의해야 한다. 우리는 흔히 특별하다는 말을 이해하지 못하는데 가족에게만 특별하다고 해서 모든 곳에서 특별하게 자신의 역할을 하는 것이 아니다. 필요한 사람이 되기 위한 준비와 어디서 어떤 역할을 할 것인지는 자기 선택이 가능하지만, 특별하고 필요한 사람이 되기 위해서 언제든지 자신을 유연하게 준비시키는 사람들이 어느 곳에서든, 어떤 역할이든 유연하게 받아들이며 특별하고 필요한 사람이 되는 것이다. 부모가 자신들의 불안을 효과적으로 처리하는 유연한 교감으로 아이와 소통하는 것이 필요한 사람과 역할을 할 수 있도록 돕는 것이며, 타인의 관점에서도 특별함을 갖출 수 있다.

부모가 자녀에게 줄 수 있는 엄마와의 가장 좋은 교감은 무엇일까? 먼저 자녀를 위해 부부가 갈등과 불안을 최소화하는 것이다. 부모가 되는 과정은 임신을 준비하는 것부터 시작되고 이 과정에서 필요한 관계나 사회 활동도 어느 정도는 정리가 필요하다. 좋은 부모의 교감은 긍정적인 부부의 교감으로 시작되어 자녀에게 좋은 영향을 줄 수 있다. 그러나 부부의 갈등과 관계 불안이 있는 상태에서 임신하면 갈등과 관계 불안의 부정 감정들이 자녀에게 영향을 미칠 수밖에 없다. 임신했다고 해서 바로 자녀를 위해 갈등과 관계 불안을 없던 감정으로 만들 수 없으며 감정을 정리했다고 자신(장담)하여도 감정의 찌꺼기는 엄마와 아이의 의식을 자극하기 때문이다. 또한, 엄마라는 존재는 부모가 되기 위해 자신의 욕구는 어느 정도는 참을 줄 알아야 하는데 자신의 욕구는 욕구대로 채우려 한다면 '다르게, 소중하게'의 의미는 아이를 위한 것보다는 임신한 자신에게 향한 마음이며, 태내 아이를 위해 긍정교감을 위한 마음은 위선에 불과하다. 개인의 미숙함에서 성숙한 자아관을 갖추기 위한 젠더의 과정이지만 갈등은 항상 자기 욕구 충족이라는 감정 다툼에서 커진다. 남편의 사회관계, 임신한 사람의 고충과 배려, 각기 다른 성향을 알아가는 단계에서의 갈등 등 크고 작은 갈등과 불안이 임신한 태아를 위기에 그리고 불안의 위험에 노출시킬 수 있어 더욱 배려와 양보가 필요한 시기이다.

다음으로는 아빠와의 건강한 교감이 필요하다. 아이는 태내에서도 부모의 성향을 배워간다. 아빠의 존재에 대해서 엄마가 생각하는 감정, 엄마가 바라보는 아빠 감정, 엄마가 자신을 생각하는 감정, 주변의 관계 등 교감하는 방법을 배워가는 과정이다. 아이에게는 부모와 교감만이 서로를 소통할 수 있는 유일한 통로가 되는 것이며, 이때 아이와 얼마나 긍정적인 교감을 했는지에 따라서 건강한 자아가 결정된다. 아빠는 엄마와의 갈등을 최소화하고 엄마의 정서적인 안정을 위해 노력해야 하며, 엄마는 일방적인 자기감정을 아빠에게 주어서는 안 된다. 젠더는 서로가 느끼는 갈등과 불안이 다르다. 부부 또한 다르기 때문에 자기 갈등과 불안은 스스로 처리할 수 있어야 하며, 자기 갈등과 불안을 상대에게 책임으로 몰아세우지 않도록 주의해야 한다. 자기 갈등과 불안을 처리한 후 아이와 정서적으로 교감할 수 있는 태교를 준비해야 한다. 가령 5개월이 되면서부터 아빠가 엄마의 배 마사지를 통해서 부모가 서로 교감의 통로를 만들어 교감 안정화를 위해 노력하고, 엄마의 우울은 자신의 성향과 기질에 의한 갈등과 불안이지만 원인을 제공하는 아빠가 되는 것을 경계하며 엄마의 동요된 감정이 안정되도록 노력해야 한다. 엄마가 되는 젠더의 변화를 차분하게 받아들이고 아빠의 젠더와 대화를 통해 서로에 대한 감정을 이해하여야 한다.

영유아기/아동기 : 놀이의 규칙과 옳고 그른 행동에 대해 명확하게 가르쳐야 문제 해결 능력이 형성된다

부모들이 자녀를 양육하다 보면 옳고 그른 행동에 대해서 잘잘못을 따질 때가 발생한다. 어느 때는 부모가 보기에 허용되는 행동이 어느 때는 부모의 감정에 따라 문제로 생각하는 경우가 종종 발생한다. 어떤 상황에서든 부모가 어떻게 반응하느냐가 중요한데 부모 마음의 안정 상태에 따라, 그리고 피로도에 따라서 자녀들의 행동을 문제와 문제가 아닌 것으로 판단한다. 자녀들이 일관되지 않는 훈육이라고 느끼기에 부모의 눈치를 보며 스스로 행동의 옳고 그름을 판단하지 못하고 변별 능력(도덕성, 이해력) 형성을 방해하는 것이다. 어떤 부모들은 자녀들의 행동을 문제로 인식하고, 문제로만 바라본다. 행동에서 문제를 발견하는 것이 아닌, 문제 자체로 보기 때문에 문제 행동이라고 생각하는 것이다. 문제를 바라보는 부모의 시각은 자신들의 갈등, 피로도, 관계 불안, 삶에 대한 불만족 등 다양한 감정 변화에 따라 관대하기도 하지만 강한 체벌로 통제하려 한다. 또한, 우울감이나 무기력한 상태의 부모들은 자녀들이 스스로 놀고, 스스로 정리하고, 스스로 밥을 챙겨 먹길 바란다. 아직 어린아이인데 부모 자신이 에너지가 없다 보니 아이의 활동성을 이해하지 못하고 규칙으로 통제하려고만 한다. 찡얼거리는 소리, 놀이의 요구, 밥 먹이기, 신변처리, 잠자기 등 일어나서 잠을 잘 때까지의 행동에 지쳐하고 삶의 의욕을 느끼지 못한다. 신체적 피로가 우울감을 더욱 증폭시켜 감정 상태가 상호관계에서 일방적 관계로 지시, 통제, 억압 등이 나타나는 상황을 경계해야 하는 이유가 된다.

먼저 아이들의 모범적인 행동은 누가 정하는가. 아이들, 특히 영유아기 시기에는 놀이를 통해 얻어지는 인지발달의 결과물은 상상 이상이다. 부모가 자녀를 바라보는 관점에서 자녀들의 놀이를 무시하고 규칙을 일방적으로 정하게 되면 과정에서 오는 경험의 이해가 부족해진다. 자녀의 인지발달은 부모가 바라는 모범적인 행동에서 많은 부분이 다르게 나타날 수 있는데, 놀이에서 경험해야 하는 과정을 무시하고 규칙과 모범행동만을 강조하게 되면 성장하면서 옳고 그름을 부모에 의해 판단하는 의존성을 키워주는 것이다. 모범적인 행동은 누가 정한 것인가? 생각해 보자. 안전한 놀이를 위한 것이지, 모범적인 행동 규정을 위한 것인지를.

부모의 훈육에서 아이들이 가장 혼란스러워하는 것은 같은 행동인데 어느 때는 잘못이고 어느 때는 잘못이 아닌 경우이다. 중요한 것은 집에서도 허용되지 않는 것은 밖에서도 허용되지 않아야 한다는 것이다. '우리 집이 아니니까 괜찮아'라는 말은 자녀들 행동의 분별력을 떨어뜨릴 수 있기에 작은 규칙부터 가르쳐야 한다. 가령 자녀의 욕구가 해소될 수 있도록 충분한 놀이와 규칙적 행동이 조금씩 보일 때까지 공공장소나 사람들이 많은 곳은 피하고 충분한 시간을 거친 다음 단계별 장소를 바꿔주는 것이 좋다. 아이들은 습득 능력이 빨라 부모가 여러 차례 말로 이해를 시키면 스스로 규칙을 지키려 노력하며 신체 놀이는 집 안이 아닌 나가서 해야 한다는 것을 스스로 인지하게 된다. 이는 자기 욕구가 규칙을 지킬 때 신속하게 처리되는 경험에 의한 인지발달의 긍정 반응이다. 부모의 일관된 행동이 아이들의 놀이에도 영향을 주며 스스로 놀 수 있는 내적 에너지도 키워주는 것이다. 상황을 설명하는 것은 구체적이며 단호하게 하는 것이, 아이의 안전과 관계에서 어려움을 겪지 않는 방법 중 하나가 될 수 있다. 집에서는 안 되는 행동이지만 안전한 곳이나 사람들이 방해받지 않은 곳에서 허용되는 것이라고 설명한다면, 자녀들은 하나하나 자기의 경험과 지식으로 쌓아 상황에 맞는 행동을 할 것이며 부모와의 대화 방식을 이해하고 점차 규칙과 놀이를 확대하는 효과도 있을 것이다. 이러한 설명이 없었다면, 자녀들은 규칙을 이해하지 못하고 기분과 감정에 의해 행동하는 아이로 성장하면서 부모와 감정으로 대립하며 자신의 요구를 억지나 떼를 쓰는 것으로 관철시키려 할 것이다. 성장할수록 규칙과 대화가 중요한 이유는 자신의 욕구와 요구를 합리적으로 설명할 수 있기 때문이다. 반대의 경우 짜증과 분노, 억지, 외면 등 부모가 지쳐 욕구와 요구를 들어주는 비합리적 사고에 영향을 미칠 수 있다. 학교에서 친구들과 형제자매들, 부모와의 관계에서 자신의 행동을 설명하지 못하고 울어버린다거나 얼버무린다거나 하는 것은, 부모가 자녀를 키울 때 문제 행동을 다그치거나 쫑알쫑알 놀이에서 지지가 부족했으며, 감정을 얘기하는 것을 무시하거나 표현하지 못하게 억제했다는 것이다. 부모의 다툼에서 대화나 이해가 아닌 스스로 감정을 억제하는 모습을 보이거나 일방적인 대화 방식, 분노로 대화를 차단하는 행동은 자녀의 부정적 교감 능력을 키우게 된다. 이러한 부모의 부정적 감정 교감을 통해 분위기를 읽어 낸 자녀들일수록 비합리적인 생각과 감정에 영향을 받을 수 있다. 습득 능력이 빨라 부모의 갈등과 불안을 배우기 때문에 부모가 감정적인지를 먼저 돌아보고 자녀들을 훈육해야 하는 이유이며, 그래야만 자녀들의 긍정적 성장발달에 도움을 줄 수 있다.

아이들 놀이에서의 지지와 안전하고 규칙이 있는 일관된 훈육 방법, 부모의 대화 방식과 자녀들의 문제 행동을 인식하는 기준 등은 자녀들이 문제를 해결하는 능력에서 중요한 영향을 미치게 된다. 문제 해결 능력이 부족한 아이들은 자기가 왜 친구들에게 따돌림이나 놀림을 당했는지에 대해 상황을 인지하지 못하고 설명하지 못한다. 물론 이런 상황을 인지했다면 따돌림이나 놀림을 당하지 않았겠지만, 악의적인 따돌림이나 놀림의 문제에서 특히 아동기의 아이들은 심각한 우울감을 느낄 수 있다. 문제 해결 능력이 있는 아동기의 아이들은 어떻게 반응할까? 부모에게 좋은 것도 나쁜 것도 자기 상황을 설명하고 상황에 따라 영향을 받지 않으며, 스스로 자기를 보호할 수 있는 선택적 놀이를 통해 관계에 집착하지 않는다. 관계에 집착하지 않기 때문에 놀이의 선택도 자유롭고, 놀이의 경험이 풍부하다 보니 친구들이 주변에서 같이 놀기를 원한다. 문제 해결 능력이 좋은 아이들이 자기 갈등을 빠르게 처리하며, 성장할수록 나쁜 감정을 정화하는 회복력에서 좋은 효과를 얻을 수 있다. 부모의 일관된 훈육을 통해 문제 해결 능력을 배운 아이들이 자신의 단점을 알고, 자기가 어떤 행동을 해서 친구들이 싫어하는지, 왜 싫어하는지를 스스로 인지하고 유추할 수 있으며 자신의 행동을 긍정적(좋은 방향)으로 수정하려는 긍정화의 인지 능력을 보인다. '아이들의 설명은 자기중심으로 해석하는 경향이 있으니 자녀의 말을 전적으로 믿지 말아 달라'라는 말을 유치원, 어린이집, 학교에서 들었을 것이다. 아이가 스스로 설명할 수 있는 사건인데도 상대방과의 마찰을 줄이기 위한 전체 중심의 사건 설명이 자녀의 상실감을 키울 수 있기에 전체주의 사건 해석을 경계해야 한다. 아이는 자신의 잘못된 행동도 포함해서 상황을 설명하는데도 서로의 잘못으로 몰아간다면 더 이상의 사건을 묘사하거나 설명하는 것을 멈추게 될 것이기 때문이다. 적극적으로 아이 스스로 상황과 사건을 설명할 수 있도록 지지를 받은 아이들은 관계를 개선하기 위해 노력하고 자기를 방어하는 데 탁월한 능력을 발휘한다는 것을 명심해야 한다. 또한, 자기의 단점과 약점을 아는 문제 해결 능력은 또래에서 수동적이지 않고 일방적 관계 유지를 위해 양보하거나 끌려 다니는 행동을 하지 않는다.

문제 해결 능력이 미흡한 아동들은 학년이 올라갈수록 위험을 감지하는 능력이 부족해져 위험한 행동을 하며, 위험한 행동인지를 모르고 상황을 인지하지 못해 학교 폭력의 피해자가 되는 경우가 있다. 과격한 장난이 위험하고 폭력이라는 것을 모르는 가해자나 자신의 행동이 폭력을 유도할 수 있다는 인지가 부족한 피해자나 문제 해결 능력이 미흡한 동일성을 보인다. 상황을 인지하고도 학교 폭력의 대상이 되었다면 가해자나 피해자는 정서적인 문제와 가정 폭력 및 방임의 피해자일 수 있어 가해자나 피해자, 가해자의 부모나 피해자의 부모에게도 신속한 치료적 접근이 필요하다. 부모는 양육의 경험이 부족하기 때문에 상황에 따라 대처하는 방법에서 불안을 느끼고 다른 양육자의 조언이 자기 상황에 맞는지 판단하기 어려워하며, 조언에 따라 양육의 방법이 아이들마다 다르게 작용하다 보니 조언보다는 정보검색에 많이 의존하는 편이다. 넘쳐나는 정보 가운데 우리 아이에게 맞는 양육법을 찾기란 쉽지 않고 성향을 파악하기에도 많은 어려움을 겪는다. 정답이 없는 양육은 시기에 따라 다르게, 그리고 때론 전혀 다른 양육의 방법으로 접근해야 한다. 내 아이의 성향을 파악하는 방법을 먼저 알아갈 수 있는 조언에 귀를 기울이는 것이 우선되어야 한다. 그리고 자녀들의 놀이 참여에 인색한 부모들은 적극적인 놀이 참여가 자녀들이 놀이를 배우고 스스로 놀이를 할 수 있을 때 성장하면서 자기 불안(조급함, 긴장감, 두려움 등)을 조절하는 효과를 얻을 수 있다는 것을 명심해야 한다.

청소년기 : 사춘기를 이해하고 개별 독립체로서 성장을 도와야 한다

청소년기, 질풍노도의 시기라고 하며 초등학교 고학년부터 시작한다. 심각한 사춘기를 겪는 시기를 중학생, 즉 중2병이라는 말로 표현되고 있지만 고등학생(고산병: 옆에만 가도 숨이 막히는 상태/쉽게 정상을 허락하지 않는 히말라야 같은 확고한 자기 세계) 시기가 가장 뚜렷한 반항 시기이다. 영유아기를 거치면서 아동기에 나타나는 뚜렷한 자기주장은 자기의 혼란스러운 감정을 표현하는 자기 혼란의 시기이다. 반항과 사회화의 자기 세계, 대꾸 없는 질문과 성의 없는 대화 등 부모들이 가장 힘겨운 시간이라고 표현하는데 이 사춘기는 부모와 자기를 독립된 개체로 분리하고 시기별 자기 불안을 느끼는 시기이기도 하다. 이 시기에 부모의 불안과 자신의 불안을 구분하거나 조절하지 않으면 더욱 힘든 질풍노도의 시기를 맞이하게 된다. 이 시기에는 아이들이 부모보다 더 힘든 시간을 보내는데 커지는 뇌의 질량만큼 자신의 표현과 행동이 따라가지 못하기 때문이다. 생각의 고리가 많아지고 하고 싶은 것과 하지 말아야 할 것, 그리고 젠더의 특징이 확연히 드러나는 시기이기에 더욱 힘든 시간을 견뎌내며 성장하고 있다. 그렇다면 사춘기는 언제부터 시작해서 언제 끝날까? 학자들은 사춘기의 시기를 8년으로 규정하고 있다. 어떻게 8년이 작용하는지를 살펴보자.

3년은 자기도 자신의 감정이 왜 그런지를 모르는 사춘기로 들어서는 시기이다. 자신을 어느 정도는 통제할 수 있지만 괜히 기분이 안 좋고, 혼자 있고 싶고, 우울하고, 짜증나고, 매사에 불만을 표현한다. '내가 왜 그러지?', '왜 그럴까?' 자신도 자신의 감정을 모르는 시기이며 친구들과 어울리고 싶은 충동성, 모험심, 경쟁심이 나타난다.

다음 3년은 자기도, 주변의 사람들도 다 느끼는 묵은 사춘기이다. '나 사춘기야, 건들지 마' 등의 비언어적인 표현이 언어와 감정을 통해 자기 세계관을 만들고 있는 시기이다. 가장 어두운 시기를 지나는 시간이며, 젠더의 본능이 가장 뚜렷하게 나타난다. 다른 사람들을 평가하고, 같은 생각을 하는 친구들과 무리를 짓고, 반항심이 최고조에 이르러 주변과도 과감하게 맞선다. 이러한 묵은 시기에 부모의 잔소리는 불안을 가중시켜 반항심리를 자극하게 된다.

다음은 2년인데 본능과 성숙이 공존하는 사춘기 시기이다. '난 나야' 자기만의 세계관이 구축된 시기이며 이 세계관이 이념적, 신념적인 사고를 만들기도 한다. 가장 경계해야 하는 시기인데 유연하게 받아들이도록 부모의 관심이 필요하며, 이 시기에는 부모와의 대화를 통해 비판과 비평을 하려 한다. 또한, 비판과 비평을 수용하는 시기이기도 하며 이 시기에 사회역할과 젠더의 본질을 잘 이해시켜야 개별 독립체로서 올바른 신념을 갖출 수 있다.

사춘기를 겪지 않는 젠더는 없다. 젠더의 본질과 본능이 뚜렷하게 보이는 시기에는 자기의 장점을 드러내고 본질적 매력을 찾으려고 한다. 사춘기에 부모의 억눌림이 있다면 그 대가는 청년기에 치르게 된다. 간혹 부모들이 자녀들의 사춘기를 인정하지 않고 그 시기를 놓치는 경우가 있다. 수용적이었던 아이의 반항적인 부분에서 과도한 체벌로 대응하고 학습을 강요하며 빨리 철이 들길 바라는 심리는 개별화, 독립체로 인정받지 못했다는 것으로 부모에 대한 불만과 부모의 불안과 자기 불안을 안고 살아가는 삶을 부추기는 행동임으로 주의해야 한다. 물론 영유아기 및 아동기에 부모와 자녀의 신뢰 관계가 형성된 가정이라면, 자녀들은 사춘기에도 부모와 많은 대화를 통해서 젠더를 이해하고 자기 신념과 세계관, 더 나아가서는 미래를 계획한다. 가정에서 자기 역할을 수행하고 자기 공간에서 정서적인 안정을 느끼며, 자녀가 보호받고 싶은 욕구를 부모가 외면하지 않는다면 사춘기를 요란하게 겪지 않을 것이다. 이러한 과정이 없었던 가정이라면 사춘기 자녀들에게 개별화, 독립체로서 하나하나 준비해야 할 것이다.

사춘기에 가장 중요한 문제는 신변에 대해 위협받고 있는지를 파악하는 것이며, 안전에 대해서는 각별한 주의를 주고 언제든지 안전하지 않은 상황에서는 말할 수 있도록 관심과 지지, 교감과 의사 표현을 하는 것이 중요하다. 사춘기의 특징 중 하나가 감정 공감이 미흡한 시기이다. '나만 힘들고, 나만 화나고, 나만 짜증나고, 나만 아프다.'고 표현하며 자신으로 인한 상대의 감정은 신경 쓰지 않는다. 감정을 공감하는 교감이 자기 위주로 중심화되고 자기 환경과 자기에 대한 평가 또한 자기 중심화되어 있어 현실감각이 둔해지는 시기이며, 현실과 자신에 대한 객관적 판단에서 발생하는 무기력을 경험하고 현실에 대한 반항과 부정, 수용의 반복되는 감정을 처리하고자 사투를 벌이고 있기 때문이다. 독립체, 성인이 되어간다는 증거이며 무엇을 할 것인지, 어떤 계획을 세울 것인지는 이 과정을 어떻게 슬기롭게 넘기느냐에 따라서 결정된다고 해도 과언이 아니다. 자기중심적 사고가 자기 주도적인 사고로 변화하는 과정에서 수동적이냐/능동적이냐, 의존적이냐/독립적이냐, 윤리적이냐/비윤리적이냐, 개별화형이냐/관계 집착형이냐 등이 명확하게 자리를 잡는 시기이며, 성장하면서 이 과정이 사회 활동과 가정환경에 많은 영향을 미치게 된다.

부모는 자녀를 많은 시간 관찰하고 지켜보고 있다. 하지만 성격이 변하는 시기에 '사춘기네' 하고 준비 없이 당연하게 받아들이고 사춘기가 지나가길 바란다. 이 시기에 자녀들이 사춘기를 슬기롭게 경험하도록 준비하는 자세가 필요하다. 사춘기의 특별한 변화로는 남성의 젠더는 고환에 변화가, 여성의 젠더는 가슴의 발달과 생리의 시작이다.

사춘기를 겪는 청소년의 행동은 예측하기가 어렵다. 이 시기에는 자기의 소속감을 위해 집단을 형성하려고 시도한다. 자기 세력을 키우고 무리에서 놀 거리를 만들며, 다른 무리와 세력 다툼을 한다. 무리에 들어가지 못한 청소년들은 철저하게 자기를 감추는 은둔형 외톨이가 될 수 있으며, 억눌린 감정을 온라인(사이버)을 통해서 다른 상대를 공격하고 희열을 느끼는 이중인격을 나타낼 수 있다. 불안한 사춘기 시기에는 무리에서 따돌림을 당할까 두려워하고, 무리는 대상을 정하여 따돌림과 폭행을 시도한다. 이 시기에 무모함을 용기라고 생각하며 행동하는 청소년들이 많아지는데 불안한 가정환경이 원인일 수 있다. 무모함은 대중에게 자기를 보이는 분별성이 없는 행동을 말한다. 이 시기에는 감정 공감 능력이 미흡한 시기와도 맞물려 도덕성이 상실되어 있으며 집단 폭행이나 상대를 때리는 행동에 대해서 당당하게도 자기 정당성을 가지고 있다. 상대의 고통이나 아픔, 모멸감, 치욕스러움을 모른다는 것이다.

감정의 교감이 철저히 단절되어 자기 중심화가 되는 시기에는 자기감정이 우선되어야 하는 이기적 자기 우선주의라는 부정적 사고가 발달하면서 '나만 편하면 돼, 내가 하고 싶은 건 어떻게든 해야 해, 상관하지 말고 내버려 둬, 그래서 어쩌라고, 장난으로 때린 건데, 장난인데 왜 그러냐?, 그냥 심심해서' 등으로 관계보다는 자기의 감정화 경향이 증가한다. 또한, 분별없는 행동을 하거나 무리를 지어 다니며 타인의 시선을 무시한 채 마음이 내키는 대로 행동하는데 절도, 무면허 운전, 폭행, 흡연, 음주, 강도, 강간 등의 사회 문제와 시빗거리를 만들고, 자기들끼리 부모를 욕하며 부모를 평가하고 무리에서 센 척하는 비뚤어진 영웅 심리를 보이기도 한다. 어른처럼 흉내 내면서 이성 관계도 과감하며, 이성의 끌림에 대해 탐색 기능이 미숙하여 무분별한 성관계를 하고 무리에서 여성을 공유하며, 감정 공감 능력이 미흡한 여성은 공유되는 것을 당연하게 생각한다. 무리를 자기들의 권력과 힘으로 착각하며 더욱 무모함을 확장하고 즐거워한다. 남이 힘들든, 고통을 받든, 아프든, 부모가 괴롭든지(학대, 방임되었던 자녀들은 부모를 향한 보복 심리로 일탈을 즐긴다.) 말든지라는 식으로 모든 상황을 비뚤어진 감정으로 해석한다. 더욱 큰 무리에 들어가기 위해 조직 폭력에 가담하고 강력 범죄에 내몰리거나 표적이 되는 사회문제는 심각한 수준에 이르렀다.

감정 교감 능력이 떨어지는 청소년기의 사춘기는 자신의 불안과도 맞서야 하는데 부모의 불안과 불안한 환경이 아이들에게 무모한 행동을 하도록 자극하는 것이다. 특히 학습을 강요받았거나 부모의 이성에 짓눌림이 심했던 자녀들, 폭력적이거나 권위적인 부모들, 방임과 학대에 노출되었던 자녀들, 편부모나 조부모에게 맡겨진 자녀들, 부모의 관계에서 갈등을 많이 경험하거나 노출된 자녀들, 자녀들의 욕구를 지나치게 채워 준 부모들 등 불안과 억압, 지나친 허용(또 다른 방임)에서 성장한 자녀들일수록 감정 교감 능력에 문제가 많이 발생한다.

감정 교감 능력의 미흡과 도덕성의 상실로 인해 자기의 잘못을 구분하지 못한다. 친구와 관계에서도 의리와 같은 참음과 동조, 부추김과 지지를 통해 사건에 가담하며 큰 사건에서도 친구와의 관계가 우선되어 사건 해결을 힘들게 하거나 방해하기도 한다. 마음이 내키는 대로 행동하고 현재의 감정에 충실하기 때문에 자신은 충분히 독립할 수 있다고 자신하며 이른 나이에 동거를 시작하고 조기 출산하기도 한다. 또한, 중독과 유혹에 쉽게 빠지며 흡연과 음주, 도박, 게임 등 부모나 남의 눈을 의식할 필요성을 느끼지 못한다. 언제든지 무리라는 테두리에서 나눔(내 것, 네 것이 없는)을 하고 남의 것을 빼앗을 수 있다는 지배적인 생각으로 복잡하고 어려운 것을 선택하지 않는다. 이러한 무모함을 용기로 알고 있는 것은 인생의 낭비일 뿐 경험이 될 수 없다. 경험은 잘못을 인지하고 잘못된 일에 양심의 가책을 느낄 수 있는 윤리성이 있어야만 경험이라고 할 수 있다. 이 시기에 윤리성과 도덕성은 양심의 무뎌짐으로 상실되며 성인이 된다고 해서 회복되는 것은 아니다. 윤리성과 도덕성을 회복할 수 있는 내적 에너지, 즉 갈등과 유혹, 무모함의 문제를 스스로 인지하고 처리할 수 있는 감정의 안정화라는 내적 힘을 길러 줘야 한다. 안전한 성장과 안전한 사회는 사회의 책임이 아닌 개인의 책임이며 그 시작은 젠더를 이해하고 배우는 가정환경인 것이다.

사춘기 시기 좋은 교감을 위해 노력한 가정의 자녀들은 성장하면서 어떤 행동을 보일까? 대체로 쉽게 유혹에 빠지지 않고 자녀로서 자신의 역할을 이해하며 부모를 존중하고 자신의 실수를 최소화하기 위해 노력하기도 하지만, 실수도 스스로 평가하고 겸허히 받아들이는 책임감 또한 발휘할 수 있다. 성장하면서 자기의 불안을 조절하는 능력의 힘을 갖추는데 이를 긍정의 에너지 또는 내적 갈등을 이겨낼 수 있는 내적 근육이라고 한다. 내적 긍정의 힘을 키울 수 있는 좋은 방법은 다툼과 갈등의 처리를 부모가 어떻게 하느냐에 달려 있다. 부정적인 교감을 긍정화하는 과정은 꾸준히 부모 자녀가 자기감정을 말하고 젠더로서의 부모를 설명하며 불안을 조절하고 구분해줘야 한다. 가정환경은 타인이 만드는 것이 아닌, 자기 스스로 만든다는 사실을 항상 기억해야 한다. 지옥도, 천국도, 행복도, 불행도, 슬픔도, 기쁨도, 교만도, 겸손도, 갈등도, 다툼도, 분노도 자기가 만들고 자기가 스스로 처리해야 한다는 것이다. 가정에서 자녀들과 뒤늦은 대화라도 실천한다면 문제 상황에 대해 대화하지 않은 사람과는 갈등을 처리하는 방식에서 확연한 차이가 있다. 현재의 가정환경에 대해 상황을 인정하고 인지하며, 평가를 통해 객관적으로 볼 수 있는 상황판단력과 문제를 세분화하고 분석하며 관찰하여 자기감정과 상대방의 감정을 이해하고 대응할 수 있는 위기관리 능력을 길러 줘야 한다. 이러한 위기관리 능력은 자녀들이 위험한 행동을 하지 않고 무모함과 용기를 구분하며 윤리와 범죄를 구분하는 변별 능력을 키워주는 중요한 키워드가 될 것이다.

청년기 : 성인기를 준비하는 청년기에 독립을 위한 책임감을 갖게 하자

청년기부터는 누구의 도움보다는 자신의 경험이 많아지게 되고 이 시기에는 삶에 대한 계획을 점점 구체화시키며, 자기가 '하고 싶은 일'과 '해야 할 일'을 구분하고 고민하게 된다. 학업을 마치고 취업을 준비하며 자기 미래를 위해 자산 관리를 배우고 결혼과 출산, 양육, 그리고 부양 등 많은 계획을 하나씩 정리하며 가족이라는 틀에서부터 독립, 개별화, 사회역할을 위한 젠더로 성장과 성숙을 위해 준비한다. 영유아기/아동기와 청소년기에 좋은 경험, 지지와 관심을 받았던 가정환경이 젠더로서, 개인으로서 사회역할에 많은 영향을 미치게 된다. 기초 환경이 부족한 젠더는 청년기에도 많은 어려움을 겪게 되고 사회의 장벽을 높게 느끼며 불만과 분노로 불안한 삶을 살아가게 된다.

좋은 직장, 좋은 배우자의 만남과 행복한 가정환경, 성취와 성공, 출세를 통해 부러움의 대상이 되는 사회역할 등 상대적인 평가도 중요하지만, 현재의 삶에 대한 자기만족이 높을수록 삶은 행복하고 건강해질 수 있다. 인간의 희로애락에서 이것보다 중요한 것은 없을 것이다. 인간이면 누구나 이루고 싶은 삶이지만 이러한 성공과 여유로운 삶이 보장된다고 해서 인간이 갖는 고유성, 본능성의 불안을 제거하지는 못한다. 안전하지 않은 사회는 언제라도 위협과 위험의 문제가 자신에게도 일어날 수 있기 때문이다. 삶에 있어 걱정과 염려는 무수히 많은 시간 속에 존재하는데 걱정과 염려는 불안의 최초 기제이며 감정이다. 걱정과 염려의 불안은 다양한 경험에서 조절하고 통제할 수 있는데, 현대 사회의 많은 부모는 자녀들의 경험에 과도하게 개입하며 간접경험을 통해 성장하길 바란다. 물고기를 잡는 법을 가르쳐야 하는데 물고기를 잡아서 손질과 요리, 밥상을 차려 입에 떠먹여 주다 보니 독립체로서 개별화를 방해받고 있다는 것이다. 부모의 행동에 자녀들은 의존적인 상태가 지속되면서 결혼과 독립은 늦어지고 이러한 사회 현상을 당연하게 받아들이고 있다. 경험은 젠더, 개인, 사회역할, 독립 등을 위한 자기 삶에 관한 공부이며 불안을 조절하고 통제하는 두뇌의 코딩 작업이다. 간접경험은 불안을 조절하는 방법을 방해하고 있어 삶에 대한 경험적 조언으로 부모의 역할이 전환되어야 한다. 반면, 방치된 가정에서 청년기를 맞이한 아이들은 자기 경험의 오류가 많고 독선적인 자기 고집으로 상황을 객관화하기 어렵다.

　다양한 경험은 좌절과 실패에서 자신을 회복할 수 있는 힘이며, 상황을 다양하게 해석하는 생존을 위한 도구가 된다. 한 층 한 층 쌓아 올린 경험이라는 생존의 도구가 쌓일수록 독립체로서 사회적인 역할을 이해하고 수행하는 데 자신의 효능감을 발휘할 수 있다. 또한, 경험의 밑바탕은 다양한 영역에서 자신의 역할을 확장시킬 수 있는 상황판단 능력을 갖추는 데 용이하다. 현대 사회는 사회에 진출하는 시기가 실업률로 인해 점점 늦어지기도 하지만 부모에게 의존성이 높아 자녀들이 사회 진출의 필요성을 느끼지 못한다. 안 되면 '더 공부하고 때를 기다려라'의 충고로 대학원을 진학하다 보니 고학력을 갖추고도 취업이 안 되는 경우가 많고, 취업을 한다 하더라도 자신이 갖춘 학력에 비해 저임금이라고 판단하며 흥미를 느끼지 못한다. '놀아도 이것보다는 낫다'라는 생각으로 독립성이 결여된 의존적인 삶으로 다시 돌아오며, 자신의 가치 기준만 높이 평가하여 높은 대우(처우)를 바라는 심리로 작용한다. 일반화된 직업을 작은 일, 하찮은 일이라고 생각하며 보람을 찾지 못한다. 또한 기술(기능) 배우는 것을 하찮게 생각하고 공무직 시험에 뒤늦게 매달리며 시간을 허비하는 기현상이 많아지고 있다. 공무직에 내던져진 청년기의 젊은이들, 공무원이 꿈이 된 사회에서 젊은이들이 어려운 신산업에 도전하는 것을 어려워한다. 의존성이 강하다 보니 사회생활에서 버티지 못하고 부모의 지원이 차단되거나 더 이상 지원할 수 없게 되면 자신도 책임지기 어려워 결혼을 포기하고 다른 사람과 비교하는 상대주의 분노에 빠지게 된다. 의존성은 개별화도 방해하지만 반복되는 불안을 효과적으로 처리하지 못하게 하며 불안을 증가시키게 된다.

상대주의 분노는 외국인 노동자에게도 나타난다. 외국인들이 일자리를 독식하여 우리 국민의 일자리가 없다는 식으로 자신을 합리화한다. 외국인들만 하는 일자리가 따로 있는 것처럼 하찮은 일로 폄하하고, 자신의 잣대로 평가하여 기준을 만들어 외면하면서 마치 사회 현상의 문제를 꼬집는 것처럼 행동하나 실상은 사회갈등과 불안을 부추기고 혐오문화를 선동하고 있다. 쉽게 돈을 벌어 생활하고 싶고 남들이 선호하는 직업을 갖고 싶은 심리는 인간이면 누구나 원하는 욕구이지만 쉽고 고임금을 받을 수 있는 일자리는 없다. 순차적으로 단계를 거쳐 실력과 능력을 인정받아야 하는데 현대 사회의 청년들은 단계별 성장을 조급함으로 견디지 못한다. 그러다 보니 보험사기와 같은 범죄에 쉽게 현혹되며, 보이스피싱과 같은 사기, 마약 거래 등 부정적인 직업을 선택하여 쉽게 돈을 벌고자 한다. 이렇게 청년기의 부정적인 독립의 시작은 범죄에 노출되기 쉽고 범죄의 유혹은 고도화, 지능화되어 가고 있다. 범죄의 책임감을 분산하기 위해 집단을 형성하려는 욕구도 강하게 보이며 남들을 속이는 데 죄책감을 느끼지 못하고 즐거움을 느낀다. 위험하고 위협적인 사회는 이렇게 젠더의 비윤리적인 행동과 감정에 더욱 영향을 주고 있다.

발달 과정은 자극의 연속이다. 자극에 대해 간략히 설명하자면, 성장발달이라는 과정에서 많은 자극을 통해 자기 경험을 만들고 쌓아 가게 된다. 긍정적 자극은 전 생애에 환경과 관계에 적응하는 데 원동력이 되기도 하지만, 부정적 자극은 환경과 관계를 자기 해석하여 상황을 자기 중심화하여 갈등을 만들어 위협적인 존재가 된다. 발달 과정에서 자기 자극을 어떻게 처리하는가는 부모의 영향에서 결정되며 부정적 자극도 재처리 과정을 거치게 되면서 통합적 사고를 촉진하는 성장과 성숙의 발판이 될 수 있다. 자극은 자기 삶의 에너지이지만 자극의 재처리하는 무의식은 자기와 사회(인류)의 에너지원(원동력)이 되기 때문이다. 발달 과정에서 부모들은 자신의 자극을 어떻게 처리할 것인지, 자녀들의 자극에 어떻게 반응하고 있는지를 돌아보며 자녀들의 성장과 성숙을 도와야 한다.

〈불안의 조절과 종속의 반응별 차이〉

조절	종속	조절	종속	조절	종속
창의적	불안적	관계 중심적	관계 집착적	갈등 해결적	갈등 생산적
독립적	의존적	객관적	주관적	중재적	위협적
윤리적	사익적	주도적	수용적	논리적	논쟁적
창작	모방	배려적	독선적	활동	무기력 상실
현실적	비현실적	협동적	경쟁적	상식	분노
안정	무모	민주적	권위 방임적	도덕적	비도덕적
가치 중심적	자기 중심적	참여적	비판적	책임적	책임 회피적
협력적	방해 외면적	만족	불만족	참여적	비난적
조절	공격 폭력	타협	이간질	공개적	은폐적
자발적	무시적	지지	방해	이성적	감정적

※ 진화와 퇴화의 경계선 중립을 지키는 사람들은 상황에 따라 자신을 변화시킨다. 중립성은 현대 사회에서 가장 안전한 힘을 발휘할 수 있을 것이다.

성장 과정별 훈육 및 불안 조절 방법

　인간에게 불안은 필연적이지만 자녀들에게 부모 자신의 불안까지 가중해서는 안 되며, 자녀들이 안전한 사회에서 살아갈 수 있도록 지금부터라도 자기의 불안을 조절하고 통제하는 법을 배워야 할 것이다. 그렇다면 불안을 조절하고 통제하는 방법은 무엇이 있을까? 자기의 불안인지, 사회와 외부 환경의 불안인지, 부모의 불안인지를 명확하게 구분을 짓고 분리하려는 시도가 불안을 조절하고 통제하는 처음의 시작이 된다. 또한, 개인의 불안이 어느 시점에서 시작되었는지를 스스로 생각해 보며 불안을 대면하고 내적 에너지를 키운다면, 자기 불안의 원인을 찾을 수 있으며 스스로 불안을 조절할 수 있다는 것이다. 쉽게 정리하자면 불안은 자기 경험으로 조절되며 통제할 수 있다.

용서와 사과의 개념 이해하기

　멘탈(정신세계, 지능수준, 마음의 동요 등)이 약한 사람들은 상황을 회피하고 의존적이며, 상황을 이해하는 능력도 부족하고 상황을 판단하는 데 어려움을 느낀다. 특히, 용서와 사과를 구분하지 못하는 사람일수록 강자에겐 약하고 약자에게 강하며 강자에게

기가 눌렸다는 감정만으로도 보복 심리를 가진다. 반면 강철 멘탈을 가진 사람은 관계나 상황을 논리적으로 보고 수용적이며, 상황에서 발생하는 감정을 다른 상황까지 연결시키지 않는 대처 능력이 뛰어나다. 또한, 관용적이며 법과 원칙을 준수하기 위해 노력하지만, 수단과 방법론에서는 손해나지 않는 정도의 타협도 가능하도록 상황과 관계에서 자신의 유연성을 최대한 발휘한다. 현대 사회에서는 중립성, 타협점을 찾는 것이 중요하다는 것을 알고 실천하며 타인에게 피해가 가는 것도 경계한다. 그리고 상황별 경험을 중요하게 받아들인다.

용서와 사과라는 개념이 멘탈과 무슨 연관이 있을까? 상황을 이해하고 구분하는 데 용서와 사과라는 개념을 이해하는 것이 중요한가? 먼저 용서와 사과를 구분하는 것이 긍정적 자기수정의 밑바탕이 된다. 그렇다면 왜 용서와 사과라는 개념을 구분하는 능력이 부족할까? 어린 시절에 용서와 사과에 대해서 구분하는 방법을 배우지 못했기 때문이다. 용서는 자기의 잘못된 행동을 인정하고 뉘우침을 통해 행동을 수정하려는 노력이 수반되어 있으나, 사과는 자신의 의지와는 다르게 어쩔 수 없이 하는 행동으로 갖은 핑계를 대며 마지못해 하는 행동이다. 사과는 상황을 모면하려는 측면이 강해 부정적인 사고력을 키우고, 용서는 잘못된 행동을 하지 않기 위해 노력하기 때문에 긍정적인 사고력을 키운다. 사과는 자기 실수에 관대하고 상대와 일방적인 관계를 선호하며, 용서는 상대의 실수에 관대하고 상대와의 유연한 관계를 선호한다. 사과하고 난 아이들을 관찰해 보면, 왠지 억울한 기분과 감정을 가지고 있으며 잘못된 행동인 줄 모르고 반복된 잘못과 사과를 되풀이하는 것을 볼 수 있다. '잘못하고 사과하면 그만이구나.'의 모호한 행동 규칙이 잘못된 행동을 부추기면서 행동 후 부모의 눈치를 살피게 된다. 눈치를 보며 부모의 감정과 환경의 분위기가 안 좋다고 판단하면 사과하는 척 상황을 모면하려는 행동을 보이고, 이 행동이 회피의 수단으로 강화되면 교묘해지는 부정적인 사고력이 증진된다. 사과는 비교적 가벼운 훈육의 방식이지만 큰 잘못에도 스스로에게 적용하다 보니 사과의 기준은 모호하며 혼란스러움을 줄 수 있다. 반면, 용서의 개념은 무거운 훈육 방법이라고 생각하여 부모들이 선호하지 않는 방법이지만 부모들이 영/유아기에서부터 개념을 잘 가르쳐야 한다. 잘못된 행동은 기억시키고 왜 안 되는지를 가르치면 스스로 행동의 규칙을 세워 반복하지 않으려고 노력한다. 다시 한 번 강조하지만, 용서는 자기의 잘못된 행동을 인정하는 것이며 사과와는 전혀 다른 생각에서 출발한다. 잘못된 행동에 대해 인정하고 용서를 구하는 사과와 상황을 모면하기 위해 용서를 위장한 사과를 구분해야 하는 이유다.

용서를 배운 아이들은 잘못된 상황을 인정하고 부모에게 잘못된 행동과 상황을 구분하여 설명한다. 용서를 위장한 사과는 문제나 상황에서 모면하기 위한 핑계를 찾고 자신의 잘못된 행동을 책임 전가하며 울어버리거나 안아 주길 바란다. '이런 것도 이해 못 해 줘?'라며 변명거리를 찾고, 동정심을 유발하는 행동으로 상황을 진정시키고 자기가 유리해질 때 다시 자신의 행동을 정당화하려는 것, 이 행동은 성장하면서 더욱 부정적인 저항심을 키우게 되며 자신의 합리화를 위한 수단으로 변질될 수 있고 자기가 보호받지 못한다고 생각하면 갈등, 분노와 상실감을 느끼는 유리 멘탈이 될 수 있다. '너 엄마한테 또는 아빠한테 잘못했지'라는 상황에서 '엄마한테 또는 아빠한테 사과하고 와', '사과했으니까 용서해 줄게' 사과와 용서를 동시에 하는 부모들이 많다. 지금의 훈육 방법이 저항심을 키우고 있는지, 자녀가 잘못했을 때 가정에서 부모들이 어떻게 훈육을 하는지를 생각해 보아야 한다. 유리 멘탈은 긴장과 불안, 위기 등과 같은 환경에서 자기 극복의 힘이 부족하여 상황을 모면하려고 하며, 멘탈이 약하기에 극과 극을 선택하는 위험성이 존재한다. 하지만 멘탈이 튼튼한 자녀가 성장하면 자기의 위기를 적극적으로 평가하고 위험을 최소화하기 위해 노력하며 자기의 잘못을 빨리 인정하고 갈등을 처리하는 회복력이 좋다. 용서와 사과의 개념은 자녀들의 성장에 중요한 요인이 되며, 복잡하고 다양한 현대 사회에서 멘탈이 유연하냐에 따라 자기를 스스로 보호하고 삶을 주도하는 데 주도적인 역할을 할 수 있을 것이다. 용서와 사과를 구분한 양육은 아이들이 성장하면서 사회 불안에 휘둘리지 않는 중요한 기술이 될 것이다.

다양한 의사 표현의 이해와 전달하기

화분에 물을 주는 것처럼 아이들이 부모의 관심과 사랑, 지지 속에서 성장한다면 가정에서의 역할, 사회에서의 역할, 그리고 젠더 본질의 역할에 대해 이해의 폭이 커질 것이다. 젠더의 본질과 본능을 강조하는 이유는 젠더의 본질과 본능의 욕구가 충족될 때 젠더는 인간을 이해하고 이성을 배려할 수 있는 성숙(성장)의 계기가 마련되기 때문이다. 가정에서 부모의 역할에 대한 개념을 경험하고 이해하는 것은 인간이 성숙하는 계기 중 가장 중요한 요소이다. 누구나 양육은 처음의 경험이지만 성장하면서 처음의 경험을 받아들이고 감수할 수 있는 이유는 누구나 자녀였으며 자녀의 역할에서 부모를 바라보며 배웠던 기술이 처음의 경험이 아닌 이미 익숙한 경험이기 때문이다. 자녀의 역할에서 바라던 부모의 모습이 있고 부모 또한 부모가 바라보는 자녀의 모습이 있다는 것이며, 서로가 바라는 욕구는 역할에 대해 부모로서, 자녀로서 인정받는 것이다.

인정받고 있다는 감정은 언어표현과 함께 비언어적인 표현과 교감으로 느낄 수 있다. 먼저 비언어적 표현에 대해 예를 들어보면, 밥을 먹는 자녀들을 흐뭇하게 바라볼 때 아이들은 '왜?', '뭐?'라는 반응을 보이며 퉁명스럽게 표현하지만, 부모가 자신을 사랑하고 있다는 것을 감정으로 느끼게 된다. 사소한 놀이에서도 추임새를 넣으며 반응하게 되면 아이들은 자신의 놀이에 대해 부모로부터 인정받고 있음을 느끼게 된다. 자녀들의 행동에 따뜻한 시선을 보내는 부모, 사소함에도 응원을 보내주는 부모에게 다양한 의사소통의 표현능력을 배우고 이해하게 된다. 반면에 표정은 냉소적인데 언어만 사랑, 소중함, 행복 등의 단어를 사용해 자녀를 이해시키고자 한다면 인정받음이 아닌 의심이라는 부정적인 감정을 자극하는 것이다. 이러한 의심이 반복되면 관계 형성에 많은 문제를 만들어 좋은 감정과 표현도 왜곡하여 해석하게 된다.

　비언어적인 표현은 교감보다는 구체적이며 서로의 얼굴 표정을 통해 얻어지는 상황별 감정 표현 방식이다. 아이들이 유치원이나 학교생활에서의 어려움을 언어표현보다는 행동이나 감정으로 표현하는데, 이 비언어적인 표현은 아이들이 현재 어떤 생활을 하고 있는지 파악하는 데 중요하다. 부모가 자녀들의 비언어적인 표현을 관찰하고 반응해 줘야 자신을 방어하고 스스로 대변할 수 있는 의사소통을 배우게 된다. 비언어적 의사 표현은 자기감정을 표현하고자 시도하는 것이며 자신의 비언어적 의사 표현이 받아들여졌을 때 감정 표현을 구체적으로 설명하는 실질적인 대화가 가능해진다. 즉, 의사 표현은 긍정적인 신뢰 관계를 형성하는 기초과정을 이해하는 것이며 다양한 의사 표현(대화 기법) 기술을 배우는 것이다. 아이들은 대화에 익숙하지 않고 표현의 한계가 있어 자신이 감당하기 어려운 감정에 감정 앓이를 하는 경우가 많이 있는데, 비언어적인 표현이 감정 앓이를 알리는 시그널이라는 것을 기억해야 한다.

　비언어적인 표현은 '지금 나 힘들어, 감당하기 어려워'의 시그널인데도 일방적으로 부모가 다그치며 언어로 표현하도록 강요하면 자녀들의 표현력은 차단되고 대화의 유익함을 잃게 된다. 또한, 자녀의 감정을 개의치 않고 '그냥 감정이 풀릴 때까지 기다리자(제풀에 지쳐 풀리겠지)'라는 단순한 접근은 반항, 무시라는 불신의 관계로 이어지게 되며 부모 자녀 간 갈등의 원인을 제공하게 된다.

시그널을 알아채는 방법 중에 지나치듯이 중얼거린 말들을 떠올려 보면 어디에서 비롯되어진 감정인지를 알 수 있으며, 부모는 비언어적인 표현과 단순한 대화를 통해 '힘들어? 언제든지 힘들면 말해도 돼'라는 지지와 관심으로 그 감정을 읽어주고 스스로 감정을 정리할 수 있도록 기다려 주는 것이 바른 성장을 도와주는 것이다. 비언어적인 표현을 언어로 표현하도록 격려해 주고 들어주며, 스스로 해결방안을 찾을 수 있도록 조언을 통해 최소한의 개입을 해야 이 경험이 밑바탕이 되어 다른 감정에서도 갈등을 처리할 수 있는 회복력과 내적 에너지의 원동력이 된다. 부모의 일과가 있는데 어떻게 비언어적 의사소통의 표정까지 신경 쓸 수 있느냐를 묻는 사람들이 많은데 자녀들은 부모를 만나는 짧은 시간에서도 많은 시그널을 보낸다. 부모에게 비언어적 표현과 표정으로 관심과 지지라는 인정을 받고 싶어 하고 부모가 자신을 알아주길 바라기에 굳이 많은 대화를 하지 않아도 비언어적인 표현과 행동을 통해 자녀들의 인정욕구를 충족해 주는 것이 좋다. '난 널 믿어', '잘하고 있어', '힘내', '힘들지?' 말하지 않아도 바라보는 눈빛으로 자녀들과 비언어적인 감정교류와 교감을 해야 한다.

양심과 도덕성 자극

청소년기에는 소수의 문제 행동이 다수의 청소년, 특히 일탈을 갈망하는 청소년들에게는 영웅 심리로 보일 수 있으며, 소수의 문제 행동을 모방하려는 부정적 자극제가 되어 다수의 불안이 형성되는 모방 사회가 되었고 모방 사회는 불안을 부추긴다. 청소년기는 규범과 규칙에 얽매이는 것을 거부하는 시기이며 보란 듯이 원칙을 벗어난 행동들을 갈망하는 시기이기도 하다. 소수의 작은 행동에도 영향을 받으며 도덕성보다는 상대에 대한 우월적 감정이 큰 비중을 차지하고 있다. 문제가 발생하면 대부분 부모는 '친구를 잘못 만나서', '우리 애는 안 그래, 착해', '학교와 집에서 정말 모범적인 아이야' 자기들 자녀들은 문제가 없다고 착각하며 다른 아이들의 문제로 치부하고 문제를 제기한 사람에게 비난을 쏟아낸다. 꼬드김을 당한 피해자라고 항변하며 완강하게 사실을 받아들이지 않는다. 부모의 왜곡된 사고로 인해 반성할 기회가 차단되어 실수를 인정하기보다 자신의 행위에 대해 합리적 행동이라는 왜곡된 사고를 시작하게 된다. 청소년기는 무모함을 우월적인 행동으로 착각하고 억지와 행위의 정당화, 왜곡, 상황 모면, 무시의 부정행동이 강화되며 자기편, 버팀목, 해결사라는 부모로 인해 더욱 견고해진다. 자기중심 우월성은(사고) 성장하면서 다수 사람의 안전을 위협하는 사회 문제로 확대되고 있다. 사회 위협을 살펴보면 음주 운전, 마약 범죄, 묻지 마 폭력, 조직 폭력, 사기, 살인 등 사회 불안을 가중시키고 있으며 사회 전반에 독버섯처럼 빠르게 퍼져가고 있다. 이러한 상실된 도덕성이 사회에 지속적으로 나타나면 규칙과 상식의 균형이 무너지고, 불균형의 피로도가 증가하여 개인이 피해 의식을 가지며 집단 이기주의에 빠지는 연쇄적 사회 불안으로 나타날 수 있다. 양심의 자극보다는 무모함의 모방은 분노 사회를 만들게 되는 것이다.

국민 대다수가 사회 불안과 우울함을 느낀 사고가 있다. 세월호 사고에 대해서 현재까지 논란과 논쟁을 거듭하고 있는데 음모론으로 인해 문제를 문제로 보지 못하고 갈등이 생산되면서 하지 말아야 할 말과 행동의 퍼포먼스로 사회 불안과 갈등을 부추기는 사람들과 사회를 경험하게 되었다. 우리 사회가 이렇게 소수에 의해서 다수가 분노하는 것은 상식에서 벗어난 여론과 이를 따르는 사람들의 말과 행동 때문이다. 희생자들을 위해 추모하고 다시는 이런 일이 일어나지 않도록 제도를 정비하고 반성해야 하는 시기에 미숙함을 보였고 의구심 없는 사고 처리를 장담하는 정치인들의 홍보 수단이 되었으며 피해자들의 가족을 구경거리 삼아 관광하는 사람들에 의해 사회의 분열을 경험하게 되었다. 규칙과 상식이 무너진 사회에서 미래 세대들은 분열을 경험하였다. 분노가 재생산되는 모방을 배우지 않길 바랄 뿐이다.

불균형 사회, 분열사회의 또 다른 문제는 수단과 방법을 가리지 않고 돈을 벌고자 하는 사람들의 욕구를 부추기는 것이다. 권력은 자본을 이끌어 내고, 자본은 권력을 움직이는 도구로 변질되었다. 사람들의 재산 증식 수단은 부동산과 주식을 넘어 희귀 금속이나 보석, 인력까지 모든 재화에 해당하는 것을 가지려고 하며 독점하려 한다. 독점 현상은 우리 일상에 파고들어 의식주의 기초생활 권리까지도 위협하고 있으며, 인간답게 살 수 있는 최소한의 권리조차도 돈벌이 수단으로 악용되고 있다. 생계를 이어가기 위해 값싼 노동력을 제공해야 하고 돈과 재산으로 신분이 나뉘는 사회 현상으로 현대 사회의 사람들은 분열사회의 불균형에 내몰려 먹고사는 문제를 사회문제로 인식하지 못하고 있다. 이렇게 성공과 출세라는 인간의 욕구는 자본에 의해 교묘하게 자극받고 있다. 개인과 사회가 불안에 지속적으로 노출되면 자신도 모르게 피해 의식에 빠지게 되며, 규칙과 도덕성을 지키고자 하는 사람은 '나만 지킨다고 사회가 변하지 않는다.'는 무기력에 지쳐 도덕성을 외면하는 자극제가 된다. 허물어지는 도덕성은 인간의 권리와 최소한의 존엄적인 가치의 근간을 흔들고 사회 안전을 깨뜨리고 있다.

분열과 불균형으로 인해 발생하는 사회 불안이 사람들을 자극하고 있어 민감하게 반응하여야 하며 사회문제로 인식하고 바라봐야 한다. 사회문제는 정부의 개입이 필요하고 가정에서나 학교에서 더 나아가 사회에서 청소년들에게 더욱 관심을 가져야 하며 청소년들의 건강한 성장을 위해 가정에 지원을 아끼지 않아야 한다. 사회와 국가 발전, 더 나아가 선진사회, 선진 국가를 위해서 지금의 지원은 미래 세대를 위한 준비라는 관점과 개념으로 접근해야 한다. 이러한 투자와 개입의 준비가 부족하고 청소년들에게 외면하는 사회일수록 더 많은 소수가 사회문제를 만들 것이며, 사회 불안과 도덕성이 상실되어 혼란 사회가 될 것이다. 청소년기에 부모와 신뢰 관계의 교감은 다른 사람들의 감정을 공감하는 능력(정신세계와 직결된 문제)을 갖추게 도와주는데, 현대 사회는 부모와 자녀를 분리시키는 구조일 뿐 함께 교감하도록 배려하지 않고 있어 청소년의 도덕성을 훼손시키고 있다.

도덕성은 참을성과도 연관되어 있는데 분열사회는 단순함에 빠지도록 유도한다. 단순함은 관계에서 오는 다양한 감정을 이해하지 못하고 견디지 못해 참을성이 부족해진다. 참을성은 관계에서 중요한 역할을 한다. 참을성은 상황을 객관적으로 바라볼 수 있도록 돕고 객관성은 타협점을 찾아 관계를 원만하게 유지하는 힘을 발휘하며, 상황을 이해하고 구분할 줄 알게 되는데 이러한 과정은 부모와의 좋은 신뢰 관계의 교감에서부터 시작된다. 건강한 아이들이 건강한 사회를 만들 수 있다. 건강한 부모, 건강한 가정환경을 위해 건강한 지원이 필요하다.

현명한(불안 조절과 구분) 사람은 자신의 양심을 두려워하지만, 미련한(불안 종속) 사람은 원칙을 두려워하며 원칙과 법률로 보호받고 싶은 욕구가 강하다.

젠더갈등의 확장사회 준비하기

사회갈등의 주요 원인은 젠더의 갈등과 대립이다. 페미니즘의 부정적인 갈등과 대립은 국제결혼을 부추기고 다문화 가정이 만들어지는 계기가 되었다. 젠더의 갈등과 대립이 결혼한 부부의 갈등과 대립으로 이어지고 자녀들은 젠더의 갈등과 대립을 자연스럽게 학습하면서 미래 세대에게 불안이 대물림되고 있다. 우리 사회의 갈등과 대립은 비혼, 이혼, 졸혼이라는 사회문제를 만들고 어쩔 수 없는 선택으로 결혼의 문화를 개방하게 되었다. 국제결혼이 확대되면서 다문화 가정에 대한 지원과 정착에 초점이 맞춰지고 있으나 이주 여성들조차도 우리 사회의 젠더갈등과 대립을 학습하고 있어 사회문제는 인종 차별과 대립이 더해져 재생산되고 있다. 우리 사회의 젠더들이 뿌린 갈등과 대립의 씨앗이 이주 여성들의 권리 신장만을 외치는 빌미를 제공하게 되었다. 1세대 이주 여성들은 다음에 오는 이주 여성들의 정착을 지원하기 위한 노력보다는 갈등에 초점을 두고 가정생활에서 남편과 시댁의 행동을 감시하고 무시와 폭언에 대한 행동 지침의 대응책을 마련하여 이주 국가별 그룹을 만들며 인종 대립이 시작되었다. 이주 여성을 지원하고 있는 기관 또는 단체는 이주 여성의 말에 의존하고 가정에서 분리를 당연하게 받아들여 이혼과 양육권, 재산 분할 등의 분쟁에 개입하고 정착 프로그램에는 미온적 수준이다. 젠더갈등과 대립의 문제로 인해 다문화 가정에서도 이주 여성이 우월적 존재가 되면서 이주 여성은 자신의 원가족들에게 금전적인 지원을 하고 자신에게 유리한 정착과 교육, 근로 활동을 지원받고 있어 문제만을 키우고 있다. 또한, 영주권을 취득하면 잠적하는 사례가 빈번해지고 있으며 이주 국가의 문화보다 자신들의 문화를 고집하면서 문화 행사나 모임에 집착하고 있다.

원인의 단초를 제공한 것은 우리 사회에 만연하게 퍼져있는 젠더의 갈등과 대립이며, 국제결혼 생활에서 남성들의 준비가 부족했고 남성들 또한 젠더의 갈등과 대립을 보고 자란 학습의 효과 때문일 것이다. 이렇게 젠더의 갈등과 대립으로 확장된 사회에서 시급한 문제는 다문화 가정 자녀들의 건강한 성장과 사회에서의 인정받음이다. 부모들의 문화와 젠더갈등과 대립으로 인한 1

차적 불안 환경과 사회에서 오는 편견에 의한 2차적 사회 환경으로 자녀들이 느끼는 불안은 부모들이 느끼는 불안보다 더욱 심각하다. 영/유아기에는 서로 관계 놀이가 가능하지만 스스로 상대를 평가하는 시기가 되면 관계의 기피와 외면받고 있음의 자기감정을 느끼게 되고, 스스로 자기를 평가하여 외톨이라는 것을 알게 된다. 자기 정체성에 혼란을 느끼며 놀림의 대상과 따돌림의 간접적인 폭력에 노출되어 건강한 성장과 안전한 정착을 방해받고 있다. 사회 환경과 분위기가 다양성을 인정하자고 아무리 외쳐도 문화의 다양성, 다문화 사회로의 부정적 확장으로 극심한 성장통을 겪고 있어 인종의 다양성을 인정하고 인정받기란 힘든 상황이다. 대비하지 못한 다문화 가정의 불안은 자녀들을 거쳐 사회로 퍼져나간다. 사회 구성원으로 인정받기보다는 선입견에 기피 대상이 되었고 아버지의 나라에서도, 어머니의 나라에서도 인정받지 못하는 혼혈이라는 불안과 심리적 중압감에서 벗어나지 못하고 있다. 혼란의 시기에는 부모와 가족의 구성을 비교하고 평가하는 기준을 세우게 된다. 자신의 위치, 상황, 사회 분위기 등을 부정적으로 통합하는 사고능력이 발달하여 반사회성이 나타날 수 있다.

가정에서의 돌봄과 관심이 부족한 다문화 가정의 특성상 아버지의 나이는 많고 이주 여성인 어머니에게 보수적인 성향이 강하며 어머니는 나이가 어리다. 또한, 아버지의 가족은 자녀의 어머니인 이주 여성에게 무시와 폭언, 후진국의 국민성을 경멸하며 하찮은 존재처럼 대하기도 한다. 양육 환경에서 갈등과 대립, 경멸과 무시의 불안을 경험한 아이들은 위축된 행동 또는 폭력성과 공격성의 문제 행동이 나타나기도 한다. 학교에서 다문화 가정의 아이들은 적응하기 힘들어하고 교사 또한 많은 어려움을 겪고 있다. 가정환경을 보면, 나이가 많은 아버지는 자녀의 교육에는 관심이 부족하나 훈육에는 집착과 과격한 행동을 보인다. 나이가 어린 어머니는 의사소통이 원활하지 않아 자녀들을 돌보는 데 한계를 보이고 이주 환경 적응에 어려움을 느끼며 가정에서 무기력하거나 경계심이 강하여 예민한 상태인 경우가 많다. 어머니는 자녀들의 교육과 안전한 정착에 대해 도움받기를 원하지만 아버지는 가정생활이 외부로 노출되는 것을 경계하며 거부하는 경우가 많아 개입하는 데 어려움이 많다. 이주 여성들 또한 심리적으로 위로받기 위해 자국민의 모임을 선호하여 가족과 자녀와의 의사소통에 문제가 나타나고 있으며 자녀들에게 모국어를 사용하면서 의사소통의 혼란을 겪게 하고 있다.

다문화 사회, 다양성 사회는 이제 1세대를 넘어 2세대를 준비하고 있다. 혼란의 소수가 다수를 위협할 수 있는 문제에서 소수를 위한 건강한 정서와 건강한 정착, 건강한 사회를 만들기 위해서는 부모의 갈등과 대립에 적극 개입해야 하며 자녀들이 불안을 조절하도록 지원이 필요하다. 사회가 변화하길 바라는 것보다 다문화 가정이 사회에 적응할 수 있도록 체질과 체력을 길러 주는 것도 하나의 선택과 방법이 될 수 있다. 수세대를 거친 선진사회의 경험에 비추어 보더라도 인종의 대립은 존재한다. 이러한 확장사회의 과도기적 사회 현상을 어느 정도는 감수할 수 있도록 체질을 개선해 준다면 사회에서 자기의 역할을 충분히 찾을 수 있을 것이다. 개인의 안전한 정착은 건강한 심리에서부터 시작되며, 사회에서 개인의 역할은 자신의 장점을 살릴 수 있는 통합사고력에서 비롯되기에 사회는 다양성을 포용하는 노력과 준비로 동반 성장해야 할 것이다.

우성과 열성 그리고 무의식 이해하기

부모들이 자녀를 키우다 보면 자녀들의 열성, 열등성향에 대해 민감하게 자극받아 자녀와 부모 자신의 열성, 열등감의 불안을 처리하는 데 내적 힘이 소진되어 객관화된 우성, 우월성향을 파악하는 데 방해받게 된다. 부모 자신들이 성장기에 겪었던 갈등이나 상처, 결점, 약점 등의 불안이 자녀들을 통해 투사되어 전의식에 묻어두었던 감정들이 자극받기 때문이다. 부모들 자신이 성장하며 환경이나 관계에서 부당하다고 느꼈던 감정들이 자녀들을 통해 자극받게 되면 견디기 힘든 감정의 동요를 느끼게 된다. '버릇, 습관, 자신감이 없는, 어색해하는, 두려워 위축되는, 일방적인 수용적 태도, 끌려가는 관계, 단호함이 없는 자기표현(두루뭉술하게 표현하는 태도), 싫음을 말하지 못하는, 일방적으로 당하는 태도와 반응' 등 부모 자신의 열성적 유전 요소와 열등감의 원인이 자녀에게서 나타나게 되면 강하게 훈육하고 질책하며 행동을 고치려 한다. 부모 자신들이 느끼고 경험했던 불안을 자녀들은 경험하지 않고 자유롭길 바라는 심리가 작용하기 때문이다. 하지만 아이들은 부모의 우성적인 유전 요소와 열성적인 유전 요소를 모두 물려받았으며 위축된 감정이나 갈등은 이미 태내(태교의 중요성)에서부터 전달되고 무의식에서 학습된 것이다. 이처럼 인간의 우성과 열성, 무의식은 중요한 영역이며 이 무의식은 학자들이 일생을 연구한다고 해서 풀 수 있는 것도 아닌, 미스터리의 영역이다. 쉽게 설명할 수는 없지만 '인류의 역사가 세대를 거쳐 무의식을 통해 전해진다.'고 정의되어 있다. 이러한 무의식을 경험할 수 있는 시기는 태내기(인간의 무의식을 전달할 수 있는 가장 중요한 시기)이며 이 시기에 부모의 무의식을 들여다보고 자신과 부모의 무의식을 연결하며, 스스로 자신의 무의식을 탐색하고 탐험을 통해 확장한다고 정의하고 싶다.

우성 인자와 열성 인자 그리고 무의식은 서로가 연결되어 있다. 자녀들은 부모의 태내에서 생존과 불안을 이해하고 유전을 통해 우성 인자와 열성 인자가 전달된다. 열성에 대해서 옛말을 인용하자면 '부모가 자녀를 좋아하는 이유는 부모 자신을 닮아서이지만 부모가 자녀를 싫어하는 이유는 닮지 말아야 할 것도 닮았기 때문이다.'라는 말이 있듯이 열성 인자 또한 인간이 가지는 특성이다. 탄생과 죽음, 빛과 어둠, 건강과 질병, 성공과 실패, 다양과 단순, 물과 불, 땅과 하늘, 진화와 퇴화, 극복과 포기, 시작과 끝, 진행과 쉼(멈춤) 등은 서로의 연결 고리가 있듯이 우성과 열성도 서로를 보완하는 연결 고리가 있다는 것이다. 우성은 열정과 도전이지만 열성은 실패를 극복하도록 돕는 안전장치이며 경험을 쌓는 창고의 개념이라 할 수 있다. 우성은 끈기(혹사)일 수 있지만, 열성은 쉼을 통해서 다시 일할 수 있는 힘을 주며, 우성은 월등한(무한 착각) 운동 능력이지만 열성은 지나친 운동을 질병(유한신호)으로 통제하여 지나침을 제어하는 균형의 힘이 될 수 있다는 것이다. 열성의 유전 요소는 삶에 지친 사람들에게 극단적인 선택을 막을 수 있도록 생존 불안을 자극하는 안전 기제로도 활용될 수 있다. 인간을 지키는 균형은 우성과 열성이며 그리고 더 나아가서는 무의식이다. 무의식과 우성의 결합은 긍정적 효능감을(외향성) 자극하고, 무의식과 열성의 결합은 자기보호 본능을(내향성) 자극한다. 각각의 자극을 통해 인간은 균형을 지킬 수 있고 무의식 속에 담겨지고 숨겨져 있는 자기의 또 다른 재능과 능력(자아, 정체성)을 찾을 수 있다. 이러한 삶의 균형과 성숙을 위한 무의식의 탐구는 쉼에서부터 시작되고, 쉼에서(멍 때림) 창의적인 활동과 능력을 꺼낼 수 있는 것이다.

다시 말하면, 인간에게 열성은 우성의 타고난 재능과 능력의 소진을 조절하도록 실수 또는 실패를 통해 무기력과 상실로 제어해 경험으로 축적하게 하여 성장하도록 돕는 중요한 과정이다. 인간의 한계가 무한하지 않고 유한하기에 우성과 열성은 균형을 지키는 힘이며 동전의 양면과도 같은 원리를 가지고 있다. 삶의 균형, 생명 유지와 같은 우성과 열성의 기능을 담는 곳이 무한의 무의식 공간이며 개인의 균형이 사회의 균형과 자연의 균형을 만들게 된다. 인간의 삶 속에서 멈춤은 열성의 안전장치가 가동되는 것이며 멈춤을 통해 무의식 속에 있는 극복의 기제(정체성 회복과 내적 힘의 충전)를 찾기 바라는 인간의 본능적인 장치이기에 멈춤과 쉼에 대해 상실과 무기력(경쟁에서 밀림, 실패라는 인식)으로 받아들여서는 안 된다. 이러한 균형의 개념보다 현대 사회의 경쟁 개념에 치우친 부모들은 자녀들의 특별한 재능, 장점, 바른 행동과 모습에서는 '날 닮아서 애가 정말 영특하다'라고 하지만, 약점이나 단점에는 '널(배우자) 닮아서 애가 이 모양이다'라며 갈등을 키우고 있다. 또한, 질병에 대해서도 열성 인자가 많은 상대를 탓하며 원망을 쏟아내고 감정을 억압하여 종속적 존재(가스라이팅)로 만들려 한다. 인간이면 누구나 우성과 열성 인자를 가지고 있으나 지속적으로 자신의 열성, 열등의식을 감추려 상대를 탓하며 공격한다. 균형을 이해하지 못한다면 불안 환경의 아동들은 정신적으로 취약해져 정신 병력의 강박과 같은 불안을 느끼게 된다.

현대 사회 사람들은 더 많은 정보 탐색이 가능하지만, 우성, 열성, 무의식에 대한 균형의 중요성보다 열성에 대해 부정적인 열등감과 물려주거나 물려받아서는 안 되는 유전 요인이라고 생각하는 경향이 강해 열성이라는 단어에 거부 반응을 나타낸다. 부정적 자극은 강박 사고를 보이고 약점이나 단점(결점)을 대면하기 어려워하며 회피하려고 한다. 이러한 심리로 인해 부모는 성장하는 자녀들의 부족하거나 잘못된 행동을 열성적 요인으로 판단하고 질책하며, 상대 배우자에게 "너를 닮아서, 너의 부족함 때문에"라고 말하며 열성의 대상화로 낙인찍어 열등의식을 부추긴다. 이런 부모의 모습을 본 아이들은 열성에 대해서 부정적으로 인지하게 되며 자신의 약점과 단점에 대해 회피하고 외면하는 열등의식을 갖게 된다. 특히 부모의 지원에도 불구하고 기대에 미치지 못할 경우 자녀의 열성 행동에 대해 더욱 질책한다. 질책은 부정적인 열성 유전 요소를 자극하여 자기부정의 불안을 증가시켜 열등 감정을 강화하게 된다. 또한, 균형을 위한 양육의 기준을 세우지 못하면 부모는 자녀를 통해 자신의 결점을 투사하는 빈도가 많아질 것이다. 투사된 자극은 열성의 약점과 단점을 보완하기 위해 다양한 교육과 학습을 시도하며 끊임없이 우성만을 자극받아 균형을 깨뜨릴 수 있어 가정에서 양육의 기준은 중요하다. 열성을 받아들이는 균형의 훈련 방법은 자신의 약점과 단점의 부족함을 직접 대면하는 것이며, 부모 자녀가 열성적 요인을 이해하고 인정해 주는 것이다. '사실은 아빠도, 엄마도 ○○에는 자신이 없었어. ○○에 가슴이 뛰고, 도망가고 싶고, 너무 떨려 실수가 많았어, 지금도 ○○ 상황이면 힘들어'라는 공감의 대화는 '부모에게도 힘든 일이 있고, 도움이 필요한 일도 있구나!'라고 자녀가 느끼게 되며 자녀 또한 그 감정에 대해 자신이 어떻게 열성을 균형 있게 처리할 것인지, 어떤 도움이 나에게 필요할 것인지를 스스로 평가하게 된다. 균형은 나의 약점과 단점을 인정하고 약점과 단점을 보완하기 위해 다른 방법을 찾을 수 있는 회복력과 신속한 대처 능력을 갖출 수 있기에 성장을 촉진하는 매개체가 될 수 있다. 이렇게 우성은 잠정이자 약점이고, 약점이자 장점이며, 무의식은 우성과 열성의 균형을 잡아주는 힘의 원천이다.

개별화를 통한 주체성 이해하기

인간은 누구나 삶의 주체성을 갖고자 하며, 주체성은 미래지향적 사고능력을 키워 자신의 역할을 설계할 수 있는 힘이다. 자기설계는 자신을 객관화하여 미래를 위한 계획, 계획에 따른 준비, 환경과 관계에서의 원만한 상호성을 유지하고 이익을 도모하는 기준이 된다. 하지만 누구나 할 수 있는 것은 아니다. 막연하게 미래를 생각하는 사람들은 '남들도 그렇게 사는데, 사는 게 다 똑같아, 모로 가도 서울만 가면 되지'라는 생각으로 주체적 의지보다 의존적이다. 주체성은 문제에 논리적으로 접근하고자 노력하고 자기감정을 조절할 줄 알며, 적당한 선에서 타협하고 선택에서도 자유롭다. 자기 선택에 대해 책임지고 선택의 결과가 안 좋다 해도 겸허하게 받아들이며, 과정 중심에서 발생하는 다양한 변수와 경험을 중요하게 생각한다. 결과만을 강조하고 의존적이며 순리의 논리로 판단하는 사람들과는 다르게 자기 삶에 주체적이며 독립적인 삶을 선호한다.

변수를 생각하는 능력은 다양한 경험도 중요하나 창의적인 생각과 다중지능을 사용할 줄 아는 능력에서 비롯되어진다. 다중지능은 결과보다는 과정에서 겪는 시행착오를 경험하고 시행착오에 대해 수정할 줄 아는 능력이며, 다중지능을 통해 자신의 상황을 판단하여 위기를 관리하는 데 능동적인 유연성을 갖출 수 있다. 결과보다는 과정에서 얻어지는 경험이 다중지능 향상에 효과적인데 현대 사회 부모들은 자녀들의 결과만을 강조하고 있다. 결과 중심을 위해 너무 이른 나이에 부모의 반강제적 결정에 따라 영어, 수학, 과학, 코딩, 로봇 과학, 컴퓨터, 논술, 예체능 등 창의력을 위한 다중지능 학습에 내몰리고 있다. 다중지능 개발을 위한 투자는 학습에 흥미를 잃게 만든다. 학습 과정에서 점수만을 강조하게 되는 결과 중심을 선호하는 것은 암기 위주의 학습을 강요하는 것에 지나지 않아 지능 개발에 득보다는 실이 많다. 과정 중심을 통해 다중지능이 향상된 아이들을 관찰해보면, 놀이의 양(많은 장난감, 교재)보다는 질에서 만족을 느끼며 스스로 놀이의 질을 높이고자 한 개의 놀이에서도 다양성을 연구하고 체계적인 놀이를 하다가도 과감하게 창작 놀이를 만들어 낸다. 놀이를 만드는 과정에서 아이가 스스로 생각하고, 창작 활동에서도 규칙과 체계성을 만드는 것은 암기와 같은 강요와 강조에서 오는 결과 중심의 놀이와는 분명히 다르며, 자신의 놀이를 만드는 과정에서 다양한 사고능력에 자극을 주어 창작 활동을 가능하게 한 것이다. 아이들이 놀이 활동에서 갑자기 짜증을 내며 울어버리는 경우, 부모는 자녀가 스스로 하는 놀이와 활동에 어려움을 느낀다고 생각해 규칙적인 놀이를 유도하고 부모가 대신 완성품을 만들어 주는 것은 놀이 의존성을 키워주는 행동이다. 짜증을 내는 이유는 부모가 정한 놀이의 규칙을 따라 하지 못해서이며 놀이 규칙 모방에 익숙해졌기 때문이다. 규칙을 모방하는 것보다 자율적인 놀이를 하도록 유도하고 안전사고에 주의를 시킨다면 다중지능을 배울 수 있는 여건이 마련된다.

다중지능의 개발은 놀이에서 부모가 부모 주도적 놀이, 놀이 관찰자, 협력자, 지지자의 기준을 세워 단계별 접근에 따라 질이 달라진다. 놀이는 서로 기준을 세우는 과정이며 놀이 공감을 통해 상호적 관계가 형성된다. 또한, 대화가 없는 비언어적인 표현을 통해서도 지지와 관심을 보내는 긍정의 반응은 주체적 활동을 자극하고 주체성의 기초가 된다. 대화는 다중지능을 촉진하는 매개체이며 대화를 통해 놀이를 생각하는 방향과 놀이를 개선하고 수정하는 법을 배울 수 있다. 대화는 아이들의 지능 개발에 중요한 역할을 하고 놀이를 주도할 때 주체적인 활동을 하며, 성장 과정별 놀이에서 자신의 이야기를 만드는 사고능력이 향상되어 삶에 자발적인 계획을 세울 수 있는 능력을 개발할 수 있다. 이렇게 과정에서 얻어지는 경험은 놀이와 장난을 분명히 구분하며 과한 행동에서 자신을 반성하는 주체성 또한 남들보다 월등하다. 하지만 주체성을 경험하지 못한 가정에서 자녀들의 행동을 보면, 형제, 자매, 남매의 다툼과 갈등이 빈번하게 나타나는데 원인은 부모의 사랑과 관심을 독점하고자 하는 것이며 부모는 자신과 놀아 줘야 하는 대상이라고 생각하기 때문이다. 주체성을 배운 아이들은 부모의 사랑과 관심을 독점하기보다는 부모와의 신뢰 관계를 중요하게 생각하기에 개별 행동에도 자유롭고 갈등과 다툼의 원인을 만들지 않으며, 설령 다툼이 있었다고 해도 다툼에서 오는 감정을 추스르는 회복력이 좋아 상황별 대처 능력을 배우게 된다. 하지만 주체성이 부족한 아이들은 장난이 지나치며, 장난이 지나치면 괴롭힘이 된다는 사실을 이해하지 못한다. 장난으로 받아들이는 아이들은 상대(형제, 자매, 남매 등)가 장난을 받아주는 허용치, 즉 참고 받아들일 수 있는 상대의 기준과 감정을 무시하며 상대의 고통이나 분노 감정에 개의치 않는다. 주체성은 사춘기의 감정 공감 능력과도 연관되어 있어 청소년기에 다른 사람들의 감정을 공감하지 못하는 문제로 확대될 수 있다. 다툼과 갈등을 부모들은 성장하는 과정이라고 생각하며 다툼을 중재하고 서로에게 주의를 주지만, 부모가 다툼이 일어난 상황을 이해하지 못했기 때문에 중재보다는 다툼을 말리는 분리 조치라고 판단하여 갈등을 응집시키게 된다. 왜 이런 상황이 일어났는지를 묻고 장난이 지나치면 괴롭힘이 된다는 사실을 인지하도록 주의를 주는 것과 다툼의 가해와 피해를 명확하게 구분하여 서로가 감정을 공감하도록 돕는 것이 좋다. 다툼을 중재하기보다는 서로가 다툼을 평가하게 하고, 다툼에서 상대의 감정을 이해하도록 가르칠 때 상황별 대처 능력을 배우고 양보와 배려를 배울 수 있는 것이다.

양보와 배려를 이해하는 주체성을 배워 온 아이들은 관계 불안이나 갈등 불안의 감정을 처리하는 데 자신의 에너지를 과도하게 소비하지 않으며 자신과 놀아 주길 바라는 관계의 집착을 보이지 않는다. 놀아 주길 바라는 집착은 의존성이며 상대의 감정을 받아 줘야 하는 희생이 강요된 일방적인 관계이기에 관계 불안이나 갈등 불안 해소에 집중하여 자신의 에너지를 과도하게 소비하고, 상대를 자기 마음대로 조종하려는 종속 욕구를 보이기 때문에 상호성 놀이에서 발달하는 창의적인 활동과 자기 개발에 걸림돌이 된다. 관계에서 오는 갈등의 감정을 처리하는 데 자신의 에너지를 소모하지 않는 아이들은 자신의 에너지를 창의적인 활동으로 사용한다는 것이며, 관계에서 갈등이 보이면 한발 뒤로 물러나 상대에게 자신의 감정을 전달하고 서로에게 갈등의 감정을 처리할 수 있는 회복력과 관계의 규칙을 만들어 다툼보다는 이해, 양보와 배려의 상호적 관계개선을 위해 노력한다.

각기 다른 아이들의 성향을 부모가 어떻게 양육하느냐에 따라서 성인의 주체적인 독립에도 많은 영향을 미치게 된다. 아이들의 성향을 파악하지 않고 가족이라는 틀에서 똑같은 것을 주었을 때 만족하지 못하는 자녀들의 불만을 듣게 될 것이다. 상담 중 부모들은 '원가족의 부모님이 다른 형제만 편애해서 힘들었다. 그래서 우리 아이들에게 사랑을 주는 방법을 모르겠다.'라는 말을 한다. 편애로 인해 자기가 불안한 성장을 했다고 생각하는데 원가족의 부모는 '똑같은 사랑과 관심을 주었다.'라고 말하고 있다. 자녀들의 성향을 파악하지 않고 '너도 하나, 나도 하나'의 원칙에서 원가족의 부모는 자신의 역할에 충실했다고 주장하지만 받는 아이가 원하지 않는 것을 받는 것도 욕구 불만의 하나인 것을 이해하기 힘들어한다. 가족이라는 틀에서 단순하게 아이들을 바라보았기 때문에 개별화와 주체성의 욕구 불만을 이해하지 못했던 것이다. 주체성을 갖춘 성인으로 성장하도록 돕는 것은 자녀들의 성향에 맞는 만족을 주는 것부터 시작되며 이를 실천하는 가장 좋은 방법은 자녀들과 대화하는 것이다. 좋은 비료라고 해서 모든 식물에 효과를 보이지는 않는다. 식물에 맞는 비료를 줘야 좋은 열매를 맺을 수 있듯이 자녀를 키우는 것에서도 상황에 맞는 신뢰라는 비료가 필요하다.

올바른 젠더 이해하기

청년기를 거친 젠더는 이성에 대해 더욱 관심을 갖는 시기이며 이성을 배우자로서 탐색하는 시기이기도 하다. 감정적인 접근보다는 신중하게 탐색하는 시기이며 서로에게 호감을 얻고자 배려와 양보, 희생도 감수한다. 자기가 부모로부터 보고 느끼며 배운 감정들을 총동원하여 좋은 배우자를 선택하기 위해서 노력하지만, 부모들에게 배운 젠더의 학습(모델링)은 청년기의 많은 젠더들에게 크게 도움이 되지 못하고 있다. 특히 부모 갈등이 심한 가정의 자녀들은 배우자 선택에 혼란이 가중되어 탐색에 어려움을 호소한다. 탐색의 혼란을 가중시키는 부모들은 '성격이 안 좋네, 직장이 별로다, 상대 부모들 성격이나 직업이 별로다, 약해 보인다, 너무 강해 보여 싫다, 고집이 세다, 너의 엄마 또는 아빠의 성격이 보여서 싫다, 생활력이 없어 보인다, 못 배웠다, 촌스럽다.' 등 배우자 선택 기준에 젠더갈등만 부추기고 '그것 봐라, 저래서 안 돼, 너희 엄마 또는 아빠처럼 성격이 나쁘잖아, 말릴 때 헤어졌어야지.' 등으로 연결되어 결혼 후 자녀들의 젠더갈등 또한 부추기게 된다. 부모가 완벽한 삶을 살지 못해서 자녀들은 완벽한 젠더를 만나길 바라는 마음은 충분히 이해하지만 그렇다고 자녀들의 탐색과 선택을 평가 절하해서는 안 된다. 상대의 젠더를 이해하기도 전에 갈등과 불안의 밑거름을 제공하고 갈등과 불안의 원인을 상대에게 떠넘기며, 젠더갈등을 만들었던 경험의 조언과 참견은 좋은 배우자 선택에 혼란을 준다. 배우자의 탐색은 젠더에게 가장 중요한 과정이며 좋은 배우자 선택이 안전과 안정된 가정을 꾸릴 수 있는 조건이 된다. 탐색 과정에서 부모의 좋은 조언과 부모의 좋은 관계를 보고 배웠던 자녀들은 배우자 탐색과 선택에서 긍정적 영향의 효과를 발휘할 수 있지만, 그렇지 못한 자녀들은 혼란스러운 시행착오를 겪게 되고 이러한 시행착오가 배우자 탐색의 조건들로 쌓이면서 선택의 어려움을 겪게 되는 것이다.

　젠더는 남성과 여성이라는 생물학적인 구분이며 인간 생명의 근원이 된다. 성이 구분되었다는 것은 서로에 대한 역할이 있다는 것이며 그 역할을 통해 젠더는 하나의 자아와 인격이 형성되고 개별화가 완성된다는 것이다. 개별화는 자신의 역할에 따라 짝을 찾고자 하는 기초 욕구 본능을 깨우게 되며 인간의 기초 욕구는 소속감의 안정감을 원한다. 배우자, 반쪽, 동반자, 반려자 등의 단어가 주는 의미에서 느낄 수 있듯이 서로에게 의지하고 귀속되길 바라는 것이며, 부부 그리고 부모라는 의미가 된다. 옛말에 '자식은 부모 둘이 낳아서 둘이 키워야 한다.'라는 말처럼 하나의 젠더가 부모의 역할을 다할 수는 없다. 부모 역할이 자녀들의 젠더 역할을 이해하는 기준점이기에 '부', '모'가 키워야 한다는 의미일 것이다. 하지만 젠더 역할과 이해의 기준점에서 갈등과 대립을 보고 배운 젠더들은 배우자를 종속하려 하고 정신적 통제라는 사고 오류의 부정적 학습으로 상대를 제압하려는 잘못된 사고방식을 보이고 있다. 오류적 사고방식은 '자기에게 맞춰 주고, 자기만을 바라보고, 자기의 말에만 반응하고, 자신에게 온전히 최선을 다해 주길' 바라며 상대의 마음을 강요하고 정신적인 통제를 통해 종속하려는 지배욕을 보인다. 이처럼 종속의 갈등을 경험한 젠더는 비혼을 결정하는 계기가 된다. 또한, 오류적 사고방식은 결혼 생활도 위협할 수 있기에 배우자를 선택하는 기준이나 탐색하는 조건에서 좋은 영향을 받아야 하는 것이다. 상대 배우자를 억압하는 종속의 행위와 정신적인 통제는 갈등과 불안을 생산하는 원인을 제공한다. 정신적인 통제와 더불어 행동의 제압 행위로는 '와라' 하면 즉각 반응하여 와야 하고, 화가 나면 달래 줘야 하고, 데이트를 계획해야 하고, 익숙함이 아닌 설렘을 느끼게 해 줘야 하고, 항상 만남에서 행복을 느껴야 하는 등 자신의 감정들을 상대 배우자에게 강요한다. '지나가는 사람에게 눈길을 줘서 기분이 나쁘다, 아무리 바빠도 내 연락은 받아야 한다, 술을 마시지 마라, 담배 피우지 마라, 일찍 들어와라, 모임에 이성이 있으면 조심해라, 나가지 마라' 등 행동을 억압하여 종속을 유지하려 한다.

젠더를 이해하는 밑거름은 부모의 갈등과 대립에서 개별화된 자기를 구분하는 것이며, 관계에서 발생하는 자기 불안과 갈등은 스스로 처리하는 법을 터득해야 한다. 상대 또는 배우자의 젠더를 이해하고 갈등을 처리하는 방법을 공유하며 종속보다는 개별화의 자율과 신뢰로 상대를 바라볼 때 서로에게 탐색이라는 공정한 조건이 마련되어 좋은 선택을 할 수 있다. 설렘보다는 익숙함은 연인이나 가족이 되는 조건이며 서로의 주변 환경이나 가족으로부터 자신이 인정받고 있다는 의미가 된다. 신뢰는 교감을 통해서 연결되는 믿음이며, 상대의 일과 상대의 성을 이해하고 지원할 수 있을 때 좋은 배우자를 선택하는 조건이 될 것이다. 선택의 좋은 경험은 부모에서부터 시작된다는 것, 젠더의 생산적인 활동의 섹스 또한 서로에게 좋은 경험이 되도록 노력할 때 부부의 갈등과 대립은 통제 가능하며 처리할 수 있을 것이다.

성교육의 근본 이해하기

성에 대한 교육은 어떻게 접근해야 할까? 개별의 독립체가 부모의 개체가 되는 과정, 남성과 여성이 서로를 신뢰하는 믿음과 친밀한 관계에서 이루어지는 행동, 남성과 여성이라는 젠더의 역할을 알아가는 과정을 단계별로 나누어 아이를 이해시키는 것이 성교육의 기본적인 방향이 되어야 한다. 어린아이 시기일 때는 질문을 던질 때도 있지만, 초등학교가 되는 시기에는 스스로 자기감정을 탐구하며 관찰하려고 한다. 아이들이 성장하면서 이성에게 갖는 관심을 표현하면 부모는 아이에게 관심을 두고 이성과 좋은 관계를 맺어 갈 수 있도록 지도를 시작해야 한다. 부모가 관심을 두지 않으면 스스로 성적 욕구를 탐구하게 된다. 인간의 연애 감정에서 이성을 보기만 해도 좋은 감정, 서로가 서로를 위해 애정을 쏟으며 행복을 느꼈던 감정들은 젠더가 가지는 성 정체성의 특징이며 고유성이다. 친숙할수록 성의 접촉을 많이 시도하는 것은 친밀감을 표현하기 위해 서로의 성을 허락하는 것이다. 만약에 행복과 사랑이 전제되지 않는다면 서로가 성을 허락할 수 있을까? 기초적인 행복감이 바탕이 될 때 상대의 젠더를 바라보는 관대함과 배려심이 생기는 것이다. 부모의 젠더가 이러한 행복감을 가질 때 자녀들은 자녀로서 젠더의 위치에서 이성과 교감하고 부모의 행복과 사랑을 닮아 가며 관계에서도 배려와 책임감을 갖게 되는 것이다. 이성과의 관계에 만족도가 높을수록 자녀들의 삶에 대한 표현 방식은 풍부하며 풍족해지는데도 부모는 부모 자신들의 젠더갈등으로 인해 자녀의 성교육에 대한 계획을 실천하지 못하고 있다.

 부모의 젠더가 서로에게 관대함과 책임감, 배려심이 없으면 부모의 갈등과 불안한 환경에 자녀들은 지배당하게 되어 더욱 집착하고 찡얼대며, 의존적이고 사회성도 부족해진다. 반면 부모가 자기의 불안과 자녀의 불안을 분리하고, 부부의 책임감과 배려심을 보이면 자녀들이 성장하면서 '나도 아이를 낳으면 엄마는 할머니가 되고 아빠는 할아버지가 되네.'라는 표현으로 단순하게 상황을 바라보고 순수한 젠더를 배우며 '엄마 아빠의 시간을 방해하지 말고 우리끼리 놀자.' 등의 부모를 배려하는 모습을 보인다. 아이는 부모에게 긍정적인 모습으로 접근하고, 부모와의 관계에서 스스로 사랑받음을 인식하며 독립체로서 성장해 나간다.

올바른 경제관념 이해하기

 현대 사회는 재산 증식도 중요하지만, 재산을 효과적으로 지키는 힘이 필요한 시대가 되었다. '돈을 많이 버는데도 남는 것이 없다.'는 사람들은 돈을 사용하는 방법을 모르기 때문이다. 버는 만큼 쓰는 사람들은 부모로부터 돈을 효과적으로 사용하고 분산하는 방법을 배우지 못했다는 증거이기도 하다. 돈과 재산은 채울 수 없는 욕구를 반영하기도 하나 인간의 최소한 존엄적인 가치를 위해서 돈과 재산은 절대적인 조건이 되었고, 불안한 사회에서 믿는 것은 자신과 가족보다는 돈과 재산이 되어 버렸다. 이러한 사회 구조 속에서 돈과 재산 없이 살아간다는 것은 죽기보다 더한 고통의 연속이며 위험한 모험이 되었다. 가난을 고통으로 규정한 부모들은 빈곤의 불안을 자녀들에게 물려주지 않기 위해 조기부터 교육을 지원하고 결혼 자금과 부동산 구입 자금, 사업 자금 그리고 조금의 유산이라도 남겨 주려 보험과 주식에 투자하며 성장한 자녀들에게 지원을 아끼지 않는다. 그렇지 못한 부모들은 상실감과 박탈감을 느끼며 사회 구조를 원망하고 살아간다. 원망은 돈과 재산 있는 사람들에게 향하고 적대감을 보이기도 하며, 부정적인 돈과 재산이라는 누명의 프레임에 가두어 자기를 위로하고자 하지만 열등의식에 의한 자기방어의 감정 표현이다. 돈과 재산이 있는 사람들, 즉 성공하거나 잘 사는 사람들은 자신과 가족을 위해 불안을 조절하고 통제하며 삶을 계획하고 주도적으로 살기 위해서 노력한 반면에 대중의 평가는 인색하다. 유혹과 힘든 과정을 견디며 자신과 가족의 미래를 대비하기 위한 노력을 독한 사람들로 표현하거나 수단과 방법을 가리지 않고 성공했다고 비판한다. 반면 체면과 치장, 관계 유지를 위한 각종 모임, 자기 관리에 집중하고 '벌어봐야 서민'이라는 사회적 불평등에 반감 심리를 보이며 벌어들이는 소득에 비해 과도하게 지출한다. 소비 홍보에 자극을 조절하지 못하고 명품을 선호하며 먹고 즐기는 데 시간과 돈을 낭비한다. 탕진에 대한 후회는 반복되지만 노력하지 않는다. 반복되는 과소비는 수요와 공급의 법칙에 의해 수요가 많아 공급의 단가를 올리는 데 영향을 미치며 돈의 가치 하락을 가져오게 된다. 돈의 가치 하락의 원인을 돈을 쥐고 있는 사람들이라는 비판적 사고를 주도한다. 또한, 돈을 모으지 못하는 사람들은 다른 사람들의 돈의 가치를 우습게 생각하며 돈을 빌리는 것도 대수롭지 않게 생각한다.

경제관념은 어려서부터 가르쳐야 하며 가장 모범적인 방법은 부모의 경제관념을 보고 자라는 것이다. 용돈을 주는 방식으로 설명하자면, 자녀들이 돈이 필요할 때마다 또는 매일 요구하는 용돈을 주는 부모가 있는 반면에 용돈을 일주일 단위나 월 단위로 환산해서 주는 부모가 있다. 용돈을 줄 때 조건을 걸고 주는 부모, 이벤트에 따라 용돈을 주는 부모, 고정적인 용돈을 주며 가정에서의 역할을 하나씩 가르치는 부모들이 있다. 여러분은 어떻게 자녀들에게 용돈을 주고 있는지 생각해 보자. 성장 시기에 따라서 용돈을 주는 방식은 달라질 수 있지만, 필요한 만큼 또는 요구하는 하루치의 용돈을 받는 아이들은 충동적인 구매를 자주 하는 편이다. 어차피 내일 또 받을 수 있는 용돈이라고 생각하기에 오늘 받은 용돈은 오늘 다 써야 한다고 생각한다. 언제든 자기가 원하면 받을 수 있는 용돈의 개념은 욕구에 의한 즉각적 반응으로 조절 능력을 떨어뜨리고 충동성을 참지 못하게 자극하는 것과 같다. 일주일 단위나 월 단위로 용돈을 받는 아이들은 초기에는 필요한 만큼 받는 아이들과 같은 행동을 보이다가도 용돈을 받아야 할 시기를 이해하고 지출을 구분하여 스스로 조절 능력을 키우게 된다. 소비심리에 자극받지 않고 자기 욕구를 구분하여 욕구의 우선순위를 결정하며 기다릴 줄 아는 아이로 성장한다는 것이다. 또한, 자신들이 스스로 용돈을 관리하면서 돈을 가치 있게 사용할 줄 알고 작은 용돈을 모아 부모를 위한 이벤트를 준비하기도 한다. 스스로 결정하고 결과를 위해 준비와 계획을 하는 행동은 성취감과 자신감을 줄 수 있는 좋은 교육 방향이 된다. 가치 있게 용돈을 사용하는 법을 알면 저축의 의미를 알아가는 것이며, 자신이 사용해야 할 것, 자신의 욕구 반영을 위한 것, 부모나 관계에서의 이벤트를 위해 사용해야 하는 것 등을 구분하도록 지도하는 것은 중요한 경제관념을 배우는 과정이다. 이러한 작은 실천과정에서 자신을 지키는 힘을 기르고 자기 절제와 자기만족을 배우게 된다.

현대 사회에서 부의 축적은 불안을 이겨낼 수 있고 자기와 가족의 생존, 안정, 안전 등에서 많은 부분을 차지하고 있다. 부의 축적은 부동산에서부터 시작되고 곡물, 화폐, 보석, 금속, 예술품, 주식 등으로 이동하나 부동의 자산인 부동산의 가치 기준은 안전과 안정된 삶의 욕구를 반영할 수 있는 가장 중요한 생존의 수단이기 때문에 현대까지도 부동산은 자산에서 많은 비중을 차지하고 있다. 부동산의 가치는 후대에게 유산으로 상속이 가능하고 사라지지 않는 고유성을 지니고 있어 재산을 형성하는 데 기초가 된다. 과거의 부동산(땅)은 생존과 번영의 기회와 가능성을 주었고 사회 진출의 발판이 되었다. 또한, 과거 계급사회는 부동산의 소유에 따라 권력이 결정되고 신분의 변화를 가져올 수 있어 소유에 대한 욕구는 집착의 불안으로 자극받게 되었다. 현대 사회도 부동산의 가치 기준은 과거와 별반 다르지 않다. 다만 부동산의 가치 기준이 현금화로 교환이 가능하고 도시설계와 인구 밀집에 따라 자산의 가치 기준이 변하고 있으며, 이러한 부동의 재산이 자산의 이동에 유리한 밑거름이 되고 있어 다양한 자산의 확보가 가능해졌다.

부동 자산은 유형의 가치를 창조할 수 있기에 재산을 자녀들에게 물려주고 싶은 마음은 인간의 당연한 특성이라고 할 것이다. 하지만 재산을 물려만 주고 지키는 힘을 가르치지 않는다면, 즉 경제적인 불안을 가르치지 않는다면 재산의 가치는 흥청망청, 탕진, 유혹, 사기 등을 구분하지 못하는 변별성을 갖추지 못할 것이다. 현대 사회의 부모들은 자녀들에게 재정적인 불안을 가르치지 않는다. 용돈도 스스로 관리하기보다는 필요한 만큼, 원할 때 언제든, 또는 부모의 감정에 따라서 제공한다. 다른 사람들에게 받은 용돈도 자녀들이 알아서 사용하도록 하고 돈을 어떻게 사용했는지 용도를 관리하지 않는다. 부모 자신의 재산을 사용하는 데 있어 체계적이지 못해 재화에 관련한 투자 또한 스스로 평가하지 못하고 다른 사람의 정보에 의존하며 투자를 결정한다. 재산 증식과 재정의 안정을 위한 투자인데 실패가 반복되어도 좋은 안목을 위한 경험이라고 생각한다. 특히 이러한 부모들은 자녀들이 성장과 독립 상태에서도 자녀들의 생활까지 책임지려는 부모들이 많다는 것이며 경제공동체로 서로 의존하길 바란다. 경제공동체로 불안을 해소하고자 공동체를 형성하여 자녀들의 성장과 경제관념을 방해하고 있다. 돈의 가치를 배우지 못한 자녀들은 독립하고자 하는 의지가 부족하고 부모에게 의존적이며, 쓰고 싶은 만큼 쓰던 습관을 버리지 못해 상대적으로 자신의 가치를 높이 평가한다. 또한, 월정액을 받는 사회생활과 관계에서 만족을 느끼지 못하고 끈기가 부족하다. 자녀들의 불안을 부모가 끌어안고 있다 보니 자신의 불안을 느끼지 못하고 불만과 불만족의 기초 욕구가 자극받는다. 부모가 자신들을 끝까지 책임져 주길 바라기 때문에 불안 경험이 부족하고 막상 자신의 불안을 직접 경험하게 되면 불안을 이겨내지 못한다.

의존도가 높은 아이들은 풍족하게 학령기를 보냈어도 왜곡된 평가를 통해 '다른 사람들과 비교하면 부족했다'라고 말하며 지원을 당연한 부모의 역할이라고 생각한다. 왜곡된 심리는 취업과 창업에 대한 지원을 당연하게 원하고 결혼 준비와 가정을 꾸릴 수 있도록 지원을 원한다. 오직 자신의 감정이 중요하고 자신만이 소중한 사람이며 사회와 관계로부터 보호받아야 할 존재라고 판단한다. 자만심과 특권이라는 생각이 부모를 발판 삼아 편히 살고자 하는 욕망을 부추기며 부모를 지배하려는 부정적 욕구가 자극되어 부모가 자녀를 부양하는 사회문제로 확대되고 있다. '나만 편하면 그만, 내가 제일 소중해, 내가 하고 싶은 건 다 해야 해' 등의 잘못된 자기중심적 사고를 하며 사회를 비판하고 사회 진출을 거부하는 세대가 되었다. 이렇게 의존적인 자녀들의 삶은 부모가 노인이 되어서도 독립을 하지 못하며 자녀들은 상속에 의존하고 부모들은 재산을 물려주는 것을 당연하게 생각한다. 경쟁하지 않았고 조급함으로 욕구를 채웠으며 돈의 가치를 가르치지 않아 자기 욕구만을 좇다 보니 유혹에도 쉽게 빠져든다. 사회에 비판적이며 자신의 마음에 들지 않으면 거부하는 세대들은 도덕적이지 않고 자기만족만을 좇으며 의존적인 삶을 살아간다. 자기의 잘못에도 머리를 숙일 줄 모르며 사람의 생명을 돈으로 환산하여 '보상하면 그만'이라는 왜곡된 심리가 사람들을 위협하고 있다.

위험한 사회, 위협적인 존재들을 경계하기 위해서는 가정에서 부모 역할이 가장 중요하다. 부모의 불안과 자녀들의 불안을 구분하고 경험하게 하여 사회 불안을 이해할 수 있도록 지도하여야 하며 돈의 가치를 가르쳐야 한다. 돈의 힘과 가치 그리고 관리할 줄 알 때 자본에 현혹되지 않고, 현대 사회에서 자신의 역할에 맞는 능력을 개발하여 안정을 추구하는 삶을 살 수 있다. 부모는 재산을 형성하는 데 윤리적이고 도덕적인 접근이 필요하다. 보험사기, 과도한 보상 요구, 억지와 분노로 얻어진 현물, 분실물 습득 등과 같은 불법과 위법, 수단과 방법을 가리지 않은 재산 취득의 과정을 자녀들에게 가르치지 말자. 또한, 무조건적인 지원보다는 조건이 있는 지원(계획성)을 통해 다양한 경험을 할 수 있도록 하며, 전부보다는 일부의 지원으로 경제관념을 가르쳐야 의존적인 자만심과 특권 의식을 최소화할 수 있을 것이다. 자신의 삶에서 주도적이지 못하면 아무리 많은 재산을 물려줘도 지키는 힘이 없어 금세 탕진할 것이다. 남에게 속아서 탕진하는 것도 있지만 가족에게 빼앗기는 탕진도 발생한다. 경제관념을 가르쳐야 자본을 이해하고 돈을 효과적으로 사용할 줄 알며, 욕구의 불만족보다는 상황의 만족을 느끼고 스스로 독립된 삶을 준비할 수 있다.

환경 적응능력 이해하기

아이들의 성장발달은 많은 원칙과 관계를 요구하는 사회의 진입이다. 아이들은 처음에는 단순한 놀이를 시작으로 스스로 복잡한 놀이를 시도하고 놀이의 관계성을 확장하며 환경에 점차 적응하는 능력이 발달한다. 놀이를 통한 환경 적응능력은 자기중심에서 놀이의 대상이 필요한 관계 중심으로 발전하며, 놀이의 풍부함이 관계 중심일 때 더욱 즐겁다는 것을 깨닫게 된다. 자녀들이 부모를 놀이에 참여시키는 이유는 즐겁기 때문이며 관계를 확장하고 싶은 욕구가 반영되었기 때문이다. 하지만 관계에서는 분명 갈등이 존재하고 성장하면서 다양한 기초 선의 규칙을 통해 환경과 관계를 경험하게 된다, 새로운 환경에 적응하기 위해 아이들은 불안과 긴장, 두려움의 감정을 느끼게 되고 다양하고 깊이 있는 감정을 이해하는 다양성을 배우게 되며 갈등을 처리하는 방법도 배우게 된다. 또한, 갈등 관계를 처리하고 회복하는 방법을 배우면서 아이들은 점차 사회성이 발달한다. 관계를 통해서 다양한 의사소통을 배울 수 있고, 아이들 서로가 좋은 것과 나쁜 것에 대해 자극받으며 변별력이 향상되는 효과도 나타난다. 좋은 것을 따라 하는 긍정 모델링도 있지만 좋지 않은 것을 따라 하는 부정 모델링도 있으며 이때 행동과 태도를 바로 잡는 과정에서 변별 능력, 즉 도덕성을 배우게 된다.

관계는 다양해지고 복잡한 과정을 거치지만 관계의 복잡함 속에서도 아이들은 경험한 감정을 통해 관계의 기준을 만들고, 허용치 또는 수용치의 갈등 처리 한계점을 설정하고 자신의 기준을 만들어 간다. 관계에서 오는 갈등을 처리하는 회복 능력도 발달하게 된다. 그렇지만 부모들은 관계 확장을 위한 놀이에서 자녀들이 겪어야 하는 갈등을 견디지 못하고 자신의 갈등으로 만든다. 관계에서 오는 위험 요소, 갈등, 마찰, 다툼 등을 일방적인 부모 기준의 관점에서 바라보기 때문에 자신의 자녀들보다는 다른 아이들이 우리 아이를 방해하고 있다고 생각한다. 관계에서 아이들이 경험해야 하는 것, 감정을 처리하는 법을 배워야 하는 기회를 부모가 가로막고 있어 환경 적응을 부모가 방해하고 편향적인 조언을 통해 갈등을 부추기고 있다. 다른 아이들로 인해 문제가 발생했다면, 자신의 자녀를 문제의 장소와 관계에서 분리시켜 줘야 하며 부모는 당장 화가 나지만 아이 스스로 관계와 감정을 처리할 수 있는 조언을 해주어야 한다. 건강한 정서를 가진 아이들은 부모로부터 자신이 신뢰받고 있다는 것을 알기 때문에 행동에도 조심스럽고 상대를 탐색하며 탐색된 결과를 가지고 관계의 기준을 설정한다. 일방적이며 수용적인 관계에서도 상대 또는 자신에게 맞는 역할을 찾고 지지와 격려를 통해 소통과 협력 관계로 전환하여 이끄는 힘이 있으며, 서로에게 긍정 자극을 주어 좋은 관계를 형성하는 능력이 뛰어나다. 어린 시절 좋은 관계를 경험하고 서로에게 도움이 되었던 친구들이 평생 친구가 되는 것을 보면 처음 관계 맺음이 중요하다는 것을 알 수 있다.

이처럼 좋은 관계를 만들기 위해서는 탐색도, 새로운 환경에 적응하는 법도 자녀들 스스로 경험하게 해야 한다. 환경에 적응할 때 생기는 불안과 긴장감, 어색함, 혼란스러움 등의 다양한 감정 경험도 자녀들의 몫이지 부모의 몫이 되어서는 안 되는 것이다. 감정의 경험은 초등학교, 중학교, 고등학교 시기에 새로운 환경에 적응하는 능력을 향상시켜 관계망이 넓어지고 자신의 또 다른 모습과 능력 등 재능을 찾을 수 있으며, 재능에 맞는 정보의 탐색과 학습을 시작하는 시기이기도 하다. 사회로의 진입을 위해 다양한 욕구를 반영할 수 있는 준비 과정은 성장통과 같은 어려움이 따르지만, 누구나 거쳐야 하는 과정이며 누가 대신해 줄 수 없는 성장통이기에 아이들이 환경에 적응하고 관계를 할 수 있도록 격려와 지지, 관심과 조언자로서의 부모 역할이 중요하다. 하지만 현대 사회의 부모들은 자녀들이 겪어야 하는 부정경험의 감정을 차단하려 한다. 부모가 아파하고, 부모가 속상해하고, 어쩔 줄 모르는 모습을 보여주며 대신 불안과 두려움을 겪으려 한다. 자녀들이 겪어야 할 몫을 부모의 몫으로 처리하면서 의존성을 자극하게 된다. 병원에서 진료받는 동안 거세게 우는 아이를 자주 볼 수 있다. 거세게 우는 아이의 부모는 의사의 진료 행위에 대해 '우리 아가 누가 그랬어, 때찌할까? 때찌때찌'라고 말하는 것을 볼 수 있을 것이다. 현재 아이의 아픔과 경험에 대해서 '주사는 아픈 거야, 아프면 울어도 돼, 우리 아기 아프지 말라고 주사를 놓을 거야' 등으로 그 감정 그대로 표현해 주는 것이 아이를 진정시키는 데 효과적이다. 부모들이 지금 당장 아이를 달래기 위해서 하는 말과 행동은 아이에게 아픔을 주는 것이 물리적인 다른 사람의 행위라는 오해와 착각의 감정을 갖게 한다. 이런 부정적인 경험을 한 아이들은 어떤 행동을 보일까? 병원에 가자는 말을 하면 뒤집어지고 눈물 콧물 다 흘리며 거부하게 될 것이다. 또한, 키즈카페, 공공장소와 같은 공간에서 규칙이 없는 행동, 대중을 압도하는 산만함으로 자기중심적 욕구를 강하게 표현하며 관계에서나 환경에서 적응하는 데 어려움을 겪게 될 것이다. 원칙 속에서 아이들의 안전은 확보된다.

원칙을 지킬 수 있는 아이가 관계나 환경에서도 좋은 경험을 할 수 있으며 좋은 경험은 아이들의 자신감과 성취감을 느끼도록 할 것이다. 좋은 경험이 바탕이 되고 부정적인 경험에서 얻어지는 결과를 통해 새로운 환경의 불안과 두려움에 맞설 수 있는 긍정적인 에너지가 만들어진다.

환경을 적응하는 과정의 성장통은 사회에서 자신의 역할을 찾는 데 많은 영향을 미치며 이해관계를 구분하고 환경에 맞는 역량을 발휘할 수 있어 성공과 정착에도 영향을 미치게 된다. 또한, 사회 원칙을 준수하며 위계질서, 규칙에서도 노련한 대응 능력을 보이고 사회 구조의 관계망을 이용하여 자신의 성장 욕구를 실천하는 이해력이 좋다. 성장통은 환경에 적응하고 관계를 유지하며 사회에서의 역할과 자신의 역량을 이해하는 기초 교육이며 기초 교육을 통한 사회 교육은 복잡한 사회에 진입하기 위해 자신의 기능을 고도화하는 성공과 성장 욕구를 반영하게 될 것이다. 성공과 성장 욕구는 삶의 질을 결정하고 삶의 만족을 좌우하는 열쇠가 되기에 자신의 기능을 확대하기 위해 노력해야 한다. 성공과 성장 욕구, 관계의 확대는 어린 시절 경험적 탐색의 관계 맺기와 환경 적응능력에서 결정된다고 해도 과언이 아닐 것이다.

학습과 놀이 구분하기

자녀들의 놀이 불안은 놀이 집착에서 형성된다. 놀아 줘야만 하고, 놀아 달라고 떼를 쓰고, 한시도 가만있지 못하는 등 수없이 많은 요구가 반복되면서 부모들은 자녀들에게 무엇인가를 해 줘야 한다는 강박에서 벗어나지 못한다. 부모가 자녀들과 놀아줄 때 다양한 경험을 하며 자녀들의 지능이 향상된다고 믿기 때문이다. 어떻게 놀아 줘야 효과적인지 고민하고 효과를 높이기 위해 다양성을 표방하며 놀이가 점차 학습으로 변질되어 가는 것을 볼 수 있다. 놀이는 놀이, 학습은 학습으로 구분해야 한다. 시청각을 통해 학습을 위장한 놀이는 아이들의 뇌를 쉴 수 없게 자극만 주는 것이어서 자칫 학습의 무기력증을 만들 수 있다. 또한, 부모의 강박은 다양한, 새로운, 다채로운 놀이와 학습과 여행의 경험을 통해 아이가 행복해하며 지능 개발에도 도움을 받을 수 있을 것이라는 생각으로 계획하고 실행한다. 무엇인가를 해야 하는 강박은 부모 자신들을 힘들게 하는 과정일 뿐 서로에게 전혀 도움이 되지 않는다. 아이의 지루함 해소를 위해 준비된 것들이 부모가 자녀들이 지루해하는 것을 참지 못하고 부모 또한 자신의 지루함을 이겨내지 못하기 때문이 아닐까? 이러한 행동에서의 만족은 누구의 만족일까? 아이가 즐거워하고 아이의 행복한 표정을 보고 기쁘다고 생각하는 것은 누구의 관점에서 평가되었는가? 부모는 '오늘 재미있었지?, 뭐가 제일 좋았어?'라며 질문하고 '진짜 재미있었어, 또 오자!'라는 자녀의 말을 듣고 싶어 한다. 자녀가 긍정적인 반응을 보이면 부모는 자신의 결정에 만족해하며 자녀와의 관계에서 힘듦을 위로받는다. 다양한, 새로운, 다채로움의 놀이와 학습과 여행을 경험의 풍부함으로 오해한다.

아이는 부모와 함께 있는 것만으로도 좋은데, 무엇이든 해 줘야 하는 존재로 보고 있는 것은 부모의 생각이라는 것이다. 자녀의 놀이가 점차 확대되기 시작하면 부모는 시청각을 통한 놀이와 학습으로 놀이 문화를 발전시키고 놀이와 지능 개발에 좋은 선택임을 강조하며 더 좋은 것을 주기 위해 다양한 놀이와 학습을 진행한다. 특별한 아이로 만들기 위해서 놀이가 점차 학습으로, 학습은 강요가 되어 놀이의 흥미를 떨어뜨리는 역기능을 부추기고 있다. 특별하게 키우고 싶은 욕구는 누구의 욕구인가? 누가 원하는 것인가? 점차 아이의 욕구보다는 부모의 욕구가 반영되는 특별함은 더 이상 특별함이 될 수 없다. 특별한 아이들은 부모가 원하지 않아도 특별한 재능을 발휘하지만, 특별하다고 해서 아이에게 쉼과 멈춤을 주지 않으면 싫증을 느끼거나 학습을 기피하는 무기력을 부추기게 된다. 현대 사회는 특별함을 스포츠 종목에서 찾는 부모들도 있는데 이 특별함을 위해 지루함을 이기지 못하는 산만한 아이를 에너지가 넘치는 아이로 오해하는 것은 아닌지를 깊이 있게 고민해 봐야 한다. 매년 물놀이, 놀이공원, 여행, 캠프, 박물관 등 경험이 필요한 것도 있지만 매번, 매년, 시즌 동안 놀이를 습관화하고 정형화하는 것은 놀이 확장에 도움이 되지 않는다. 무기력하고, 수동적이고, 참을성이 없는 아이가 될 수 있으며 부모 또한 성과에 미치지 못하는 아이에게 실망을 느낄 수 있다.

놀이의 풍부함, 놀이의 확장은 정형화된 놀이의 규칙과 원칙을 지키는 것에서는 생겨나지 않는다. 부모와 자녀가 한 공간에 같이 있는 것도 중요하지만, 아이가 놀이를 스스로 할 수 있도록 생각하는 놀이 자극이 필요하다는 것이다. 가령 퍼즐 놀이에서 아이들이 맞추는 것을 관찰하여 연결되는 지점에 퍼즐을 놔주고 스스로 해결할 수 있도록 기다려 주면서 퍼즐의 수를 늘려 가면 아이는 퍼즐 놀이에서 즐거움과 퍼즐을 맞추는 법을 터득한다. 블록에서도 같은 방식으로 놀이를 기다려 주면 정형화된 블록의 모양이 아닌 다른 모양을 만드는 창의적인 활동으로 확장되어 다른 놀이에서도 경험을 발휘할 수 있다. 생각하는 놀이, 놀이를 통해 성취감을 느끼고 놀이와 학습을 구분하면 아이들은 놀이를 집착하기보다 생산적인 놀이를 하고 놀이에 불안이나 집착이 점차 줄어드는 효과를 볼 수 있다. 색칠 놀이, 물감 놀이, 자연 놀이를 통해 색채감을 가지는 아이들은 사물을 보는 관찰력이나 표현하는 다양성을 가질 수 있으며, 부모가 놀이 방법을 찾아주고 관찰과 탐색하는 법을 알려주면 다양한 놀이와 다양한 의사 표현을 습득하게 될 것이다. 가끔은 충동성을 참지 못해 놀이에 집착하는 경우를 보이는데, 그때마다 아이를 안아 주고 쉴 수 있도록 교감한다면 놀이에서 지친 자신을 표현하게 되고 놀이를 멈춰야 하는 순간을 알게 된다. 놀이의 즐거움과 쉼을 아는 아이들은 하나의 놀이에서도 집중력을 발휘하고 놀이에서 무엇을 해야 하는지 순서를 알며 놀이의 다양성과 자율성을 보인다. 저학년의 경우 학습에서는 뒤처진 듯 보이지만 놀이에 자율적인 아이들은 학습의 자율성도 보이면서 스스로 학습하는 습관을 갖게 될 것이다. 자율적인 놀이의 힘은 성장하면서 고학년의 정형화된 학습에서도 쉽게 적응할 수 있다.

단순한 놀이가 지능발달을 위해 놀이 학습으로 위장되어 학습의 강요로 이어진다. 아직 말도 서툰 자녀들에게 영어책과 영어 놀이 교육의 시청각을 시작한다. 2개 국어, 3개 국어를 구사하길 바라는 부모의 마음은 충분히 이해하지만 아이는 점차 흥미를 잃어갈 것이고 학습의 역효과는 다른 곳까지 부정적인 영향으로 나타나게 된다. 아이가 원해서 한 행동들이 부모의 강요로 이어지면 아이는 감정을 숨기거나 짜증과 싫증, 분노, 무기력 등으로 표현될 것이다. 많은 특별한 아이들이 조기 교육이라는 허울 속에 희생되고 있다. '놀아 달라고 온종일 떼쓰는 아이가 힘들어서, 나는 에너지가 없어서, 남들보다 뒤처질까 봐, 여유가 되니 좋은 것을 주고 싶어서' 등은 부모들의 감정이며 조급함에서 비롯되어진 것이다. 아이들의 놀이를 너무 확대해석하지 말고 지루함도 하나의 놀이로 인식하며 뇌를 쉴 수 있도록 조절하는 법을 가르쳐야 지능 개발에 좋은 영향을 줄 수 있을 것이다.

놀이 대화 이해하기

심리치료에서 놀이는 아이들의 언어이며 의사소통의 수단이라고 한다. 놀이는 아이들이 현재 어떤 감정과 어려움을 느끼고 있는지를 파악할 수 있으며 감정과 어려움의 원인을 찾는 데 기초가 된다. 또한, 놀이를 통해 가족이나 관계, 학교생활에서 느꼈던 어려움이나 감정들을 정화시키고, 자신의 사고를 재정립하며 충전하는 자기 치유의 효과가 있다. 특히 어린 아이들은 환경에 적응하고 다양한 관계를 배우며 원칙과 규칙을 준수하는 사회성을 배워야 하는 시기가 빨라졌다. 여기에서 놀이는 자신을 보호하고 안정감을 찾기 위한 중요한 역할을 한다. 즉, 놀이의 힘은 안전한 공간에서 자신을 치유하기 위한 수단이며, 자신이 관계에서 느꼈던 부족한 것들을 위로받고 채우기 위한 수단이 된다. 아이들의 놀이는 스스로 자신을 돌보려는 욕구와 갈등, 스트레스를 해소하기 위한 본능적인 행동이다.

더 나아가서 놀이의 힘은 순차적인 놀이 과정을 통해 놀이를 계획하고 창작 활동에 도움을 주며 자기를 스스로 설계할 수 있는 원천이 된다. 자기설계는 보통 10세 이후에 뚜렷해진다. 아이들에게 자기설계는 숙제의 책임성을 배우고 사회규범을 지키며 성장하면서 사회에서 자신이 어떤 역할을 해야 하는지를 알아가는 준비과정이다. 자기설계가 좋은 아이들은 다른 아이들에 비해 행동과 태도가 모범적이며 학교에서나 가정에서 자기의 일을 스스로 계획하고 실행할 수 있다. 누가 시키지 않아도 숙제를 마치고, 책을 읽고, 놀이의 시간을 정하고, 정리 정돈을 하는 좋은 습관을 가지며 자녀로서 역할을 이해하고 부모를 돕고자 하는 적극적인 행동을 보인다. 그리고 명확한 목표를 가지는데 막연하게 자신의 꿈을 이야기하지 않고 순차적인 계획을 통해 세분화하여 실행한다. 순차적인 접근방법의 예를 들면, 물레가 무슨 원리로 돌아가는지, 물레가 돌아가면서 물을 순환시키고 돌아가는 힘으로 마찰력이 생기며 마찰은 전기 반응을 일으켜 전기를 생산하는 원리를 배우고 이해한다. 물레를 통해 과학의 원리를 이해하는 것은 원형의 톱니바퀴가 수많은 동작 원리의 기본이 되었기 때문이다. 이렇게 기초를 이해하는 식으로 세분화하여 접근하는 과정이 성장하면서 목표설정에 많은 도움을 주며 무엇을 할 것인지, 목표에 어떻게 접근할 것인지의 사고력을 증진시킨다.

    자기설계는 놀이의 힘에서 생겨난다. 부모는 놀이에 최소한의 개입만을 하며 놀이를 통해서 보이는 자녀들의 언어와 감정에 집중하고, 어려움이나 불안이 있는지를 파악해야 한다. 놀이에서 교감을 통해 대화를 유도하고 갈등을 처리하도록 돕는 것이 부모의 중요한 역할이다. 가정에 돌아오면 자녀가 무슨 일이 있었는지 질문하는 것보다 자녀가 느끼고 있지만 자기 언어로 전달하기 어려운 감정들을 행동이나 놀이를 통해 관찰하고 감정을 정리할 수 있도록 도움을 주어야지, 적극적인 문제 해결사로 나서는 것은 좋지 않다. 문제 해결사의 부모 역할은 자녀가 느끼는 감정과 어려움 그리고 불안을 스스로 처리하는 것을 방해하며 놀이를 통해서도 자녀의 감정과 어려움을 보지 못한다. 당장 우리 아이의 힘든 감정을 제거해 주려는 시도는 자기 치유 능력을 상실하게 하고 의존성을 길러 주는 것이며, 놀이의 질 또한 점차 낮아지게 된다. 놀이의 질보다 양에 집착하는 아이들은 양적 감정, 즉 부모와 함께하는 시간을 중요하게 생각하며 부모에게 집착하고 놀잇감을 던지거나 한 가지 놀이에 집중하지 못해 여러 가지 놀잇감을 바닥에 어지럽게 놓는다. 어느 때는 노는 것인지 짜증을 내는 것인지를 구분하기 힘들 정도이고 어느 때는 놀이에 무기력함을 보인다. 자신의 감정을 표현하지 못해 관계나 환경에서 느낀 갈등을 놀잇감을 통해 보상받고자 하며 대화의 방식도 일방적으로(일인칭) 전달한다. 보통 놀이의 질이 좋은 아이들은 스스로 놀이를 통해 감정을 회복하고 난 후 부모에게 학교생활에서 있었던 일을(이인칭 또는 다 인칭) 이야기하며 정확하게 상황을 인지하고 표현한다.

성장하면서 풍부한 놀이의 힘은 아이들을 지탱해 주는 중심이며 자기설계의 기준이 되고 보호받을 수 있는 울타리와 다시 시작할 수 있는 힘의 원천이 될 것이다.

애착 불안 이해하기

맞벌이 부모들은 생계를 위해, 홑벌이 부모는 육아에서 지친 자기를 추스르고 자신만의 여유로움을 찾고자 영아(4개월부터)를 위탁 시설에 보낸다. 너무 이른 나이에 어린이집 또는 돌봄에 맡겨지는 아이들은 부모와 충분한 교감이 형성되기도 전에 다른 환경에 적응해야 하는 불안을 경험한다. 생계와 여유로움을 위한 선택이 아이에게는 불안을 키울 수 있으나 다른 한편으로는 사회성을 위해 위탁 시설에 보내야 한다는 의견도 많다. 사회성은 아이들마다 각기 다르게 나타나는데 중요한 것은 부모와 충분한 안정교감의 욕구가 충족되고 아이들이 자기 의사를 표현할 수 있을 때 돌봄 시설에 보내는 것이 좋다. 이른 나이 자기 경험이 부족한 아이들의 불안정화는 분리불안, 애착 불안, 환경 적응 불안을 촉진시킬 수 있어 주의가 필요하다. 편안한 등·하원을 위해 아이에게 주어지는 보상은 적응력 향상보다는 집착을 강화시킬 수 있고, 집착은 보상 심리를 자극하여 물질을 요구하는 이기심을 갖게 될 수 있다.

안정교감을 위해 주변 가족의 도움을 받는 가정도 있지만, 애착 안정은 오롯이 부모와의 교감에서 형성된다. 양육 환경의 변화는 안정교감이나 적응력을 향상시키는 것이 아닌 불안의 강화 즉, 무뎌짐의 불안을 강화시켜 부모와의 신뢰 관계보다는 회의감이 형성되어 반항, 떼쓰기의 부정적인 사회성이 발달하게 된다. 하지만 현대 사회의 구조에서 안정교감을 포기하고 생활 안정에 집중하는 부모들은 '이렇게 키워도 잘 크는 애들은 잘만 크더라.'라며 지금의 상황을 대수롭지 않게 생각하고 부모 자신의 생활과 시간을 중요하게 생각한다. 사회 불안 또한 가정의 생계, 관계 유지의 안전 욕구를 자극하고 구조적 사회에서 자기 역할의 소속 욕구가 자극받고 있어 건강한 가정, 건강한 성장을 방해하고 있다. 자극은 양육의 회피, 상대에게 떠넘김으로 피로도를 증가시켜 갈등의 위기 가정을 만들고 가정 해체라는 반복되는 사회 문제로 확대될 수 있다. 건강한 가정은 건강한 사회, 안전한 사회의 첫걸음이다. 건강한 가정을 위한 사회적 지원과 논의가 필요하다.

건강한 가정을 유지하기 위해서 기본 소득의 개념을 생각해야 할 때이다. 기본 소득을 보장받는 기초생활 보장 수급자의 생활을 볼 때 최소한의 권리를 보장받는 것만으로도 일정 부분 자기 불안과 사회 불안을 조절할 수 있다. 자신의 소득 외에 기본 소득이 더해진다면 건강한 가정을 유지할 수 있으며 개인과 사회의 불안이 조절 가능해질 것이다. 사회문제를 처리하는 데 있어 간접 지원보다는 직접 지원을 통해서 얻어지는 결과가 좋기 때문이다.

사회성 why, what, when 이해하기

　사회성에 대해 구체적으로 설명하자면, 아이들 스스로 관계에서 그리고 환경에서 자신을 지킬 수 있는 방어권의 형성이다. 방어권이라는 것은 거창한 것이 아닌 또래와 놀이할 때 상대를 때리거나 밀치거나 놀잇감을 뺏으려는 아이들로부터 자신을 스스로 지키는 힘이며, 교사들의 나쁜 감정에 상처받지 않고 좋은 환경을 선택할 수 있는 권리를 말한다. 의심이나 오해에서 상황과 자신을 표현할 수 있고, 또래와의 다툼에서 상대의 잘못을 말할 수 있을 때 아이들은 자신을 보호하는 능력을 갖추게 된다. 방어권이 부족한 아이들은 또래 관계와 환경에서 소외와 배척(미움)을 당할까 두려워하며 상황을 이해하고 감정 표현이 부족하기 때문에 정서적 방임과 학대에 노출되기 쉽다. 특히 영아들이나 5세 이전의 아이들이 정서적 방임과 학대에 지속적으로 노출될 경우 부정 감정을 배우게 되고 망상적 상황의 부정적 인지 능력이 발달하며 이는 성장하면서 자기저항(우김, 거짓)을 배우게 된다. 부정 감정에 많이 노출된 아이들일수록 긍정적인 사회성보다는 발달 과정에서 도덕성이 상실되는 영향을 받을 수 있어 주의가 필요하지만 다른 아이들에 비해 우리 아이가 뒤처질 것을 두려워하며 당연하게 위탁 시설에 보내는 부모들은 가정의 육아에서 무기력한 경우가 많다. 부모 자신이 해줄 수 없다면 위탁 시설과 교육 시설에 아이를 맡기는 것이 좋다고 생각하며 안전교감을 포기한다. 부모가 생각하는 안정(피로도 낮추기)과 자녀들의 안정(심리안정화)은 서로가 다른데도 자녀들을 위한 선택이었음을 강조한다. 가정에서 무기력한 부모들은 자녀들의 관계 맺기, 규칙, 예절, 놀이, 자극 등의 사회성 개발에 대해 무지하며 노력하지 않고 위탁 시설을 통해 배워야 하는 과정이라고 생각하는데 아이들은 부모와의 긍정교감과 안정화 신뢰 쌓기를 통해 사회성을 배우게 되는 것이다.

무기력한 보호자나 애지중지하는 과보호의 보호자는 기초 양육보다는 보호한다는 개념이 강하다. 보호한다는 개념이 강한 무기력한 보호자는 집 안 청소나 정리 상태, 식생활에서 모범적이지 못하고 자녀들의 행동이 방종에 가깝다. 과보호의 보호자는 집 안의 청결 상태에서 강박 상태를 보여 자녀들의 행동을 제한한다. 방임환경의 가정은 같은 공간에서 있는 것만으로도 부모의 역할이 충분하다고 생각하고, 억압환경의 가정에서는 청결한 공간을 제공하고 유지를 강요하며 청결하게 돌보는 것을 부모의 역할이라고 생각한다. 기초 양육을 하는 위탁 시설은 무기력한 부모, 무관심한 부모, 갈등 부모 등 부모와 교감이 불안정한 아이를 파악하고 있으며 그 아이는 위탁 시설의 표적이 되는 경우가 많다. 자녀의 몸에 난 상처나 멍 자국을 확인하고서야 위탁 시설의 학대를 알았다면 정서적인 방임과 학대는 오래되었을 가능성이 크다. 방임과 학대에서 언제, 어떻게, 왜 등의 상황을 표현하고 설명할 수 있도록 가르치는 부모의 기초 양육은 안정교감이며 교감발달이 환경에서 자신을 보호하는 힘이 된다.

언제, 어떻게, 왜 등의 기초 양육이 필요한 이유는 아이들의 안전을 보장받지 못하는 경우가 발생하고 있기 때문이다. 유치원이나 어린이집에서 또래 간 다툼의 문제나 교사들에 의한 학대도 문제이지만, 신체적 학대 이전 지속된 정서적인 방임과 학대의 심각성은 자기 상실감의 문제로 확대된다. 자기 상실은 성장하면서 분노감을 자극한다. 보통 아이들의 정서적인 방임과 학대, 신체적인 학대의 발견은 방어권이 형성된 아이들의 부모에 의해서 전달되어 알려지게 되는 경우가 많다. 기초 양육이 좋은 아이들의 부모들은 자녀들의 놀이를 통해 표현된 언어를 이해하기 때문에 항상 아이들의 환경을 주의 깊게 관찰하고 있어 문제에 노출되는 확률이 적고 감시자의 역할도 할 수 있는 것이다. 감시에 대해서 부정적인 경계를 하는 교육 기관의(특히 저학년) 경우 아이들은 자기중심적인 해석으로 말을 전달하기 때문에 부모의 혼란을 막고자 직접 교육 기관에 연락하여 상황을 이해하라고 전달한다. 교육 기관에서 문제가 확대되는 것을 막고자 노력하는 부분은 알겠으나 자신의 잘못도 아닌데 서로의 잘못된 행동으로 일어난 문제라고 설명하면 아이들의 감정을 돌보지 못하는 또 다른 문제로 확대될 수 있어 조금 더 신중하게 접근해야 한다. 문제에 대해 교육 기관의 접근은 사실보다는 관계개선에 초점을 두고 아이들을 불러 세워놓고 교사의 의견과 감정을 전달하면서 아이들의 의사 표현이나 방어권에 영향을 미칠 수 있다.

절제와 균형의 힘 길러주기

　인간의 삶 중에서 가장 어려운 것은 절제와 균형을 지키며 살아가는 것이다. 절제와 균형을 지키려는 욕구는 자기존중의 욕구에 해당하며 자기 가치에 대한 긍정적 믿음이 사회적 신뢰로 형성되는 과정이다. 다시 말해 모범적, 도덕적, 규범적 등의 선한 영향력을 쌓아 가는 것을 말한다. 이러한 보편성이 사회에서 배려 문화를 만들 수 있지만 '내 자식만 소중해'로 키우면서 '나만 소중해'의 사회가 되었고 이기적인 세상, 우월주의, 자기중심 사회로의 부정 영향을 미치고 있다. 자기 절제를 가르치지 않은 부모들은 경제적인 지원을 아끼지 않고, 고생시키지 않고, 고생하지 말고, 남들보다 부유하게 살 수 있는 환경을 만들어 주기 위해 자신의 노후조차 자녀들에게 희생한다. 자신만 소중한 현대 사회의 세대들이 부모의 지원을 당연한 권리라고 생각하며 미래를 위한 노력보다 부모에게 의지한 채 편하게 살려는 욕구가 강하다. 강화된 의존성은 자신이 겪어야 하는 불안을 외면하며 자기 경험을 두려워하고 거부하고 있다. 현대를 살아가는 사람들은 목표가 없다. 학습 능력은 뛰어나지만 인격을 배우지 못했으며 도전에 따른 실패를 감당할 수 없는 나약함 때문에 안정적인 직업을 선호하고 편하게 돈을 벌려는 욕구가 강하다. 또한, 편하게 살고자 하는 욕구가 강해 직업이나 직장이 마음에 들지 않으면 주저 없이 그만두고 목표에 어려움이 있다면 쉽게 포기한다. 의지할 곳, 자기 욕구를 해결해 주는 곳 즉, 부모에게 의존하며 살아가도록 훈련만 받았지, 절제와 끈기를 배울 수 있는 환경을 방해받고 있다. 평범하게 사는 것보다는 특별하게 살아가길 바라며 자녀들을 위협적인 사회로부터 보호하려는 부모의 욕구가 반영된 현대 사회에서 자녀들이 부모를 위협하는 존재가 되고 있다. 불안을 경험하지 못한 자녀들이 부모의 노후를 준비하는 것을 방해하고 부모의 희생에 대해 감사함보다는 '나를 낳았으면 끝까지 책임을 져야 한다.'라고 당연하게 주장하고 있다. 절제와 끈기를 가르치지 않아 평범하게 살아가는 것을 거부하는 세대는 사회에서도 위협적인 존재가 된다.

평범하게 살아가는 사람들은 자기 삶의 목표를 위해 어느 것에도 흔들림이 없으며 사회 불안의 부추김과 비교평가의 조급함에서 자신의 기준과 균형을 지키며 살아간다. 누구에게는 '미련하다.'라는 비난을 듣기도 하지만 누구에게는 정말 부러운 삶이 된다. 균형을 지키는 사람들이 있기에 그나마 건강한 사회를 유지할 수 있는 것이다. 평범함의 균형을 잡는 것은 인간의 욕망과 성숙 사이에서 중심을 잡는 것과 같은데, 기회가 주어지면 기회에서도 균형과 기준을 통해 성과를 이루어낸다. 이러한 균형과 기준을 지키는 사람들은 성숙을 실천하고자 노력하는 사람들이라고 생각한다. 균형과 기준을 지키는 사람들은 자신들만의 절제를 지키며 살아간다. 잘사는 것도 중요하지만 '욕심내지 말자, 이 정도면 됐다'라는 욕망을 조절하며 만족의 절제를 지키려 한다. 절제를 통해 욕망을 조절하는 사람들은 자신의 불안도 조절하고 구분할 줄 알며 사회 불안에도 현혹되지 않는다. 사회 불안은 자본 경쟁을 하도록 부추기는데, 특히 부동산과 주식 투자이다. '부동산에 투자 적기, 지금이 마지막 기회, 지금 아니면 절대 꿈도 꾸지 못할 혜택' 등으로 사회 불안을 조장하고 있다.

 절제와 균형 그리고 끈기는 자녀들을 양육하는 과정에서 경쟁보다는 자기 가치 기준의 이해에 초점을 두고 있다. 자녀의 학습보다는 경험을 중시하고 부모는 권위적이기보다는 민주적이며, 강요보다는 이해와 경청을 그리고 대화를 통해서 절제와 균형을 유지하도록 돕고 자녀들이 배우고 싶은 경험에서는 끈기를 가르쳐야 한다. 또한, 반복되지만 경제관념에서 절제는 매우 중요하다. 절제하지 못하면 부에서 가난으로, 성공에서 나락으로, 타락과 자포자기 등으로 극과 극의 경험을 반복할 수 있으며 결혼과 양육에서도 좋은 가정환경을 만들지 못한다. 결혼과 양육은 이해, 성장, 성숙, 절제, 만족, 균형, 관계, 끈기, 참을성, 기다림, 견딤 등 수없이 많은 감정과 욕구들이 수반되는 과정이다. 이러한 과정에서 절제는 감정의 동요에도 자기를 지키며 수많은 유혹에도 견딜 수 있는 힘이 된다. 자녀들에게도 갖고 싶은 욕구에 관해서 대화를 통해 욕심의 감정인지, 필요한 것인지를 판단하게 하며 할 수 있는 것과 해야 될 일을 명확하게 기준을 세워 절제의 기술을 가르쳐야 한다. 절제의 습관은 자녀들에게 갖고 싶은 욕구에 대해 필요한 것인지를 생각하도록 돕는 과정이다. 절제하지 않으면 아무리 좋은 것을 줘도 만족하지 못하고 자기 것을 지키는 힘이 약해진다. 또한, 필요하지 않아도 필요한 것처럼 쟁취하려는 욕심을 부리며 욕심을 부려 쟁취한 것에 빨리 흥미를 잃고 또 다른 욕구로 욕심을 채우려 한다. 아끼는 물건이나 돈을 잃어버려도 아쉬워하지 않으며 욕구에 대해서는 쉽게 자극받고 욕구가 충족되지 않으면 쉽게 분노하는 경우가 많다. 당장 자기 욕구 충족만을 원하고 강하게 요구하는 것은 절제의 기술을 배우지 못했기 때문이며, 절제보다는 욕망과 욕구의 감정을 채우려는 습관은 반복된 보상 심리의 당연함에서 기인된 것이다. 보상 심리 자극은 조급함으로 욕구를 채우고 강화물의 자극제가 없으면 분노와 단절로 부모를 지치게 만들어 강화물을 쟁취하는 부정행동을 보이는데 부정행동의 반복은 보상중독을 부추기게 된다. 부모에게 지원을 요청하는 방법에서 부끄러움이나 거리낌이 없이 당당하게 자기 욕구를 채워주길 바라는 심리가 있다면 보상중독의 시작을 의심해 봐야 한다. 반대로 절제를 배워온 자녀들은 부모의 말에 수용적이며 성장하면서 부모의 말을 조언으로 받아들이는 균형의 효과를 볼 수 있다.

어린아이들은 보상중독에 쉽게 빠지고 보상중독은 반항심과 충동성, 분노로 표현되며 한 가지에 집중하지 못하고 학습의 능률도 떨어지게 한다. 반항에 대해서 부모가 바로잡기 위해 중단을 요구하면 부모와 기 싸움을 시작하고 중단의 요구가 강해지면 강해질수록 기 싸움의 수위도 공격적으로 변하게 된다. 기 싸움에서 부모가 자녀들이 안쓰러워 또는 상처를 주기 싫다는 이유로 훈육을 포기한다면 반항을 통해 승리했다는 자기도취와 착각에 빠져 보상습관이라는 중독에 길들여질 것이다. 보상중독의 위험성은 성장하면서 더욱 뚜렷해지는데 자기 욕구가 거절되면 자기와 부모에게 위협적인 행동으로 표출되는 보복성 심리를 자극할 수 있다. 부모와 성인들 또한 자기보상심리에 빠져 모임, 음주, 흡연, 식탐, 도박, 섹스, 마약, 절도, 수집, 과시, 허언, 집착의 취미 등 욕구의 충족을 위한 습관성 중독 증상을 보이고 있어 사회모방의 문제를 부추기고 있다. 이렇게 양육 환경에서 절제가 필요한 이유는 사회모방에 현혹되지 않고 습관성 중독에서 자신을 지키기 위한 것이며, 절제를 배우지 못한 아이들은 성인이 되어서도 중독에서 벗어나기 힘들기 때문에 아이들에게 절제와 균형을 가르쳐야 한다. 아이들의 중독 관리가 중요한 이유는 스마트폰이라는 하나의 습관성 중독이 일반화의 오류를 자극하고 인지 능력의 문제를 만들어 정신적인 강박의 중독을 자극할 수 있기 때문이다.

절제는 자기 것을 지키는 힘이며 중독에서도 자신을 보호하는 중요한 수단이 된다. 절제는 관계에서 갈등을 조절하고 위협적인 환경을 경계하며 감지할 수 있는 능력도 키우게 된다. 위험에 빠지지 않게 도움을 주기도 하고 위험에서 빠져나올 수 있는 균형의 중심을 가질 수 있다. 절제는 실천이며 습관이기 때문에 좋은 말만 앞세워서는 절제 습관을 만들 수 없다. 안전한 사회에서 아이들이 건강하게 성장할 수 있는 방법은 가정에서 부모가 절제하는 습관의 태도를 보여야 하며 이것은 자신과 사회를 지키는 기초가 될 것이다.

퇴행의 효과

퇴행을 부정적으로 보는 부모들이 많은데 인간은 퇴행 없이 발달할 수 없다. 신체 발달이나 두뇌 발달에서 꼭 필요한 멈춤의 퇴행은 발달의 균형을 맞추기 위한 인간 고유의 특성이며 성장 과정이다. 퇴행을 쉽게 말하면 다지기, 땅의 단단함을 위한 다지기 작업과 같은 말로 대신하고자 한다. 집을 짓기 위해서 땅을 다지고 튼튼한 반석으로 기초를 세울 때 가장 튼튼하고 안전한 집을 지을 수 있는 것처럼 인간의 퇴행은 성장과 발달에 매우 중요하다. 또한, 퇴행은 성장 시기에 맞는 자신의 불안을 경험하고 조절할 수 있는 기초가 되기에 정서 심리적(멘탈)으로도 꼭 필요하다. 그렇다면 부모들은 왜 퇴행을 부정적으로 생각할까? 아이가 부모에게 집착하며 잘하던 것도, 하고 싶어 했던 것도 어느 순간 무기력하고 수동적으로 마지못해서 하는 모습이 나타나면 학습에 대한 효과가 부족하고 학습을 방해하는 요인으로 판단하기 때문에 부정적으로 생각하는 경향이 많다. 놀이나 좋아했던 것, 씩씩했던 모습, 적극적인 행동, 배려하는 모습, 스스로 학습하는 자세 등 다양하게 보였던 행동이나 사고능력을 위한 넘겨야 하는 고비라고 판단하며 더욱 강하게 몰아붙이려 한다. 지루함을 참지 못하는 부모일 경우 퇴행의 효과를 믿지 못한다.

보통 부모들은 퇴행을 이해하지 못하고 지속적인 발달과 학습의 효과를 통해 인지 사고능력이 발달한다고 믿는다. '아이가 공부를 잘했는데 어느 순간 흥미를 잃고 거부하는데 무슨 문제가 있는지, 학습 환경을 위해 많은 노력을 하는데 왜 안 하는지 모르겠다.'라며 답답해한다. 성장발달과정에 대한 부모의 무관심이 미처 자녀의 퇴행을 준비시키지 못했고 긍정적인 퇴행을 하도록 아이를 배려하지 못했기 때문이다. 부모들이 말하는 공부와 학습에는 차이가 있는데, 공부는 다양성의 경험이 수반되지만, 학습은 다양성의 경험이 수반되지 않는다. 지금의 부모들은 학습을 강요하고 있으며 자녀들은 학습을 강요받고 있다. 당연히 퇴행을 인정받지 못하는 아이들이 늘어나고 있다는 것이며, 퇴행을 인정받지 못하는 아이들은 자신의 가치 기준과 부모가 바라는 기준에서 힘겨운 줄다리기를 하고 있다는 사실을 알아야 한다.

학습은 부모가 강요한다고 해서 잘하는 것도 아니며 그렇다고 스스로 학습하기를 기다리는 무관심의 접근도 서로에게 소모적인 불안만을 주는 접근방식이다. 아이가 학습에 대해서 불안을 느끼기 시작하는 시점은 학습에 산만함을 보일 때이다. 아이가 받아들일 수 있는 한계치를 넘어 과부하가 일어나고 있다는 것이며 쉼과 멈춤이 필요하다는 신호이다. 자신의 가치에 대한 부모의 무조건적인 지지와 인정욕구의 자극을 원하는 교감 시도는 퇴행을 준비하는 신호이다. 어린아이들의 경우는 자율성에서 위축된 행동을 보이고 성장에 따라 학습과 관계에서 위축과 불안 행동이 나타난다. 이 퇴행 시기는 과감하게 아이의 감정을 읽어주고 좋은 교감을 하도록 부모가 적극적으로 개입하면 퇴행은 긍정적인 효과를 낼 수 있다. 안정을 찾아주고 안정교감을 통해 불안을 조절해 주면 아이는 긍정적인 에너지를 충전하고 학습과 관계에서 좋은 자기 효능감을 발휘할 수 있다. 자기 효능감을 발휘할 때 아이들은 공부라는 개념을 이해하고 자신이 배운 학습이나 교육을 응용할 줄 알며 스스로 공부의 계획을 세우는 자기설계의 능력을 갖추게 되는 것이다.

사회 구조 또한 건강한 퇴행을 방해하고 있다. 좋은 직업과 직장, 성공과 출세의 기본조건이 명문대학 진학으로 결정되고 있어 아이들의 건강한 퇴행과 건강한 성장을 막아서고 있다. 건강한 퇴행의 권리를 침해받은 아이들은 건강한 사회를 만들 수 없기에 현대 사회 시스템의 개선과 변화가 필요하다. 현대 사회의 부모들이 더욱 자녀들의 퇴행을 외면하는 이유는 사회가 가진 불평등 때문이다. 경력보다는 자격, 경험보다는 학력, 능력보다는 재력이나 지연과 혈연, 학연 등으로 사회적 역할 즉, 자기 지위가 결정되기 때문이다. 이러한 불평등은 상대의 가치평가보다 자기 가치평가로 인하여 자신의 능력을 고려하지 않고 고임금과 전문직을 요구하는 이기심을 부추기고 있다. 아무리 좋은 퇴행의 과정을 거쳤다고 해도 이러한 사회 시스템을 정비하지 않으면, 부모의 노력에도 사회는 변하지 않을 것이며 이기적인 사회가 되는 것을 막지 못하게 될 것이다. 아이들의 건강한 성장의 권리를 위해서 부모는 양육의 기준을 세우고, 사회는 상식적인 사회를 위해 노력해야 건강한 성장을 지원할 수 있다.

　부모의 양육 기준이 없으면 공부(학습)를 잘해야 무시당하지 않고 잘살 수 있으며, 공부(학습)를 잘해야 권력이나 명예를 얻을 수 있고 사회 지도층이 될 수 있다고 믿는다. 공부(학습)를 잘해야만 얻어지는 결과라고 생각하며 퇴행의 쉼과 멈춤을 인정하지 않는다. 부모의 사회적인 지위에 따라 더욱 공부(학습)를 강요하지만, 자녀들 스스로가 하고자 하는 마음이 없다면 과연 부모가 원하는 결과를 얻을 수 있을까? 억지와 억압에 의한 공부(학습)는 흥미를 잃거나 감당할 수 없으며 심리적인 반항만 키워 성인이 되어서도 부정적인 자기 효능감에 노출되어 사회적인 문제를 일으키는 원인이 될 수 있다. 반대로 양육의 기준이 있는 부모들은 세분화된 계획을 아이들과 대화하는 것에서부터 접근방법이 다르다. 놀이를 관찰하고 놀이에 집착하지 않도록 하고, 학습에 대한 불안감을 보이면 학습 환경이 아닌 놀이 환경으로 전환하여 학습의 어려움과 중단(쉼 또는 멈춤)을 이해시키며, 퇴행에 대해 쉼과 멈춤으로 안정교감을 주어 스스로 긍정적인 에너지를 충전하도록 때로는 무기력한 환경을 허용한다.

퇴행을 거친 아이들의 관찰도 중요하다. 학습에 대해서는 일방적으로 교육 기관에 의존하지 말고 퇴행과 반응에 대해 누구보다 잘 아는 부모가 자녀를 관찰하여 교육 기관과 교육 방향을 상의하고 설정해야 한다. 또한, 부모는 항상 자녀를 주시하고 있어야 한다. 환경에서 관찰이 좋은 아이가 있는 반면 자기가 좋은 것만 보고 관찰하는 아이가 있고 관찰에 별 관심이 없거나 관찰을 해도 다르게 해석하는 아이들이 있다. 관찰은 상황과 학습의 객관화에 중요하게 적용됨으로 관찰이 갖는 오류는 바로잡아 줘야 한다. 관찰의 오류는 지속적으로 명확한 대화를 통해 바로잡아야 어느 정도의 오류 처리가 가능해진다. 사고의 오류를 바로잡고도 아이의 사고 처리 능력이 부족하다고 느낄 경우는 정밀 검사가 필요하며 그렇지 않을 경우 산만함과 주의력 결핍을 의심해 봐야 할 것이다. 산만함과 주의력 결핍은 아이들이라면 겪는 시기가 다르며 겪어야 하는 퇴행의 과정이다. 퇴행도 부정적인 퇴행인지 긍정적인 퇴행인지를 관찰해야 한다. 부정적인 퇴행은 산만함과 주의력 결핍, 과도한 애정을 요구하고 부모에게 집착하는 것이며, 발달 과정에서 아이가 받아들이기 힘든 부분에 대한 부정적 감정 표현의 일환이기도 하다. 이에 반해 긍정적인 퇴행은 애정의 욕구를 표현해도 과도하거나 집착하지 않고 부모에게 인정받고 있다는 것만으로도 안정감을 느끼며 스스로 놀이가 가능하고 자신이 감당하기 힘든 감정이나 행동 그리고 학습 등을 부모에게 말하며 도움을 요청한다.

긍정적인 퇴행을 위한 양육과정의 첫 시작은 놀이 하나에도 규칙을 세워야 한다는 것이다. 보통 아이들은 규칙 없이 자기 마음대로 자기가 하고 싶은 대로 하려고 한다. 자기가 이겨야 하고 아닌 것도 맞다 하며 생떼를 부리면서 상대를 지치게 만들어 인정받고자 하며 굴복시키려고 한다. 놀이에 집중하지 못해 흥미를 잃고 부모들이 장난감을 사 주면 뜯는 관심만 있고 가지고 놀거나 응용하지 못해 싫증을 내며 다른 것을 요구한다. 영유아기를 벗어나면서부터 규칙을 지키지 않는다면 놀이를 할 수 없다는 것을 인지시킴으로 놀이에는 규칙이 있다는 것을 알게 해야 놀이의 질이 향상되고 놀이를 스스로 응용하려고 노력한다. 경험의 놀이를 통해 놀이의 응용이 가능해지면 공부 습관의 기초는 마련되는 것이다. 둘째는 책을 읽어주는 것인데 부모들은 의무적으로 글자를 읽어주고 자녀가 이해하길 바란다. 단어에 담긴 의미와 감정을 주지 못하면 책에 대해 흥미를 잃게 된다. 감성적인 책 읽기는 아이들의 사고능력 증진과 확장에 자극제가 된다. 하지만 감성을 담지 않으면 책을 읽거나 읽어 달라는 횟수가 줄 것이며 책에 대한 중요성도 알지 못하게 된다. 책 읽기의 중요성은 독해력이며 시험은 독해력이 기초가 된다. 셋째는 상상력 놀이를 만들어야 한다. 아이들은 책이 아닌 지어낸 이야기, 전설 이야기 등에 많은 흥미를 느낀다. 발달 시기에 맞는 똥 이야기, 동물 이야기, 지명에 대한 이야기 등 다채롭게 지어낸 이야기를 들려주면 아이들 스스로 자신의 이야기를 만들어 가며 부모에게 자랑스럽게 지어낸 이야기를 들려주려 할 것이다. 긍정적 자극을 통해 상상력, 창의성이 확장되면 책의 가치를 이해하고 놀이와 학습의 주도능력이 향상될 것이다.

3장

사례로 보는 불안

부모는 자녀의 성장발달과정별 양육의 어려움을 호소하나, 자녀는 부모가 자신을 이해하지 못하는 것 같아 답답함을 호소한다. 부모는 자녀를 위해 최선을 다했다고 자부하나, 자녀는 부모의 지나침이 부담스럽고 원하지 않았는데도 자기만족을 위해 해주며 생색을 낸다고 불만스러움을 표현한다.

부모는 내(자녀) 잘못을 지적하고 꾸짖지만 부모 자신의 잘못에는 실수라고 치부하며 관대해진다. 혼냈으면서 너를 위한 행동과 조언이라고 하고 안쓰럽다며 보상하려 한다. 이럴 때 웃어줘야 하나? 그냥 반성하고 있는 것처럼 받아준다. '너는 잘할 수 있어!'라며 뜬금없이 응원한다. 나는 지금도 최선을 다하고 있는데….

부모가 욕을 한다. 다투고 서로가 말을 하지 않는다. 내가 욕을 한다, 버릇없다며 혼을 낸다. 다 부모한테 배웠다.

각기 다른 불안과 불만같이 보이지만 같은 불안을 배우고 경험하고 있다. 부모도 자녀들의 성장에 따라 성숙을 배워야 한다. 부모 자신의 성장과정을 뒤돌아보면 양육의 방향을 찾을 수 있다.

부모가 느끼는 양육의 어려움

- 아이가 엄마에게 너무 집착하고 떨어지지 않으려고 해서 힘들어요.
- 아이가 위탁 시설에 보내면 너무 소극적이어서 또래들에게 치이고 매일 맞고 와요.
- 하루 종일 엄마만 보면 징징대는 아이 때문에 힘들고 아이가 정말 미워요.
- 알아들을 수 없는 말을 되풀이하는 아이가 자폐아인지 의심스러워요.
- 아빠를 무서워하거나 너무 무시하고 아빠는 화를 참지 못해 집안 분위기를 망치고 있어요.
- 공부(학습)를 잘하던 아이가 학습에 흥미를 잃고 학교 성적이 떨어져서 참을 수가 없어요.
- 친구들하고 있을 때만 즐거워하고 집에 오면 말도 안 하고 부모의 질문에 반항적으로 행동하는데 어떡하죠.
- 미디어에 너무 집착해 뺏으면 화를 내고 물건을 집어 던지며 부모한테 대들어요.
- 학교에서 선생님이 아이가 문제가 있는 것 같다고 연락이 왔어요. (산만/학업 분위기 망침)
- 갑자기 어깨를 들썩이는 틱 증상이 나타났어요. (운동 틱 증상 또는 음성 틱 증상)
- 아이의 장애를 인정하기 힘들어요. 어떻게 해야 하나요.

- 남편과의 관계가 너무 싫어요. 한 공간에서 있는 것도 숨이 막혀요. 그러면서 아이가 눈치를 보고 불안해해요.
- 갑자기 어린아이처럼 행동해요.
- 아이가 갑자기 말을 하지 않아요. 말을 하지 않아 답답해요. (일시적 함묵증)
- 반항과 무시, 대드는 사춘기 아이 때문에 숨이 막혀요.
- 동생을 자꾸 때리고 동생의 물건을 마구 집어던져요.
- 시기에 맞는 양육 방법을 모르겠어요.
- 아이가 자꾸 자기 성기를 만지고 놀아요. (여자아이, 남자아이)
- 아이가 보기 싫고 아이를 보고 있으면 눈물이 나서 같이 죽고 싶어요.
- 남편이 가사 일을 무시하고, 남편의 역할을 하지 못해서 힘들어요.
- 아이가 자꾸 어린이집에 자기 물건을 가져가려고 하고 떼를 써요.
- 학교에 가려 하면 불안해하고 계속 울어요. (환경 적응이 힘든)
- 아이가 한곳에 있지 못하고 자기 마음대로 행동해서 다툼이 많아요. (ADHD)
- 학교를 다녀온 아이가 집에 오면 짜증과 화를 내요. 학교에서는 조용한 편이라고 해요.
- 자기가 원하는 물건을 사줄 때까지 요구해요. (강박)

불안 진단 및 사례별 치료 과정

자폐증 의심 사례(부모의 양육 불안)

- 부모의 상담(증언)

 부모가 자녀(연령 5세)의 행동에 이상함을 느껴 병원에서 진료를 받았다고 한다. 의사는 진료 후 정밀 진단을 받아 보길 권유하였고 그 소식을 들은 모든 가족이 실의에 빠져 어찌해야 하는지 고민하면서 치료실을 방문하게 되었다. 아이의 엄마와 아빠는 자녀를 자폐증으로 의심하며 무기력한 모습을 보였다. 어렵게 얻은 자녀이기에 아이의 반응 하나하나에도 가족의 사랑과 관심이 집중되었고 '불면 날아갈세라, 불면 꺼질세라' 전전긍긍하였다고 한다. 유전학적으로 봐도 양가에서는 장애가 있는 사람이 없는데 왜 우리 아이에게 이런 일이 생겼는지 모든 가족이 절망과 암담함을 느끼고 있다고 하였다. 병원에서 정밀 진단을 받길 권유하였으나 병원의 검사 기록을 걱정하며 다른 방법과 조언을 얻고자 치료실에 방문하였다고 한다.

 불안에 대한 추적 관찰과 상담에서도 부부 관계는 원만한 편이었고 아이 임신하고 출산까지 태교를 위해 노력했으며, 임신 중 아이에게 큰 영향을 줄 정도의 불안은 없었다고 한다. 노산을 걱정하긴 했지만, 가족과 주변의 도움으로 아이를 맞이하기 위해 준비를 하면서 행복하게 지냈다고 한다. 육아 과정에서 아이가 크게 놀라거나 경기를 한 적은 없으며 예방 접종에도 이상 반응이 없었고 큰 질병을 앓았다거나 사고도 없었다고 한다.

- 초기 면접과 관찰

오랜 기간 현장에서 자폐 스펙트럼 장애를 앓고 있는 아동과 성인을 보고 경험했던 사람으로서 이 아동의 행동에 이상함을 느끼긴 했어도 자폐를 의심할 만한 뚜렷한 증상과 행동은 보이지 않았다. 부모의 초기 면접에서 아이가 눈 마주침이 없고 혼자서 우두커니 앉아 있거나 알아듣기 힘든 옹알이 수준의 말을 한다고 했다. 부모 상담의 기록을 보고 아동을 관찰해볼 때 자폐증상의 아동에서 나타나는 특이점은 보이지 않았다. 다만 아동의 행동에서 부모가 걱정하고 의심할 만한 행동이 보였는데 부모의 양육에 대한 정보 탐색이 해석의 오류를 만들어 확대해석한 경향이 있어 보였다. 가정에서 아동의 반응별 대처 방법의 피드백을 주고 관찰에 대한 변화를 상담하기로 하였다.

- 2회기 치료 및 관찰

이 아동은 익숙하지 않은 환경인데도 치료실에서 평온함을 보였다. 놀이를 탐색하고 악기에 관심을 보이며 치료사에게 눈빛으로 교감을 시도하였다. 서툴고 느리게 자기를 표현하고자 노력하였다. 5세 정도 아동들은 호기심이 많아 악기와 놀잇감이 주어지면 자기 방법으로 소리를 내려 하는데 이 아동은 스스로 하지 않고 치료사에게 해 달라는 눈빛을 보내고 눈빛으로도 안 되면 '해주세요.'라고 표현하였다. 다른 악기도 같은 행동을 보이고 있었다.

의존적인 놀이 활동을 보인 시간이었다.

- 3회기 치료 및 관찰

지난 회기와 같이 아동은 차분하게 자기가 가야 할 치료실을 찾아 들어왔다. 아동에게 스스로 악기를 선택해 보도록 권유해 보고 기다려 보았지만 아동은 스스로 선택하지 못하였다. 치료사에게 도움을 요청하고 치료사가 직접 연주하길 원했으며 놀이에서도 자기 순서에 스스로 하지 못하고 치료사에게 도움받기를 원했다. 상대가 놀이를 선택해 진행하면 아동은 관찰하며 즐거워하였다. 지루함을 느꼈을 때 치료사에게 눈빛을 보내며 다른 놀이를 선택해 주길 원했다. 놀이에 적극적으로 참여하지 못하고 관찰하는 모습, 지루함에서 오는 무료함의 눈빛 등 부모가 걱정하고 의심하는 행동이 나타났다.

- 4회기 치료 및 관찰

아동의 특성과 문제를 평가한 후 스스로 놀이의 선택과 주도적으로 놀이를 할 수 있도록 치료 방향을 설정하였다. 우선 익숙한 놀이를 선택하게 하고 치료사는 관찰자가 되어 역할에 변화를 주었고 아동 스스로 놀이를 진행하도록 조금씩 도움을 주었다. 익숙한 놀이에서도 어려워하는 모습을 보였지만 하나하나 도움을 받으면서 점차 자신감이 나타났으며 놀이 상대와 소통을 시도하였다. 놀이 중간중간 치료사에게 자기의 놀이 방식이 맞는지를 확인하려는 듯 지지를 원하는 눈빛을 보냈으며 긍정의 반응에도 긴장감을 보였다. 가정에서 스스로 하기보다는 알아서 해주는 놀이는 의존성을 키우게 된다. 의존적 놀이에 익숙한 아동은 경험이 부족하여 신체 발달과 사고능력에도 지장을 받을 수 있으며 이러한 행동이 부모의 의심으로 이루어질 수 있었음을 판단하였다.

- 부모 상담과 솔루션 제공

늦은 출산과 양육의 경험이 부족하여 안전한 보호에 집중된 부모와 가족의 지나침이 아동의 심리위축에 영향을 미칠 수 있다. 또한, 아동이 다칠까, 넘어질까, 짜증낼까, 배고플까, 지루해할까 등의 걱정이 불안으로 확장되었다. 자녀가 원하든지 원하지 않든지 풍족함으로 채워주고 자녀를 귀하게 여기다 보니 부모나 가족이 일상생활에까지 영향을 주어 자기 경험과 성장에 방해가 되었음을 설명하였다. 이에 부모님은 귀하게 얻은 자녀라서 모든 가족이 아이가 불편함을 느끼지 않도록 미리미리 알아서 처리해 주고 행동해 준 것이 아이에게는 성장의 문제가 될 수 있다는 것을 생각하지 못했다고 한다.

놀이 경험 키워주기 : 안전한 놀이를 위한 주의 주기, 아동 스스로 안정감을 느낄 수 있는 만큼의 거리 두기, 놀이 관찰하기, 놀이에 개입하는 시기와 방법, 놀이에 관한 관심과 지지 방법 등으로 경험의 불안을 조절해 주는 가정환경을 만들어 의사 표현을 유도하며 일상생활에서의 개입 시기와 방법에 대해 부모 상담을 진행하였다.

- 5회기, 6회기 치료 및 관찰

치료실에 들어오는 아동의 표정은 많이 달라졌으며 자기표현에도 주저함이 없었다. '선생님 저는 오늘 ○○놀이를 하고 싶어요, 아빠하고 놀았는데 ○○놀이가 재미있었어요.' 서툴지만 명확하게 의사를 전달하는 아동에게서 자기 스스로 할 수 있다는 자신감이 보였다. '놀잇감을 어떻게 하는지 ○○이가 설명해 줬으면 좋겠구나.' 하고 의사 표현을 유도하였다. 아동은 많은 단어로 자기를 표현하였고 놀이의 규칙도 이해하고 있었다. 의존성에 익숙한 아동은 경험을 통해 성취감을 느끼고 자기도 할 수 있다는 것에 자랑스러워하며 '선생님 나 이런 것도 할 줄 알아요.' 하며 웃어 보였다.

- 7회기, 8회기 치료 및 관찰

아동은 자기 경험을 하나하나 쌓아 가고 있다. 다른 환경에 적응하는 모습이 나타났고, 놀이를 습득하는 능력도 좋아졌다. 이제는 자기가 하고 싶은 놀이에서 방법을 모르면 물어보았고 도움보다는 스스로 해석한 것이 맞는지를 확인받았다. 아동은 가족이 주었던 간접경험에서도 관찰한 것을 기억하였고, 상황에서 자기를 표현하는 데 주저함이 없었다. 의존성에 잠재되어 있던 아동의 능력은 놀이 경험을 통해 촉진되었고 의사 표현능력도 풍부해져 갔다. 부모와 가족들이 걱정했던 자폐 의심 행동은 직접 경험이 풍부해지면서 점차 소거되었다.

- 부모 상담

'정말 감사합니다.'를 되풀이하며 고마움을 표현하는 부모에게 '아동은 놀이를 통해 스스로 자기를 표현하고 자기를 치료하는 수단이 될 수 있습니다.'라고 놀이가 아동에게 미치는 긍정적 영향을 설명하였다. 또한, 부모가 아이들의 놀이를 관찰하다가 '그렇게 하면 안 돼, 하지 마, 가만히 있어.'라는 부정 언어를 자주 사용하는 것은 아동의 경험을 무시하거나 차단하는 행동이 될 수 있어 주의를 당부하였다. 부정 언어와 더불어 양육에 대해 부모의 불안과 혼란의 부정 교감은 아동의 불안과 혼란을 부추길 수 있으므로 양육 기준의 필요성을 설명하였다. 부정 언어와 부정 교감은 위탁 시설에서 빈번하게 나타날 수 있으며 특히 환경 적응의 어려움을 느낄 때 정서적으로 불안이 증가하고 위축된 심리 상태를 보일 수 있어 준비를 당부하였다.

- 9회기 10회기 치료 및 관찰

부모의 모든 의심을 털어내고 스스로 자기의 놀잇감을 선택하여 악기를 탐색하며 소리를 만들어 갔다. 소리를 만든다는 것은 악기의 고유 특성에 해당되지만 악기 소리는 연주자 또는 아동들에 따라 자기표현의 방법, 자기의 욕구 탐색, 환경에서의 자기 역할과 위치, 현재의 심리적 상태, 갈등과 불안의 크기, 회복하고자 하는 욕구 등 다양한 심리를 반영하고 있다. 아동은 자기만의 소리를 만들어 내며 자신을 표현하는 데 주저함이 없다. 놀이에서도 '이렇게 놀아 보면 좋을 거 같아요.'라며 다른 방향성을 제시하기도 한다. 심리의 안정은 경험에 의해서 약해지기도 하고 단단해지기도 한다. 어려움과 어색함을 스스로 견디며 자기의 선택에서 좋은 경험과 나쁜 경험을 통해 아동은 경험을 수정해 나가는 힘과 능력을 발휘하고 있다. 치료를 마치면 '선생님 고맙습니다. 다음주에 또 만나요.'라며 다정하게 인사한다.

　이 아동은 10회 이후 10회를 더 진행하면서 많은 변화를 보였다. 성장발달에서 정서 발달은 아동의 경험에 의해 위축/자신감의 자극으로, 의존적/주도적의 자극으로, 수용적/탐색적의 자극으로 자극에 따라 태도와 행동의 변화를 보인다. 성장발달에서 시기별 자극보다 부모와 가족에 의해 욕구의 대리 충족이 아동의 발달 자극을 차단하게 되었고, 지속적인 대리 충족의 노출이 아동의 긍정 발달 자극보다 무기력하게 하는 부정자극을 부추기게 된 사례이다. 지나친 개입과 관심의 양육이 무관심의 양육 환경보다 악영향을 미치게 된 사례이기도 하다. 부모의 욕구만 반영된 양육의 기준으로 아동의 의존성을 키우게 되면서 장애를 의심하는 문제로 확대해석하는 가정이 많아지고 있다. 의심은 불안의 씨앗이 되어 부모와 자녀의 안정교감을 흔들고 부모 자녀의 기초 불안이 증가하여 아동의 성장발달에 부정적 영향을 미치게 된다. 물론 이 아동의 경우 검사를 진행했어도 자폐가 아닌 것으로 나왔을 것이다. 아동에게 무엇을, 어떻게, 언제 등 발달 시기에 맞는 자극을 줘야 하는데 양육의 방법과 자녀의 성향을 파악하지 못하면 아동은 성장발달의 지연과 어려움을 겪게 될 것이다. 건강한 자녀의 성장을 위해 양육의 기준을 다시 설정하는 것은 부모의 역할이지만, 부모와 치료사가 아동의 성장발달을 위해 협력한다면 아동은 좋은 성장 과정을 거치게 될 것이다. 이후 이 아동은 부모와 가족들의 사랑을 받으며 일상생활에 복귀하였고 유치원에서 많은 친구들과 즐거운 시간을 보내고 있다.

　현대 사회의 부모들은 양육 방향을 서적과 다양한 정보에 많이 의존한다. 넘쳐나는 정보는 개인의 성향에 따라 다르게 표현되어지고 다른 결과를 가져올 수 있다는 사실을 이해하지 못한다. 정보에 의존적일수록 자녀를 관찰할 때 특정 행동을 많이 보게 되면서 '혹시 우리 아이도?'라는 지레짐작으로 기초 불안이 자극받게 된다. '혹시'라는 의문이 생길 때는 자녀에게 보이는 특정 행동의 원인을 찾아 문제 해결을 위해 도움을 받는 것이 부모나 아동에게 서로 안전한 방법인데도 사회 시스템(심리치료) 이용을 망설이는 것은 기록이 남는다는 오해 때문이다. 그나마 뒤늦게라도 찾아오는 부모는 문제를 해결하고 싶어 하는 욕구라도 있지만 외면하려는 부모는 자녀의 문제를 감당할 수 없을 때 찾아오는 경우가 많다. 특히 문제를 키우는 부모의 특징 중 장애를 인정하지 않는 부모들이 많은데 우월의식의 사회적 체면을 중시하고 자기 유전적 요인의 결함이라는 것을 숨기고 싶어 하며, 사람들의 동정심을 모멸적 감정으로 인식하는 등 열성적 열등감의 불안이 자극받게 되어 장애를 쉽게 받아들이지 못한다. 물론 자녀의 장애를 받아들이고 인정하는 것은 힘들다. 하지만 장애로 인정받을 때 장애를 인정받지 못해서 발생하는 많은 스트레스와 부모의 기대에 짓눌림에서 어느 정도는 해방될 것이다. 인정과 부정의 차이는 부모가 자녀를 대하는 감정의 처리와 양육의 기준에서 중요한 문제의 접근이기 때문이다. 또한, 자폐 아동을 치료하면서 부모 성향에 맞지 않다거나 또는 성에 차지 않는다는 이유로 이곳저곳 치료실을 쇼핑하듯 돌아다니는 부모들도 있다. 그렇지 않아도 환경 적응능력이 미흡한 자폐 아동은 계속해서 새로운 환경과 사람에게 불안을 느끼고 불안에 의해서 자기학대의 행동문제를 부추기게 된다. 자폐는 치료할 수 있는 영역이 아니라는 것을 부모들도 알고 있지만 어린 아동의 부모들일수록 치료될 수 있을 것이라는 희망을 가지고 있으며 치료가 안 된다 해도 특정 부분에서 천재적인 발달을 기대하기도 한다. 천재적인 발달은 부모의 희생과 노력이 우선되어도 힘든 일이지만 부모는 노력하지 않으면서 수학, 영어, 수영, 음악, 과학, 바둑, 코딩 등에서 성과를 기대한다는 것 또한 장애를 장애로 인정하지 않는 것과 같다.

함묵증 치료 사례(부모 갈등에 의한 아동의 환경 불안)

- 부모의 상담(증언)

병원에서 함묵증을 진단받은 아동이 치료실에 내원하게 되었다. 초등학교 입학을 앞두고 있는 7세의 자녀가 어느 순간 말을 하지 않아 답답함을 호소하는 부모는 장애를 걱정하고 있었다. 가정에서는 작은 목소리로 '싫어, 밥 줘, 안 돼' 정도의 단답형으로만 의사를 표현한다고 하였다. 진단받기 전에는 엄마에게 미주알고주알 재잘거리는 모습에 힘든 적도 있었는데 이제는 자기의 의사 표현을 하지 않으니 어떻게 해야 할지 모르겠고, 초등학교 입학이 다가오면서 부모는 조급해하였다. 특히 유치원에서는 단 한마디도 하지 않으며 친구들과 어울리지 않고 혼자 있거나 다른 친구들 곁을 맴돈다거나 하는 반복된 행동에 유치원 선생님도 답답함을 느끼신다고 한다. 초등학교에 가서 아이의 이런 행동들 때문에 따돌림을 당하지 않을까 염려하고 있다.

- 초기 면접과 관찰

아동은 눈 마주침을 어려워하고 엄마의 뒤에 숨어있거나 자기 물건을 만지작거리는 등 불안 행동을 보였다. 현재 상황과 환경을 이해하고 받아들이며 차분하게 앉아 대기하고 있었다. 치료실에 들어갈 때도 엄마를 잠시 응시하면서 도움을 요청하는 듯했지만 이내 포기하고 치료실에 들어왔다. 신뢰를 쌓기 위해 공간과 환경을 탐색하도록 기다려 주었다. 스스로 악기를 만지며 어떻게 해야 하는지 치료사에게 시선을 보낸다. 치료사가 소리를 들려주자 귀를 막는다.

- 1회기 치료 및 관찰

환경에 적응하는 반응에서 '어쩔 수 없는 상태'라는 수용적인 태도를 보이고 있었으며, 자기를 직접 표현하는 것보다는 비언어적인 표현과 손짓을 통해 놀이나 악기를 선택하였다. 놀이 관찰에서는 이것저것을 만져 보며 상대의 눈치를 살피기는 하지만 놀이에 도움을 요청하지는 않았다. '하고 싶은 거 해 봐도 돼'라는 치료사의 지지와 관심에 아동은 놀란 듯 바라본다. 하던 놀이를 멈추고 악기에 관심을 보여 '○○이가 소리를 내고 싶으면 내도 돼'라고 말하자 아동은 '선생님이….'라고 아주 욕구를 표현한다. 악기 소리를 들려주었더니 처음과는 다르게 가까이 다가와 귀를 기울이고 있었다.

- 2회기 치료 및 관찰

치료를 들어가기 전 보호자가 '선생님 ○○이가 치료실 또 가고 싶다고, 너무 좋다고 했어요.'라고 말하였다. 구체적인 표현은 없었지만 좋다는 말을 했다고 한다. 초기 면접을 포함해 세 번째 만남인데도 어색해하지 않고 먼저 치료실에 들어가 탐색하고 기다리고 있었으며, 빨리하자고 손짓으로 재촉하고 있다. '놀이를 할까? 아니면 악기를 만져 볼까? ○○이가 선택해 봐'라는 말에 아동은 '두 가지를 해도 돼요?'라고 묻는다. '그럼 두 가지를 해도 되고, 세 가지를 해도 되는데 시간에 맞춰서 해 보자'라고 대답하자 서둘러 놀잇감을 선택한다. 1회기와는 다르게 치료사를 놀이에 참여시키며 '그동안 혼자 해서 심심했는데….'라는 표현과 함께 즐거운 웃음을 지어 보인다.

- 3회기 치료 및 관찰

'엄마는 여기에서 기다려, 나(혼자) 갔다 올게' 하며 치료실에 들어가길 재촉하였다. '선생님 오늘은 지난 시간에 하지 못했던 악기를 연주해 주세요.', '어떤 곡을 연주할까? 연주할 때 ○○이가 도와주면 더 좋은 연주가 될 수 있을 거야'라는 말에 잠시 고민하더니 '그럼 저도 같이 한번 해 볼게요.'라고 말하며 적극적으로 행동한다. 아동이 선택한 악기의 연주방법을 지도하고 피아노를 연주하자 박자를 맞춰 자기 소리를 찾아 치료사의 소리와 결합한다. 연주를 마치고 아동에게 '어땠어?'라고 묻자 '피아노 소리와 북소리가 잘 어울리는 것 같아 좋았어요.'라고 표현한다.

- 부모 상담

부모 상담을 통해 자녀에게 부정 언어사용이 많은지를 조심스럽게 물어보았다. 보호자는 신경이 예민해서 아이들에게 신경질적으로 '안 돼, 안 돼'를 반복하였고 동생들과 다투면 소리를 질렀다고 한다. 가정에서 흔히 있을 수 있는 일이지만 엄마가 왜 신경이 예민한지, 부정 언어를 왜 자주 반복적으로 사용하는지를 물어보니 남편과의 다툼으로 부부가 냉전 중이고 다툼이 반복되어 자신도 모르게 부정 언어를 자주 사용하는 것 같다고 말한다. 감정 교감이 발달한 아동들은 부모의 부정 언어에서 감정(비언어적 표현이 포함된 부정 교감)을 전달받는데, 민감한 아이일수록 부모의 부정 언어가 가정환경에 대한 위기의식을 느끼게 하고 자기부정의 불안으로 자극받을 수 있어 주의를 당부하였다.

- 4회기 치료 및 관찰

아동의 목소리가 활기차다. 치료실에 들어온 아이는 문이 닫혔는지 확인하고는 '선생님, 엄마 아빠가 나한테 미안하대요, 그래서 깜짝 놀랐어요.'라고 상기된 표정으로 말한다. 유치원에서 친구들과 놀이했던 일들을 이야기하면서도 악기 연주를 위해 열심히 준비하고 있다. 유치원에서 또래 관계와 놀이 활동이 증가하는 행동의 변화가 나타나고 있다.

- 5회기 치료 및 관찰

아동은 고음의 소리에 귀를 막지는 않았으나 소리가 귀를 괴롭힌다고 표현한다. '고음의 소리가 ○○의 귀를 왜 괴롭히는지 알아볼까?' 엄마 아빠가 다투는 소리, 엄마가 화내고 지시하는 소리, 동생들이 우는 소리, 친구들이 떠드는 소리 등을 아동은 위기감의 불안과 스트레스로 받아들여 부정적 외부 소리를 차단하려고 노력한 흔적들이 보였다. '○○이의 소리와 큰소리를 어울리게 연주해 보자.' 고음 소리의 긍정적 자극을 반복적으로 경험하게 하자 '선생님 이제는 소리가 그렇게 싫지는 않아요.' 하며 웃어 보였다.

- 6회기 치료 및 관찰

자기가 공부할 때 집중하지 못하면 소리 지르며 화를 내는 엄마의 모습이 싫었다고 말하는 ○○이의 표현과 표정에서 육아에 지친 엄마의 피곤함이 보였다. 아동에게 '○○이가 유치원에서 힘들면 어떻게 해?'라고 물었더니 '참고 있다가 엄마한테 안겨 있으면 괜찮아져요. 그런데 엄마가 힘들고 귀찮다고 많이 안아 주질 않아요.'라고 말한다. '엄마가 힘들면 ○○이가 안아 줘야겠네, 그래야 엄마도 ○○이 때문에 괜찮아지겠지' 하며 토닥토닥 안아주기를 시도한다. 부모 자녀의 서로 안아 주기는 힘들었던 감정을 치유받고 일상을 회복하려는 교감소통의 수단인데, 안아 주기 또는 안겨 있기 행동이 밀침으로 차단되어 거부당했다는 부정 감정의 자극이 교감 실패로 받아들여 자기부정의 불안으로 확대될 수 있다.

- 7회기 치료 및 관찰

엄마와 다정하게 치료실을 들어오며 인사한다. '선생님 오늘 유치원에서 배운 노래를 들려줄까요? 엄마한테 들려주니까 잘했다고 했어요.' 하며 자기의 노래를 자랑한다. 자신감을 얻은 아동은 타악기를 선택하고 오늘은 연주를 더욱 잘할 수 있다는 의지를 보인다.

소리를 인지하는 방법에서 영유아들은 '엄마'라는 단어를 수없이 듣고 모방을 통해 소리와 의사 표현을 배워간다. 가령 '아빠'라는 단어를 부모들이 오해하는 것은 '아파'라는 단어가 아빠라는 단어로 들리면서 아빠라고 말했다고 하는 경우가 있는데, 소리 인지는 반복되면서 '아파'와 '아빠'를 구분하기 시작한다. 영유아기에 자기 소리가 부정당할수록 자기의 소리를 감추고 자기의 소리가 다른 소리에 짓눌려 묻힌다면 더욱 소리에 자신감을 잃게 되며, 다른 관계에서도 소리를 부정적으로 받아들이고 인지하게 된다. 소리는 아동의 두뇌 발달에 영향을 미치고 소리를 통해 상황과 분위기를 파악하는 소리 인지의 힘도 생긴다. 이처럼 소리는 아이들에게 부정적이면서도 긍정적인 경험을 준다. 하지만 좋은 소리만, 좋아하는 소리만을 듣고 성장할 수는 없을 것이다. 부정적인 소리를 구분하는 변별 능력은 신속한 자기회복의 경험을 더욱 견고하게 만들고, 긍정의 소리는 자기 성취감을 증가시켜 준다.

소리의 긍정적 반응은 위안과 위로, 자신감과 도전의 힘, 불안의 구분과 분리, 사고능력을 확장하는 힘의 원천이 되나 부정적 반응은 불안의 증가와 위협, 공포의 원천이 된다. 부정적 소리를 경험하게 되면 신체적, 심리적으로 위축된다. 소리의 원인을 찾고자 노력하며 원인을 찾지 못했을 때 공포라는 불안 감정이 자극받아 자기 위협으로 받아들이게 된다. 원인을 찾고서야 안도하는 것은 불특정 소리가 주는 소리 인지의 오류가 어둠속의 고립과 같은 공포로 자극되어 불안의 기초점인 생존의 본능적 욕구를 자극하는 원시뇌의 활성을 촉진하기 때문이다. 소리의 위협이 해소되지 않을 경우 비장애인들도 가끔 환청을 느끼지만 위협이 계속해서 존재한다면 환청과 환각이 나타나게 된다. 환청과 환각은 망상의 정신병적 질환으로 확산될 수 있어 자녀들에게 소리의 민감한 자극을 주어서는 안 된다. 소리의 원인을 찾게 되면 불안은 해소되지만 상황에 따라 불안은 또다시 올라오는 반복성을 가지고 있다. 그래서 공포 영화나 스릴러 영화에서 사건에 다가설수록 고조된 음향을 사용하여 관객들을 긴장시키기도, 안도감을 주기도 한다.

이 아동은 치료의 효과가 명확해지면서 15회기로 마무리가 되었다. 부모는 치료를 더 받고 싶어 했지만 가장 좋은 치료는 스스로의 경험이기에 치료를 종결하였다. 이 사례를 통해 아동은 다양한 감정을 느끼며 서로 감정들이 연결된 존재라는 것을 부모가 알게 되었다. 교감은 비언어적인 표현과 말투 하나하나에서도 나올 수 있으며 아이는 부모의 그러한 감정을 통해 정서적으로 위축되기도, 자신감을 얻기도 한다는 것을 부모가 알게 되면서 부모의 변화도 가져오게 되는 좋은 시간이었다. 소리는 아동이 느끼는 감정 중 중요한 부분에 해당되며 아동들이 소리를 인지하는 방법은 서로가 다르다. 민감한 아동일 경우 소리를 부정적으로 받아들이는 부정 교감에서 일시적인 함묵증의 문제를 겪을 수 있다는 것을 설명하고자 하였다.

의사소통장애 치료 사례(기초양육불안, 부정적 자극)

- 사회 진단, 가계도 및 생태도 진단(부모 상담이 힘들 때는 별도의 진단을 거쳐야 함)

부모가 의사 표현이 미흡한 지적 장애인일 경우, 뇌 병변 장애로 언어표현이 명확하지 않을 경우, 다문화 가정에서 부모의 언어가 다를 경우 자녀들이 느끼는 언어모방과 소리연상을 통한 언어확장에 혼란이 가중될 수 있다. (특히 영유아 시기 영어에 익숙해지도록 영어 동영상이나 영어 관련 교육을 하는 것은 자국어에 혼란을 주어 영유아 시기에 완성되어야 할 발성과 발음이 불안전하게 고착될 수 있다.) 정확하지 않은 부모의 발음이 문제가 아니라 자녀가 정확하지 않은 발음을 자신들만의 해석으로 이해하고 부모와 자녀만이 아는 언어로 서로 대화한다는 것은 사회적응에 문제가 될 수 있다. 정확하지 않은 발음으로 서로가 대화하는 데 불편함을 느끼지 못하면 일반적 의사소통을 배워야 하는 필요성을 느끼지 못한다. 관계는 가정에 한정되어 있지 않고 사회에 초점이 맞춰져 있기에 의사소통 방식은 중요한 발달 과정이다.

의사소통에 문제를 겪고 있는 두 가정이 있다. 첫 번째 가정은 지적 장애인 엄마에게 자녀들이 발달 시기별 언어 자극을 받지 못해 언어 장애가 발생한 12세, 11세 아동이다. 두 아동의 언어는 부모조차도 이해하기 힘들어하였고 타인들은 이 아동들의 언어를 전혀 알아듣지 못하였다. 하지만 두 아동은 서로의 언어로 의사소통을 하고 있어 일반적인 언어 자극에 어려움을 겪고 있었다. 치료실에 처음 방문했을 때는 자기들만의 언어표현 방식이 고착화된 시기여서 심각한 수준이었다. 주 양육자는 엄마이며 자녀 양육의 방법과 언어 자극에 대한 지식이 부족하였고 아이들의 옹알이, 씹고, 빨고, 물고, 부는 등의 시기에 자극을 주지 못하여 구강 상태 또한 심각한 수준이었다.

두 번째 가정은 언어 장애인 엄마로 인해 자녀의(당시 4세) 언어가 엄마의 언어로 인식되어 언어 장애로 노출된 사례이다. 아동은 성장하면서 언어모방을 통해 소리를 인지하고 소리를 조합하여 자기의 언어와 소리를 만들어 내는데, 이 아동의 경우 발달 시기에 언어 자극이 부족하였으며 위탁 시설에서도 엄마와 분리불안이 심해 소리와 언어 교정이 힘든 상태였다고 한다. 또한, 아빠는 양육에 관심이 없어 언어 자극에 도움이 되지 않았으며 언어치료에도 비협조적인 상태였다.

첫 번째 아동들은 신체 발달이 미흡했고 지적 장애 아동이었으나 두 번째 아동은 인지 능력이나 지적 수준에는 문제가 없는 비장애 아동이었다. 언어는 소리에 대한 인식을 통해 소리를 조합하여 자기의 소리를 만드는 과정인데, 세 아동은 소리 인식의 인지 능력에서 발달이 지연된 상태였으며 운동능력의 발달 수준도 매우 부족했다. 소리 인지를 통한 언어습득능력은 어린아이들일수록 빠르게 향상될 수 있기에 발달 수준을 고려하여 언어치료와 소리 인지를 위한 음악 치료를 계획하였다.

일반적으로 발음과 의사소통은 구분하여 접근하는 것이 좋다. 발음은 단어를 이해하는 것이라면, 의사소통은 언어와 관계를 이해하는 것이기에 소리를 정확하게 인지하여 언어의 영역을 확장시켜 주는 것이 바람직한 치료 기법일 것이다. 보통 아동들은 어린이집과 유치원을 거쳐 정규 과정에 들어가게 된다. 이 과정에서 부모들은 자녀들의 의사소통 수준이 어느 정도인지를 관찰해야 하는데, 단어를 이해하고 발음할 수 있는지만 관찰하는 경우가 많다. 단어 이해와 발음이 좋다고 언어 의미와 활용 그리고 독해력 향상에 도움이 되지 않는다. 또한, 부모의 언어사용 영역에 따라 의사소통의 능력도 영향을 받게 된다. 의사소통은 언어와 관계를 이해하는 것으로 상대와의 관계에서 상황을 관찰하고 '좋다, 싫다, 괜찮다, 불편하다' 등의 자기감정을 표현하는 것이다. 이러한 기초적 의사소통을 배우지 못하고 학교에 들어간다면 또래의 관계에서 또는 상급생에게 일방적으로 끌려가거나 소통이 잘되지 않아 다툼이나 갈등이 발생할 수 있다. 자신과 관계의 상황을 설명하지 못해 학교생활이 좋은지 나쁜지를 부모들이 판단하기가 어려워 자녀들의 표정을 보고 채근하는 경우가 많아진다. 보통 학교에서는 아이들의 '자기중심 해석'을 경계하고 있으며, 학교생활에 문제가 있다면 자녀의 말만 듣지 말고 교사에게 상황을 설명 들으라고 통보한다. 자기중심적 해석에 대해 경계하는 것은 아이들이 상황을 설명할 때 '○○이가 때렸는데 나만 선생님이 혼냈어.'라며 일방적 상황만을 설명하기 때문이다. 이러한 일방적 상황의 설명을 경계하는 측면도 있지만, 교사 입장에서는 학교에 발생할 수 있는 문제의 차단과 학부모의 항의성 개입을 제지하려는 측면도 있음을 인지해야 한다.

- 초기 면접과 관찰

부모보다는 사회복지사가 아동 언어 발달지연의 심각성을 느껴 치료실을 방문하게 되었다. 사회복지사의 말을 인용하면 아빠는 보통 늦은 시간에 들어왔고 자녀와 놀아주는 것보다 자기 취미 생활을 하며 시간을 보낸다고 한다. 또한, 엄마는 언어 장애로 인해 자녀에게 놀이와 언어 자극이 부족하다고 하였다. 언어 습득을 처음 경험하는 발달 시기에 아동은 '엄마'라는 단어조차도 명확하지 않았고 대체로 흐느끼는 소리로 소통하였다. 잘못된 소리 인지로 아동은 성장할수록 위탁 시설에서 또래와 의사소통을 전혀 하지 못하였고, 또래와 어울리지 못해 위탁 시설에서는 자폐로 의심하고 있었다.

- 언어의 기초인 소리는 호흡에서부터 시작

언어 발달지연 아동들을 관찰하다 보면 코로 호흡하기보다 입을 통해 호흡하는 경우가 대부분이고 입으로 호흡하는 아동들은 스스로 호흡을 분리하지 못해 풍선 부는 것을 어려워하는 경우가 많다. 부모들은 자녀들이 코로 호흡하는지 입으로 호흡하는지를 잘 인지하지 못한다. 평소에 호흡하는 방식에 대해서 관찰을 하지 않고 당연히 코로 호흡하고 있을 것으로 판단한다. 입으로 호흡하게 되면 구강 상태와 혀의 움직임이 둔해지며 호흡을 참고 말하는 것과 같아 언어의 지속성이 떨어지게 된다.

- 1, 2, 3, 4회기 치료 및 관찰

언어치료를 들어가기 전 아동의 소리 인지를 높이기 위해 피아노 음계를 이용한 소리 인지 치료를 진행하였고, 아동의 호흡 안정화, 호흡의 구분 등 호흡법 습득을 위해 야외 놀이 활동을 실시하였다. 야외 신체 놀이에서 아동은 체력이 약해 5분 정도 지나면 주저앉거나 호흡에 불안정성을 보이고, 걷기에서도 상대에게 매달리듯이 의존적이며 뛰거나 빠르게 걸을 때는 자주 넘어지는 등 부모와 신체 놀이의 질적인 부분에서 매우 부족한 상태를 보였다. 놀이의 경험과 대/소근육 형성을 위해 놀이 활동 시간을 조금씩 늘려갔으며 소리 인지 향상을 위해 음악 치료는 멜로디 악기를 활용하였다.

- 관찰과 부모 상담

아동은 엄마와의 애착 형성에 불안 증세를 보였고 엄마의 소리 인지가 고착되어 가는 시기였으며, 아빠는 양육에 무관심하여 자녀와의 놀이나 언어 자극에 관심을 보이지 않아 놀이 활동의 필요성을 설명하였다. 아동의 놀이 활동이 대체로 집 안에서 이루어지다 보니 대/소근육 발달이 매우 부족해 신체 발달 및 운동 능력도 미흡한 상태임을 설명하였다. 엄마와의 애착 불안으로 위탁 시설에서도 분리불안이 심하여 환경에 적응하지 못하고 또래들과 어울리지 못해 언어 발달지연과 자폐를 의심하는 행동들이 나타났음을 설명하였다. 애착 불안에 대한 심리치료가 필요하며 가족(외가, 친가)의 협조를 당부하였다.

- 5, 6회기 치료 및 관찰

놀이 활동 시간에 무기력하고 쉽게 지치는 것도 문제였지만, 엄마와의 분리불안을 느끼며 놀이 중에도 흐느끼거나 엄마를 찾아야 한다는 말과 행동을 반복하였다. 놀이에 경험이 없어 계단 하나 높이에서도 뛰거나 도움 없이는 스스로 내려오지 못할 정도로 많은 어려움이 있었다. 매달리기를 하지 못했으며 미끄럼틀을 타기 위해 계단을 오를 때도 중간에 주저앉거나 호흡을 몰아쉬며 힘들어하였다. 놀이의 경험이 쌓이면서 조금씩 흥미를 보이고 놀이를 시도하기 위한 질문을 시작하였다.

- 7, 8회기 치료 및 관찰

짧은 거리이지만 달리기를 하고 높은 곳에서 뛰어내려도 안전하다는 자기 경험을 통해 놀이에 자신감이 생겼으며, 분리불안을 느끼며 엄마를 찾는 횟수가 감소하였다. 신체적 운동 능력이 향상되면서 '나 잡아 봐라' 같은 상호 작용 놀이도 가능해지며 놀이의 질이 향상되었다. 신체활동 놀이 시간이 늘어나면서 지구력 향상과 호흡을 구분하는 방법을 터득하였다. 호흡이 개선되면서 적극적인 언어표현을 시도하기 위해 주변 환경에 관심을 갖기 시작하였다.

- 9, 10회기 치료 및 관찰

놀잇감을 선택하면 선택한 놀잇감의 명확한 발음과 표현을 유도하였다. 발음교정보다 놀잇감의 명칭을 이해하는 것에 초점을 맞추었다. 스스로 뛰거나 제법 높은 곳에서 뛰어내리는 등의 대근육이 점차 발달하면서 체력의 회복속도도 개선되었다. 또한, 가정의 놀이 활동에 대해 '재미있었다. 집에서 엄마와 같이 ○○을 했다'라고 명료하지는 않지만 언어표현 욕구가 많아져 단기 놀이 활동을 마치고 소리 인지 치료를 진행하기로 하였다.

- 11, 12회기 치료 및 관찰

엄마의 소리에 익숙해져 명료한 소리에는 거부감을 보이며 귀를 막는 행동을 하였다. 멜로디 악기를 통해 소리를 인지하고, 소리의 민감성을 낮추기 위하여 익숙한 동요를 시작으로 소리의 다양성을 인지시키는 치료를 진행하고 아동의 호흡을 조절시키고자 관악기를 시작하였다.

- 13, 14회기 치료 및 관찰

리코더는 아동이 입을 떼지 않고 코로 호흡할 수 있도록 돕는 보조 악기이다. 아동은 리코더를 불어본 경험이 없어 삐! 정도 소리만 낼 뿐, 삐~이~ 정도의 소리를 내지 못하였다. 솔의 위치를 잡아주고 '짧게, 길게'를 번갈아 가며 소리 낼 수 있도록 반복하며 흥미를 자극하였다. 리코더를 훈육의 도구처럼 만지는 모습이 나타났다. 엄마는 의사소통에 어려움이 많아 자녀를 제지하는 데 훈육의 도구를 많이 사용하였고 아동은 그에 대한 부정적 모방 행동이 나타났으며 신체접촉에 대해 거부 반응을 보였다. 제지당한 경험이 스트레스로 표출되어 자기 신체를 만지거나 쓰다듬어 주는 긍정 행동에서도 움찔하는 방어 행동을 보였다.

- 15, 16회기 치료 및 관찰

리코더를 연주할 때 한 번의 호흡으로 솔~올~ 2박자의 연주가 가능해지고 음악에 맞는 박자와 리듬을 이해하면서 소리 인지가 향상되었다. 조금씩 '엄마'라는 소리가 명확해지고 '안녕히 계세요.'의 문장을 정확하게 표현하였다. 아동은 변화에 능동적이며 받아들이는 습득 능력이 좋아 빠른 시기에 치료를 시작할수록 좋은 효과를 볼 수 있다. 현재 아동은 어린이집에서 또래와의 관계 및 놀이 상호 작용이 점차 개선되고 있어 관계 향상을 위한 언어치료로 전환하였다. 또한, 자기 신체를 만지는 것에 대한 긍정경험이 쌓이면서 자연스러운 신체 접촉도 가능해졌다.

아동은 현재 언어치료를 진행하고 있으며 많은 단어와 감정 언어를 이해하고 사물의 명칭을 정확하게 말하고 있다. 단어를 연상하는 능력도 조금씩 향상되면서 자동차라는 단어를 듣고 '오늘은 엄마랑 아빠랑 차에서 노래하면서 왔어요.'라며 문장을 완성하여 이야기하였다. 스스로 소리를 해석하는 방법을 배우고 놀이를 통해 다양한 경험의 활동으로 엄마에게 향한 집착과 의존성이 감소되면서 의사 표현능력은 점차 확장되고 있다. 이 아동의 언어 발달지연은 엄마의 소리에 대한 불안정 모방 학습과 애착의 불안 심리, 놀이 경험의 미숙함과 외부와 차단된 환경 때문이었다. 불안전한 양육 환경으로 인해 장애가 아닌 아동이 장애가 될 수 있었던 사례라고 할 수 있겠다. 부모가 장애인일 경우 신속한 사회 진단을 통해 아동을 진단하고 통합 치료를 계획하여 아동의 심리 안정과 다양한 경험의 기회를 제공해야 한다.

언어의 풍부함은 의사소통 능력이며 관계 형성에 매우 중요하다. 언어의 풍부함을 갖추기 위해서는 긍정의 경험도, 부정의 경험도 필요하며 부정경험은 심리 정서의 안정성이 확보되면 스스로 회복할 수 있는 능력 또한 갖추게 된다. 하지만 부모들은 부정경험에 따른 부정 표현에 대해 나쁜 행동이라고 생각한다. 나쁜 감정을 좋게 표현하는 것은 성인들도 어려운 일인데 자녀들에게 좋게 표현하도록 지도하는 것은 강요가 된다. 자기감정이 안 좋은데 좋게 표현하도록 강요하게 되면, 대화 단절은 당연한 결과가 될 것이다. 대화의 단절은 아이들의 의사 표현능력을 제한하는 것이며 감정을 감추고 억제하라는 말과 같다. 상황에 따라 자기감정을 이해하고 표현하는 방식에서 언어는 힘을 갖추게 되며 의사 표현능력은 풍부해지기 때문에 감정의 표현방법을 지도하는 것이 중요하다. 언어와 의사 표현은 대중을 사로잡을 수 있는 힘과 자기를 대변할 수 있는 힘, 갈등을 개선시킬 수 있는 힘, 대립을 화합으로 바꿀 수 있는 힘을 가졌다. 더불어 심리가 안정될수록 큰 힘을 발휘하게 될 것이다. 쉬운 말, 단순한 표현부터 자녀에게 단어와 표현의 감정을 풍부하게 키워주는 것은 부모의 중요한 역할에 해당된다.

우울증 치료 사례(중독, 종속불안)

내담자는 아버지를 일찍 여의고 어머니와 생활하였지만, 어머니가 자녀들을 전혀 돌보지 않아 청년기에 어쩔 수 없이 독립을 선택하게 되었다. 어머니가 자녀들의 돌봄에 관심이 없었던 것은 도박에 중독되어 일상생활조차도 힘든 상태였기 때문이었다. 내담자는 자신의 생계를 위해 이른 나이에 취직을 하게 되었고 이를 지켜보던 어머니는 도박자금을 조달받기 위해 자녀의 월급을 갈취하기 시작하였다. 도박자금을 주지 않으면 회사에 쫓아와 폭언과 협박을 하여 한 직장에 오래 다닐 수 없어 내담자는 생활고를 겪고 있었다. 또 다른 문제는 방임을 겪었던 경험이 관계 불안을 만들었고 어머니에게 버려졌다는 피해 의식이 이성 관계에서 기대고 싶은 위안과 위로를 받고자 관계에 집착하는 모습을 보였다. 어머니에게 버림받았다는 불안 경험으로 인해 다시는 버림받지 않으려 상대에게 의존적 집착을 통해 구속되길 강하게 원하고 있었다. 반면 형제는 결혼 후 어머니와의 관계를 청산하였다. 형제의 단호한 관계 청산을 보면서 내담자는 오히려 어머니에 대한 책임감이 강해졌다고 한다. 이렇게 내담자와 어머니는 서로 불안에 종속되어 있었다.

심리치료의 이론과 기술, 기법은 다양하다. 성인의 경우 고도의 기술도 필요하지만 내담자가 자기의 상황과 불안을 평가할 수 있도록 유도하는 것이 중요하다. 내담자의 불안이 언제, 왜, 무엇 때문인지를 살펴보는 동시에 원가족의 불안 또한 살펴봐야 한다. 하지만 내담자는 어머니가 왜 도박에 중독되었는지, 언제부터인지,

무엇 때문인지를 전혀 알지 못할 정도로 어머니와 정서적인 교감이 부족했으며 대화도 없었다고 한다. 어린 시절 정서적인 방임에 자연스럽게 노출되면서 내담자 또한 자신의 생존에만 집중해야 했던 불안한 환경이었다고 말하였다. 일반적으로 가정에서 배울 수 있는 젠더의 역할, 부부 및 가족에 대한 이해, 정서적인 교감의 방법 그리고 아버지와의 관계조차도 기억하지 못할 정도로 불안에 종속되었으며 자신의 배우자 선택에서도 불리하게 접근하고 있는 문제로까지 확대된 인지적 왜곡의 상태가 보였다. 이 내담자에게는 가정이라는 틀(체계-시스템-구조) 속에서 젠더로서, 부부로서, 부모로서, 개인으로서, 사회 구성원으로서 관계를 형성해 나가는 방법을 인지시키고 우울의 원인을 찾아 사고 체계를 재구성하는 심리치료 접근이 필요하였다.

- 초기 면접과 관찰

20대 후반의 내담자는 답답한 마음에 무작정 치료실에 방문하였다. 도움을 받고 싶어 무작정 찾아왔지만 심리치료의 의구심을 걷어내지 못하고 자기의 일상적인 대화를 시작하였다. 대화는 단조로웠지만 한숨, 눈 찌푸림, 불안하게 움직이는 손동작, 상대와 눈을 마주치기 어려운 시선 처리 등 비언어적 표현이 나타났다. 특히 가족에 관한 이야기를 물어볼 때는 담담하게 제삼자의 입장에서 남의 얘기를 하듯 자신과 분리하려고 안간힘을 쓰고 있었다. 이후 무의식 검사를 진행하고 우울감과 부모와의 관계 등 내담자의 불안을 평가하였다.

- 1, 2회기 치료 및 관찰(가족에 대한 접근)

부모와의 좋은 관계, 현재 자기 일과 삶에 만족하고 있다고 했다. 가족의 이야기에서 가족여행에서의 즐거움, 자기의 공부에 대한 뒷바라지, 형제와의 좋은 관계 등 좋았던 과거를 회상하며 이야기를 하고 있지만 얼굴에는 수심과 고민이 가득하였고 자신의 이야기를 하는데도 마치 책을 읽는 듯 감정이 나타나지 않았다. 왜곡된 사실을 이야기할 때 자신의 경험이 없어 힘들어하는 모습을 보인다. '이야기에 감정이 보이지 않고 남의 이야기를 하는 것 같은데 왜 그런 기분이 들까요?'라는 말에 당황하는 기색이 역력했다.

- 3, 4회기 치료 및 관찰(현재 자신의 상황과 감정)

한참을 망설인다. 이야기를 어디에서부터 해야 하는지를 정리하고 있는 듯 보였다. 현재 느끼는 감정을 이야기하고 그 감정이 어디에서부터 시작되었는지를 하나하나 짚어 보기로 하였다. 내담자는 결심한 듯 말을 이어간다. 어머니에게 어린 시절 버림받았는데 성인이 되고 직장 생활을 하자 어머니에게 연락이 왔으며 끊임없이 돈을 요구한다고 했다. 잘살고 있는지는 궁금해하지 않고 돈만을 요구하였으나 '얼마나 어려우면 그럴까'라고 생각했다고 한다. 하지만 돈을 요구하는 횟수는 점차 늘었고 액수도 커졌으며 돈이 없다고 하면 직장에 찾아와 난동을 부렸다고 한다. 얼마 지나지 않아 알았지만 형제에게 돈을 요구하다 거절당하자 자기에게 연락한 것이었다. 돈이 없어 주지 않으면 집으로 찾아와 귀금속을 가지고 가면서도 어머니는 기세등등함을 보였다고 한다. 그런 모습에서조차도 연민의 정을 느껴 반항하지 못하고 어머니의 행동을 그냥 바라만 보았다고 한다. 그렇게 부모의 이혼, 어머니의 도박 중독, 방임 등의 이야기를 하였다.

- 5, 6회기 치료 및 관찰(현재 상황과 우울 감정 알아보기)

어머니의 상황도 자기를 옭아매는 문제이지만 현재 이성 친구도 좋은 사람이 아니라고 하였다. 직업도 없이 게임에 빠져 일상생활이 힘든 상태이나 외롭고 의지하고 싶은 마음에 끌리는 대로 상대를 선택했다고 한다. 자기의 상황도 힘든데 어머니의 일까지 겹쳐 정말 힘들고 지친다고 한다. 다른 가족과도 연락이 끊기면서 누구와도 자기의 속사정을 말할 수 없었고 어머니와 관계를 끊고 지내는 형제가 부럽기도 하지만 매정하게 보인다고 했다. 분노와 연민, 내 선택의 후회, 끊어내지 못하는 관계 등 불안감이 우울 감정을 더욱 자극시키고 있다. 또한, 상대에게 의지하고 싶은 감정은 불안을 덜어내고 나누고자 하는 자기보호 욕구의 자극이다.

자녀들은 부모를 통해 젠더를 이해하고 개별화를 거쳐 성장하며 사회 구성원으로서 자기 역할을 배우게 된다. 부모의 그늘, 울타리, 품이라는 단어만 봐도 알 수 있듯이 자녀는 둘이(부부, 부모) 낳고 둘이 키울 때 좋은 성장 과정을 제공할 수 있다. 좋은 성장 과정에서 중요한 것은 안전과 안정, 보호와 지지의 기초 욕구 충족이다. 부모 곁에 있는 것만으로도 자녀들은 든든하고 안전하다는 감정을 느끼기 때문에 자녀들에게는 부모의 울타리가 중요한 요소가 된다. 보통 가정의 자녀들은 권리가 되지만 이 내담자는 동경의 대상이며 부러운 감정이 되어 버렸다. 이러한 감정을 억제

해야 하는 가정환경은 가혹했으며 아무런 배움 없이 내몰린 개별화는 생존과 생계에 대한 책임감으로 강요된 불안을 떠안게 된 것이다. 누구보다 더 위로와 보호를 받고 싶어 하지만 상대와의 관계를 유지하기 위해 상대의 불안과 생계까지도 내담자의 책임으로 받아들이는 위험한 관계 집착과 상대에게 인정을 받고자 하는 인정욕구 불안을 보이고 있었다. 내담자가 자기의 상황을 알면서도 벗어나지 못하는 것은 상대를 보호함으로 자기보호 결핍을 해소하고자 하는 불안감이 높기 때문이며 자기가 버려짐에서 겪었던 상처를 상대에게 주고 싶지 않기 때문이다. 부정적 독립체로 내몰리듯 분리되면서 현재 자기 상황과 감정을 억제하지도, 감당하지도 못하고 있다.

- 7, 8회기 치료 및 관찰

자유 연상을 통해 홀로 집 안에 남겨져 울고 있는 자기의 모습, 어린 시절 친구들이 자신을 놀리던 행동, 친구들에게 끌려 다니며 느꼈던 분노의 피해 의식, 우두커니 집에서 혼자 앉아 자기 현실을 부정하던 모습, 집에 가기 싫어 이곳저곳을 배회하고 방황하던 모습 등 지난 시절 자기의 모습을 회상하며 힘들게 이야기를 이어간다. 부모에 대한 원망과 연민을 동시에 느낀다. '결혼하면 잘 살 수 있을까? 아이를 잘 키울 수 있을까?' 자신이 없다고 말한다. 어머니가 윤리 속에 내담자를 가두고 자녀로서의 역할을 강요하며 이성 친구를 비판하고 헤어짐을 강요한다. 어머니에게 끌려 다니는 모습을 바라보는 이성 친구 또한 내담자를 비하하고 비난하고 있다. 불안의 원인인 어머니와 이성 친구 모두 관계를 청산하고 싶지만 다시 시작하는 것에 불안과 두려움을 느낀다.

- 9, 10회기 치료 및 관찰

어머니를 만나고 왔다고 한다. 더욱 힘이 없고 우울해 보인다. 어머니를 이곳에 데려와 왜 자신을 버렸는지 묻고 싶다고 한다. 오늘도 상대를 비난하고 헤어짐을 강요하며 인생을 낭비하지 말라는 충고를 들었다고 한다. 어머니 때문에 직장도 그만두었다. 직장을 다녀야 생활할 수 있는데 어머니 때문에 생계까지 막혀 더욱 불안하다고 한다. 지독한 우울함을 표현하고 있다.

보통 부모 역할이 부족하거나 중독 현상을 가진 사람들은 자기 잘못을 인지하지 못한다. 죄의식이나 죄책감도 없으며 자기 기준으로 모든 것을 판단하고 평가한다. 잘못이 드러나도 부끄러움을 모르고 떳떳하며 억지와 책임 전가에 능숙하다. 또한, 자기 모면, 자기보호 수단이 특히 발달해 다른 상대나 자녀들의 감정을 통제하려 하고 비난을 통해 사람의 도리라는 강한 윤리의식을 심으려 한다. 자녀들도 부모의 비난을 참아내고 상황에서 벗어나기 위해 사람의 도리라는 윤리의 프레임에 어쩔 수 없이 자신을 가두게 된다. 자신은 부모로서 많은 희생과 헌신을 하였다고 포장하지만 정작 부모의 역할, 젠더의 역할, 자녀의 역할, 가족을 연결하는 중재의 역할조차도 하지 못한 사람들이 많다. 역할은 보고, 듣고, 느끼며 모방과 학습을 통해 배우고 체험하는 행동과 교감의 경험이다. 이 경험을 통해서 상황을 인지하고 판단하는 변별 능력이 발달하는데 중독 가정의 자녀들은 이러한 변별 능력을 갖추질 못하거나 자기중심적 변별성을 갖추게 될 수 있다. 변별 능력을 갖추지 못하면 상대와의 관계에서 좋고 나쁨을 판단하지 않고 감정적 자극에 의한 이끌림, 결여된 책임감의 관계 형성을 선호하며 나쁜 일인 줄 알면서도 유혹에서 벗어나지 못하는 이끌림의 집착을 보이게 된다.

이 내담자는 자기 삶에 어머니라는 존재를 객관화하지 못하고 자기가 책임져야 하는 혈연관계의 절대성이라는 윤리의식에 갇혀 상황 이해와 판단능력을 상실하고 있으며 어머니 또한 이러한 상황을 교활하게 이용하고 있다. 이성 친구도 내담자의 약점과 상황을 이용하여 의지라는 당근을 주고 억압이라는 채찍으로 내담자의 감정을 통제하고 있다. 삶과 상황의 악순환이 사회 활동에서도 지장을 초래하고 있다. 자기 일에 대해 집중하지 못하고 실수가 잦아지면서 자신의 역할과 위치가 흔들리고 있으며 의심과 오해로 활동의 제약이 따르고 있다. 이와는 반대로 자녀들이 성인이 되어서도 부모를 개별화된 젠더로 보지 못하고 부모로서 해야 할 역할만을 강조하며 부모의 삶을 외면하는 경우도 있다. 부모들 또한 남성과 여성의 개별적인 독립체로서 하고 싶은 일이나 갖고 싶은 욕구가 있고, 자기만의 공간에서 편히 쉬고 싶고, 자녀가 바라는 것을 거절할 권리도 있고, 힘든 것을 힘들다고 말할 수 있는데도 부모로만 바라보며 부모로서 해야 할 역할만을 강조한다. 성인의 자녀들은 개별 독립체로 성장하면서 많은 지원을 받았어도 당연하게 '손주를 봐 달라, 반찬 좀 해 달라, 아파트를 사는 데 돈이 부족하니 지원해 달라, 집안 살림을 해 달라, 사업 자금을 지원해 달라, 양육비와 생계비를 지원해 달라' 등 요구하는 단위와 횟수가 커지고, 늘어나고 있다. 부모 자식에 대한 인연, 끊을 수 없는 혈연관계에서 과도한 윤리의식은 개별화된 젠더를 인정하는 것이 아닌 부모의 젠더를 억압하는 행위임을 분명히 알아야 한다. 서로가 개별화된 젠더로서, 서로의 개별화된 젠더를 인정할 때 부모는 자녀에게 더욱 친밀함을 느끼며 자녀는 부모에게 독립체로서 인정을 받을 수 있다.

현재 이 내담자는 어머니에게 쫓기듯이 삶을 이어 가고 있다. 자기 에너지가 고갈되면 드문드문 찾아와 에너지를 충전하고 간다. 이 내담자는 보호와 의존 욕구의 충족을 위해 자기를 희생하는 윤리의 딜레마에 빠져 힘들어하고 있다. 때론 어머니에게 거절하기도 하며 이성 관계에서 전환점을 찾고자 대화를 시도하고 있다. 스스로 자기 점검과 평가를 통해 갈등과 불안을 조절하고 회복하기 위한 회복 능력의 힘을 키워가고 있다.

사춘기 반항심리 치료 사례

저자의 자녀들도 사춘기를 겪고 있으며 이성에 대한 호기심을 보인다. 이성을 보고 단순하게 접근하는 것은 젠더들의 본능적인 행동이며 욕구이다. 본능적인 이끌림으로 반복되는 이성과의 관계에서 즐거움, 상실감, 기쁨, 슬픔, 설렘, 긴장감, 짜증, 분노 등을 느끼며 이성을 바라보는 다양한 경험을 하며 성장하게 된다. 성장하고 있는 저자의 자녀들은 '오늘 ○○한테 고백했는데 거절을 당했어.'라는 감정을 숨기지 않는다. 시시콜콜 학교에서 이성과 친구와의 관계를 말하며 형제자매에게 때론 엄마와 아빠에게 다양한 감정들을 전달한다. 자기감정을 말하고 부끄러움도 나눌 수 있는 가족이 있다는 것은 아이에게 큰 힘이 된다. 성장 과정 중 시시콜콜 대화하던 습관이 사춘기에 접어들어도 자기감정을 표현하고 생각을 전달하는 데 도움을 주기 때문이다. 하지만 대화가 권위적이거나 지시적이거나 부모의 주도적인 상황에서 수동적이었던 아이라면 사춘기 시기 어느 순간 부모의 눈높이에서 벗어나는 행동과 감정을 가감 없이 표현할 것이다. 두 사례를 들여다보자.

- 초기 면접 및 관찰

① 예체능의 월등한 실력을 인정받아 입시를 준비하고 있는 자녀가 어느 날 갑자기 예체능을 그만둔다고 선언해 왔다고 한다. 어린 시절부터 부모를 잘 따랐고 대체로 화목한 가정이라고 엄마는 말한다. 하지만 갑자기 자녀의 행동이 반항적이고 친구들과 밤늦게까지 어울리며 부모의 말을 듣지 않아 걱정이라고 한다. 무의식 검사를 통해 심리를 평가했을 때 엄마의 말과는 달리 강압적인 훈육에 의해 자녀가 탈선하게 되었으며 갑자기가 아닌 오랜 시간 준비되어 온 반항심리였음을 설명한다.

② 화목한 가정으로 초등학교 때까지 아동은 부모를 잘 따랐고 문제 한번 일으키지 않았다고 엄마는 말한다. 이런 아이가 사춘기가 되면서 무단결석, 자퇴, 흡연 등으로 학교에서 경고를 받았으며

문제의 심각성과 경고 누적으로 퇴학을 권유받고 있다. 아동은 학교생활에서 적응하지 못하고 있으며 상습적인 과소비로 탕진 생활을 하고 있다. 금전조달을 위해 일수를 얻고 부모에게 자신의 채무변제를 당당히 요구한다. 부모가 채무변제를 거부하거나 행동에 대해 질책하면 학교를 자퇴하겠다고 맞서고 있다. 무의식을 평가해 보면 이 아동의 상실감과 불안은 어린 시절부터 시작되었고 가족에게 차별받았다는 부정적인 심리가 있었다. 이 아동 또한 오랜 시간 준비되어 온 반항심리였으며 자신의 무모함을 용기로 착각하고 있었다.

- 1, 2, 3회기 치료 및 관찰
① 평소 부모와의 대화가 단절되어 답답함을 호소한다. 자기의 말을 하고 싶어 치료실에 방문한 아동은 부모에 대한 반항심리가 극에 달해 있음을 느낄 수 있었다. 자기 말에 귀 기울여 주지 않는 아빠와 아빠의 편에 서서 자기를 회유하려는 엄마가 싫다고 했다. 학교에서도 답답해 죽을 것 같고 집에서도 숨이 막힐 정도로 집에 대한 강한 거부감을 나타낸다. 부모는 나쁜 친구들에게 영향을 받아 나쁜 행동을 한다고 판단하고 있지만 아동은 친구들과 밖에 있는 것이 정말 좋고 자기의 친구들은 정말 좋은 친구임을 증명할 수 있다고 했다.

부모들은 자신의 자녀들은 문제가 없는데 나쁜 친구들에게 영향을 받아 갑자기 변했다고 생각한다. 서로가 서로에게 영향을 미친다는 것을 강하게 부정하고 남 탓을 하면서 자기 자녀는 착하고 수용적인 좋은 아이라는 일방적인 평가와 평가의 합리적 기준을 강조한다. 합리적 평가 기준임을 강조하는 것은 부모의 헌신과 희생이라는 모범적인 부모 역할과 바람직한 부모상으로 인식되고 싶은 우월적 욕구가 자극되었기 때문이다. 하지만 자녀의 일탈과 반항 행동이 부모의 열등의식을 자극하고 있어 부정의 반감 심리로 표현된 것이다. 이러한 반감 심리는 가족이라는 관계만의 응집된 무의식으로 세계관 형성에 영향을 미치고 세대 간 이어지는 유전적 요인의 열성과 우성의 순화에 영향을 미쳐 부모를 보고 자녀를 평가하고, 자녀를 보고 부모를 평가하는 데 기준이 되어 사람을 탐색하는 조건으로 작용하기 때문이다. 초기탐색은 다른 상대인식의 이미지를 결정하는 연속성을 가지고 있어 취약하다고 느끼는 결점에 대해 부정하며 돌연변이, 외탁, 친탁이라는 말로 책임을 전가하게 된다. 진화론적으로 우월하고 싶은 인간의 본능적 불안의 회피 작용이다. 이렇게 자녀들의 성공은 부모평가의 기준이 되어 자녀들이 부모 자신보다 좋은 인생을 살아가길 바라는 마음이 반영된 강요와 억압의 행동은 심각한 부작용을 동반할 수 있다는 사실을 인지해야 하지만 자녀들의 미래를 위한 정확하고 정당한 행위였음을 강조하며 지금의 자녀 감정은 작은 사건이라고 치부해 버린다.

② 처음 인상은 예의가 바르고 순진한 모습이었다. 하지만 대화에서는 은어나 비속어를 많이 사용하였다. '학교에서 조직에 가담한 형님의 말 한마디에 다들 복종하며 물러나는데 정말 존경스럽다. 그 선배는 선망의 대상이며 그 권위와 조직의 힘을 동경한다.'고 했다. 부모에 대해서 '부모가 나를 낳았으니까 내가 하고 싶은

일과 내가 저지른 일도 끝까지 책임을 져야 한다.'고 생각하며 현재의 행동을 나쁜 행동이라고 인식하지 못하고 있었다. 또한, 학교생활에서 교사에게 반항하며 당당히 교실에서 나오는 행동에 대해 자신감 또는 용기라고 생각하고 있었다.

이 부모 또한 자녀가 나쁜 친구들과 어울리면서 자신의 행동이 좋고 나쁨을 구분하지 못한다고 생각한다. 자녀를 강한 질책과 부모의 권위로 제압하고 있으며 어떻게든 자녀가 학교를 졸업할 수 있도록 도움을 요청했다.

부모들은 자신들의 행동에 정당성을 부여하며 희생하고 있음을 강조한다. '다 너를 위해서, 너 잘되라고' 말하며 행동을 통제하고 지시에 순응하는 수용적인 자녀가 되길 원한다. 순응하지 않고 자녀들이 자신의 의견이나 감정을 말하면 자녀의 말에 귀를 기울이기보다는 부모에게 반항하고 대든다고 생각해 강한 체벌을 한다. 두 부모의 공통된 특징이었다.

- 4, 5회기 치료 및 관찰
① 아동은 부모와 대화를 시도하였지만 훈계와 질책으로 끝났다고 한다. 부모는 예체능을 계속하길 바라며 입시에 대해 부모의 결정에 따르라는 일방적인 통보를 받았다고 한다. 부모가 자기 입장이나 감정에 대해 전혀 들으려고 하지 않아 이제부터는 마음대로 행동하겠다고 으름장을 놓았다. 그러면서 현재 상황을 아빠의 편에 서서 말하는 엄마에 대해 불만을 드러내고 아빠에 대해서는

정말 한 대 치고 싶다는 적대감과 공격성을 보이고 있어 관계의 대치 상태가 지속되고 있었다.

② 부모가 치료실에 가면 용돈을 준다고 해서 어쩔 수 없이 왔다고 한다. 학교생활에 문제가 있다고 인정하지만 고치고 싶은 마음은 전혀 없다. 오토바이를 타고 배달 일을 시작했으며 친구들에게 돈을 빌리고 갚기로 한 날이 다가와 걱정은 되지만 못 갚으면 엄마에게 갚아 달라고 하면 된다고 했다. 명품을 좋아하는데 친구가 명품 옷을 입고 있어 돈을 주고 샀다. 명품을 갖고 싶어 배달 일을 하는 것이고 자신에게 부모가 관심을 안 가졌으면 좋겠다고 말한다.

- 6, 7회기 치료 및 관찰
① 문신을 한 모습을 자랑한다. 아직 완성되지 않았지만 문신한 자기 자신을 대견하게 생각하며 뿌듯한 표정을 짓고 있다. 부모에게 절대 걸리면 안 된다며 부모에게 말하지 말아 달라고 신신당부한다. 노출되지 않는 곳, 걸리지 않는 곳에 문신을 했으며 문신 비용을 마련하기 위해서 아르바이트를 하고 있다고 한다. 또한, 오토바이를 사기 위해 돈을 모으고 있으며 오토바이 시운전도 했다고 한다. 혹시라도 부모가 알게 되면 어떻게 할 것이냐는 질문에 부모에게 걸리면 어쩔 수 없고, 집을 나가라고 하면 나가 살 수 있으며 자신의 인생은 충분히 책임질 수 있다고 말한다. 친구들이 배달 일을 하는데 돈을 벌 수 있어 조만간 자기도 배달 일을 시작할 것이라고 말한다.

② 부모 상담을 통해 자녀가 느끼는 감정에 대해서 질문해 보았다. 외동아들이라 부족한 것 없이 해 줬는데 왜 그런지 모르겠다. 어릴 때 말을 잘 듣고 엄마를 많이 배려했던 아이가 어느 날 갑자기 거리를 두는 것을 시작으로 반항적이고 말썽을 일으켜 아이를 바라보는 것이 너무 힘들고 지친다.

두 가정 부모들은 자녀의 사춘기를 준비하지 못하였고 사춘기를 통제할 수 있다고 믿었으며, 사춘기를 통제하기 위한 수단으로 용돈을 차단하거나 강한 질책과 폭력을 정당하게 행사하고 있었다. 자녀들이 필요하다고 느끼기도 전에 채워주고 작은 실수에는 질책으로, 큰 문제나 실수에는 대수롭지 않게 문제나 실수를 감싸주며 자녀들에게 혼란을 가중시켰다. 자녀들의 진로를 부모의 감정과 계획대로 밀고 나가다 보니 자녀들의 힘듦을 외면하면서 분발하도록 채찍을 사용하였고, 채찍 후 부모는 죄책감을 느껴 자녀에게 원하지 않는 선물이나 용돈을 풍족히 주는 잘못된 보상 심리 자극의 당근을 사용하였다. 이러한 당근의 효과는 부모의 죄책감을 모면하려는 행동이며 자녀들을 위한 정당한 행동으로 기억되길 바라는 마음에서 비롯되어 자녀들의 반항심리를 부추길 뿐이다. '널 위한 거야, 부모가 너에게 나쁜 길을 안내하겠니?'라고 말하며 지시적, 권위적, 억압적인 행동을 반복한다. 이로 인해 아이들이 수용할 수 있는 한계점을 넘어서 심리적인 과부하 상태에 이르게 된다는 것을 이해하지 못하고 인정하지 않는다.

- 위기 개입 및 관찰

① 부모가 긴급하게 도움을 요청하여 가정에 방문하게 되었다. 현장의 상황은 고집과 양보 없는 기 싸움, 꺾이지 않는 부모의 강요에 의해 자녀는 물러서지 않는 대치 상황을 이어가고 있다. 자녀는 자녀대로 부모는 부모대로 원하지 않는 입시에 대해 서로에게 질문을 던져 본다. 자녀가 항상 부모의 지시에 잘 따랐으니 지금도 그래야 하는데 반항적이며 수용하지 않아 화를 내고 있다. 억압과 통제, 복종을 자녀에게 요구하고 있음을 인지시킨다. 부모는 자녀의 사춘기를 이해하지 못하고 제압하려 한다. 중재하던 엄마도 더 이상 참기 힘듦을 말하며 가족의 행복을 위한 결정이라고 말하는 아빠에게 대항하는 모습을 보였다. 자녀가 자신이 감당할 수 없는 것을 요구하는 것이 힘들다고 말하자 듣지 않고 화를 낸다. 자녀의 올바른 판단과 말들이 권력형 부모에게는 거슬리는 태도로 보이기에 강한 질책을 쏟아낸다. 자녀의 진로 결정권이 부모의 욕구 충족의 수단이 되어 부모의 성과와 만족을 위한 결정의 강요가 되었다.

② 금전 관련 문제가 또 발생하면서 집을 나가겠다는 자녀와 대치중인 상태, '학교 다니길 강요하면 집을 나가겠다. 왜 이런 집에 태어나게 해서 힘들게 하느냐, 옥상에 올라가서 떨어지겠다.' 등의 협박을 하고 있다. 엄마는 지친 모습을 보였고 아빠는 자녀를 때리며 회유하고 있다. 자녀는 어린 시절 항상 혼자였고 부모들이 바빠 돌보지 못한 미안함을 돈으로 채워 줘서 지금도 돈으로 채워주라고 요구하는 것이 뭐가 나쁘냐고 말한다. 어린 시절 돈이 아

닌 부모가 필요했고 자기 슬픔을 외면한 부모가 원망스럽다고 한다. 가족이라면 함께해야 하는데 자기는 항상 혼자라는 생각을 가졌다고 한다. 부모는 그 자리에서 할 말을 잃고 자녀의 감정을 있는 그대로 받아들여 본다. 정서적 안정 자극보다 무분별한 보상 심리 자극으로 자녀는 자신의 통제력을 상실하고 있다.

위기 개입은 긴급하거나 상황을 통제하지 못할 때 부모가 요청하거나 대상자가 요청하면 현장 개입하는 방식이며 주로 가정에서 진행한다. 가정에서의 문제점을 가정에서 해결할 수 있는 좋은 계기가 될 수 있어 부모의 허용에 따라 늦은 시간에도 긴급한 상황이 있다면 개입한다. 가정에서 갈등을 처리하고 상황과 관계를 정확하게 인지시켜 부모와 자녀의 감정을 중재하는 것이 가장 효과적이기 때문이다.

①번 아동과의 위기 개입에서는 완강한 부모의 고집이 자녀의 현재 감정 상태를 인정하지 않으려 한다. 친구들을 비난하고 자녀의 행동과 감정을 통제하려고 한다. 자녀는 자신의 친구를 나쁘게 보는 부모에 대한 비판과 예체능 입시를 그만두게 된 동기를 일목요연하게 설명한다. 자녀의 판단을 신뢰하지 않는 부모와의 대화에서 자기 의사를 전달하는 법과 자기감정을 먼저 정리하고 표현하도록 지도하였고, 부모의 노력과 헌신에 대해 고마움을 일깨워 주었다. 자녀는 자신의 감정을 숨기지 않고 말을 이어갔다. 지금까지 단 한 번도 자기 시간이 없었고 부모에 의해 만들어진 스케줄로 너무 힘들었으며 예체능을 하면서 반복되는 연습이 너무 싫었다고 한다.

예체능을 해도 인격에 상처가 나면 무슨 소용이 있냐는 말을 하자 부모는 한참을 고민하며 서로의 관계를 생각해 보기로 한다.

②번 아동의 부모와는 가정에서의 부모 역할에 대해 상담을 지속해 왔다. 자녀 또한 자녀로서 해야 할 역할이 무엇인지를 설명하였다. 부모가 바라는 자녀, 자녀가 바라는 부모는 서로가 노력해야만 만들어지는 관계라는 것을 이해시킨다. 자녀의 무분별한 생각과 행동에 대해서는 '부모 또한 착한 아이로 성장할 줄 알았는데 말썽을 부리는 아이를 보면 어떤 생각을 할까? 부모도 자녀를 선택할 수 있다면 너처럼 말썽을 일으키는 아이는 선택하지 않았을 것이다.'라는 말에 자기감정을 추스른다. 부모에게는 공부 잘하는 아이들과 비교하면서 자녀를 몰아세우며 질책하는 것은 자녀에게 열등감을 일으키게 하는 요인이며 반항심리를 키우게 된다는 것을 설명하였다. 서로의 역할을 조금씩 이해하면서 상담을 마무리하였다.

심리치료는 언제 개입하느냐가 매우 중요하며 개입 시기에 따라 짧은 시간에도 효과를 볼 수 있다. 하지만 심리치료를 통해 모든 상황이 바뀌기를 바라는 사람들이 많다. 그런 사람들은 자신이 생각했던 변화가 늦거나 시원찮다고 느끼면 금세 지쳐 포기하는데 특히 어린 자녀들의 부모들이 더욱 그렇다. 심리치료는 관계를 긍정적으로 변화시키는 촉진제이다. 촉진을 통해 서로 관계를 회복하고 그 과정을 유지하는 것은 대상자들의 몫이 되는 것이다. 중간중간 특이점이 나타나면 그에 대한 조언과 정서적인 지지를 통해 관계를 유지하고 긍정적으로 풀어가는 것이 가장 이상적이다.

현대 사회의 부모들은 바쁘다. 육아, 생계, 자기 개발, 성공, 투자, 관계, 만족 등 가정과 자신을 유지하고 개선하는 데 많은 노력이 필요하다. 이러한 노력과 더불어 성장하는 자녀들의 미래를 위한 계획과 준비에도 많은 시간이 필요하다. 하지만 준비하는 과정에서 부모의 생각인지, 자녀의 생각인지에 따라 결과는 분명한 차이를 만들기도 한다. 이렇게 가정에서 준비해야 할 과정들과 더불어 사회 불안에 대해서도 신경 써야 하는 부모들은 이루 말할 수 없을 만큼 힘이 들 것이다. 안전하지 않은 사회에서 자녀들의 일탈을 걱정하고 사고와 범죄에서 보호하며 성공의 발판을 위한 공부(학습)를 위해 스케줄러와 운전사를 자처하고 있다. 많은 것을 요구하는 현대 사회에서 자녀들을 위한 선택이라고 하지만 받아들이는 자녀들의 입장과 주는 입장의 차이를 생각하면서 흡수하도록 도와야 한다. 성숙한 부모가 미숙한 자녀들을 위한 계획이라는 접근방식보다는 생각하는 사고방식의 다양한 방법을 가르치며 미숙함을 채워주는 상호 보완적인 접근이었다면 이 사례와 같은 청소년의 탈선 문제는 예방 가능했을 것이다.

관계불안 치료 사례

경계라는 것은 자녀를 키울 때의 기준을 말한다. 이 기준은 자녀들이 성장하면서 배우게 되는 규칙과 규범, 질서, 예절, 이해, 배려 등이며 환경에 잘 적응하고 스스로 자기를 절제할 수 있는 내적 에너지의 매개체이다. 하지만 부모들은 자녀를 키우면서 아낌

없이 풍족하게 채워주려고 한다. 기(주눅)를 죽여서도 안 된다. 보기에도 아깝기에 모든 응석을 받아준다. 혼내기보다는 말로 이해시키면 알아듣고 스스로 행동을 수정하는 영특한 아이라고 생각한다. 가정에서 자녀들을 대하는 방법이나 가르치는 방법이 서로 다를 수 있지만 유독 자녀들을 경계의 기준이 없는, 자기중심적으로 키우는 부모들이 있다. 이러한 양육 방법은 환경 적응에 긴장감을 높이고 관계 불안을 가중시킬 수 있다. 유독 긴장감이 높아 적응에 어려움을 보이고 관계에서도 불안을 많이 느끼게 된다. 환경에 적응한다고 해도 환경을 자기중심적으로 해석하여 주도하려는 행동이 많아 자칫 과잉 행동의 문제(ADHD)로 오해받을 수 있으며, 관계 또한 상호적이지 않고 자기중심적인 일반화를 통해 갈등을 만드는 원인이 되기도 한다. 경계의 기준은 쉽게 말하면 버릇이며, 나쁜 버릇은 환경이나 관계에서 환영받지 못한다는 뜻이기도 하다. 이렇게 자신만 아는 이기심을 키우게 되면 상호관계성의 틀에서 위축과 자만심으로 적응에 문제를 만들고, 관계에서 이기적인 행동이 통하지 않으면 자기가 이해받지 못한다는 일반화의 오류로 인해 성격 형성에 영향을 받아 과격해질 수 있다. 부모 또한 자기 자녀가 집단에서 배척당했다는 일반화의 오류로 문제를 지적하고 개선을 요구하기를 반복한다. 경계의 기준이 되는 규칙과 규범, 질서, 예절, 이해, 배려 등이 이기적인 부모와 자녀가 정하는 규칙과 규범에 익숙해지면 '내 말이 곧 법이다.'라는 인식을 강하게 보이며 환경이나 관계에서 일방적인 소통을 주도하려 한다. 자기 기준의 질서, 자신을 향한 예의와 예절, 자기에 대한 상대방의 이해가 우선되어야 한다고 생각한다. 우월적 존재라는 착각 속에 성장하면서 참을성이 부족해지며 환경과 관계에서 많은 문제를 생산하고 갈등과 불안을 만들 수 있다. 반대로 경계의 기준이 지나친 통제나 속박이라면 분노와 보복 심리가 자극되고 일탈 행동을 강화하는 원인이 될 수 있다.

경계의 기준이 허물어진 아동들은 일방적인 자기중심적 환경을 원하고 자기 주도적인 관계를 맺으려 하지만 그런 관계를 허용하는 아동들은 드물다. 자기중심적인 환경에서 살다가 다른 환경에서 거부당하고 배척당하게 된다면 상황을 이해하지 못하고 관심을 받고자 부정적인 행동으로 환경을 장악하려 시도한다. 시무룩함, 울음, 거부, 이탈, 반항, 공격성, 억지 등으로 환경을 장악하려는 행동이 적응에 또 다른 문제를 만들게 된다. 이러한 문제 행동은 환경 적응과 관계 형성의 방법을 새롭게 알아가야 하는 과정에서 적응하기 힘들고, 새로운 환경을 배울 때 환경이나 관계에서 괴롭힘의 대상이 되는 경우가 많다. 경계의 기준이 허물어진 자신의 문제가 환경이나 관계의 문제로 확대되어 가는 현상이다. 규칙과 규범의 경계는 보이지 않지만 지켜야 할 기준의 선이라는 것을 인식시켜야 한다. 기준의 선은 환경에서 적응력을 키워주며 관계를 형성하는 발달 시기에 단계별 상호적 친밀감의 기준이 된다. 많은 부모는 자녀들을 키울 때 지나친 개입과 아낌없는 지원으로 자녀와 부모 사이의 넘지 말아야 될 선을 넘게 되는 것이며, 자녀들 또한 이러한 패턴에 익숙해져 환경이나 관계에서 넘지 말아야 될 선을 넘게 되는 것이다. 기준의 선을 지키지 않은 가정에서의 문제가 사회로 확장되어 자기중심적인 사고방식과 행동으로 표출되면서 사회에 많은 갈등과 불안을 만들고 있다. 자기중심적인 사고방식과 행동은 독버섯처럼 퍼져 사회의 피로도를 증가시키고 사회 구성원에게 피해 의식의 갈등과 불안을 전염시키고 있다. 또한, 자기반성이 없고, 문제를 지적하는 사람들을 공격하며 이기적인 배타적 권리를 내세운다. 이렇듯 가정교육은 정말 중요하다. 가정교육을 받지 않은 사람들은 환경을 자기 마음대로 해석하기 때문에 전달하는 말이나 개념들이 전혀 다르게 전달된다거나 처음의 의미와 뜻을 훼손시키는 경우가 많다. 또한, 상대와 긴밀한 관계를 선호하고 유지하기 위해 비밀을 공유하길 원하며, 상대의 삶 깊은 곳까지 개입하려 하고 은밀한 것까지 지나치게 관심을 가지며 기준의 선을 무너뜨린다. 가족에게도 기준의 선이 없는 사람들은 상처를 주고받기를 반복하게 되고 친구 관계에서도 의리나 우정을 강조하며 사람들의 사생활에 지배적인 영향력을 행사하고 싶어 한다. 기준의 선이 없는 사람들의 특징은 자기편에 집착하고 내 것과 네 것에 대한 개념이 부족하다.

기준의 선이 없는 사람들은 하지 말아야 할 일을 구분하지 못하고 행동에 제약이 없으며 상대의 감정이나 시선에도 개의치 않고 행동한다. 공공시설에서 마음 내키는 대로 행동하며, 행동에 대한 지적을 받게 되면 되레 큰소리로 상대를 비난하고 추궁하려 든다. 타인의 집을 방문해서도 그 가정의 구석구석을 탐색하고 평가한다. 상대가 예의를 요구하면 다른 상대에게 이간질하고 형편없는 사람으로 매도한다. 언제나 자기가 우월한 존재인 것처럼 행동하고 상대에게는 자신의 허락을 강요하며 상대의 허락받지 않은 행동에는 비난으로 상대를 제압하는 자기중심적 자기합리화, 자기 일반화가 강하다. 이러한 개념 없는 행동의 예로는 노키즈 존이 대표적인 사례가 될 것이다. 아무 곳에나 뛰어다니는 자녀를 제지하지 않는 부모들, 자녀의 행동을 지적하는 타인에게 기죽인다고 화를 내는 부모들, 차례를 지키지 못하고 조급해하는 부모들, 더러운 기저귀를 식당에 아무렇지 않게 버리고 가는 부모들, 물건을 다 뜯어보고 마음에 들지 않는다고 아무렇게나 놓고 가는 부모들, 거리낌 없이 쓰레기를 거리에 버리는 부모들, 자동차 창밖으로 물건을 던지는 부모들 등 이루 말할 수 없이 많은 곳에서 이루어지는 현대 사회의 새로운 폐단이며, 이기심을 넘어 타인에게 피해를 주는 사람들이다. 경계의 선은 사회 질서를 지키는 기본이기 때문에 부모들이 자녀들을 키우는 데 기준으로 삼아야 할 것이다.

경계가 없는 아동들은 공공장소나 이용 시설에서 무엇을 먼저 해야 하는지 마음이 급해 이곳저곳, 갈팡질팡 산만하게 움직인다. 아동들의 부모들은 '호기심이 많아서'라고 생각하고 싶고 그렇다고 믿고 싶겠지만, 엄연히 경계의 기준이 허물어진 아동들이다. 놀이에서 과격하거나 혼자 독점하려는 행동에 주의를 여러 차례 받아도 놀이에 참견이 심한 아동, 지나가면서 주의의 사물이나 사람들을 피하지 않고 툭툭 치거나 부딪히듯 가는 아동들은 경계의 선이 없는 것이며 이러한 행동이 지나치면 주의력 결핍 과잉 행동의 문제로 발전할 수 있다. 경계의 선이 없는 아동들은 집단에서 소통이 되지 않아 위축되거나 과격한 행동을 자주 보이고, 규칙과 규범을 지키기 힘들어하며 또래와의 갈등으로 다툼을 많이 만들어 학교 폭력의 가해자나 피해자가 될 수 있다. 경계의 기준 교육은 학령기 전에 마쳐야 하며 그렇지 않으면 학교생활과 관계 형성에서 문제를 만들 수 있다.

이제부터 경계의 기준이 없는 양육 환경이 학교생활에서 아동에게 어떤 영향을 미치게 되는지 세 가정의 아동들을 통해 살펴보도록 하자.

- 초기 면접 및 관찰

① 학교 폭력 피해자로 심리치료를 위해 방문하였다. 초등학교를 입학하고 얼마 지나지 않아 발생한 학교 폭력으로 자녀가 힘들어하는 모습에서 부모가 무엇을 어떻게 해 줘야 하는지 몰라 답답함을 호소한다. 아동의 처음 태도를 보았을 때 얌전하고, 수용적이며 학교생활에서도 교사의 지시에 순응하는 아동으로 보였다. 학교 폭력 피해자임에도 심리적으로 위축된 상태는 보이지 않았다. 치료실을 처음 방문했는데도 어색함 없이 자기 활동에 집중하고 있었다.

② 중학교에 입학하면서 집단 따돌림으로 힘들었다고 한다. 별다른 이유 없이 친한 친구들끼리 모여 이 아동을 괴롭히고 다른 친구들에게도 따돌림을 강요하면서, 학교 폭력으로 신고하였고 현재 조사 중에 있다고 한다. 이 아동은 교사에게 여러 차례 따돌림으로 힘들다고 상담을 요청하였지만 별다른 조치 없이 따돌림을 주도한 아동들에게 주의만 주었다고 한다. 부모는 자녀가 스스로 학교생활을 잘할 것으로 생각해 특별히 관심을 두지 않았다고 한

다. 이 아동 또한 학교 폭력의 피해자가 겪는 심리적인 위축이나 우울감은 보이지 않았으며 처음 만나는 치료사에게 친근함을 표현하고 있었다.

③ 이 아동은 예의가 바르고 조용한 성격이며 규칙을 지키려고 노력하고 있었다. 치료실을 방문하게 된 동기는 학부모 상담에서 심리치료가 필요할 것 같다는 교사의 권유로 찾아오게 되었다고 한다. 이 아동은 또래의 초등학생들에게 보이는 활동성은 보이지 않았으며 조용하게 자리에 앉아 공간을 탐색하고 있었다.

세 아동은 모두 관계 형성에 어려움을 보이고 있다.
①번 아동은 학교생활에 적응하는 데 힘들어했다는 부모의 보고가 있었다. 새로운 환경 적응에 어려움을 보이고 관계 맺기에 불안을 느끼며 학교에서 위축된 모습을 보였다고 한다. 허용적인 가정환경에서 자기중심적인 이기심과 자기 위주의 해석이 환경 적응 및 관계 불안에 영향을 미치게 되었다. 부모의 지나친 허용적인 태도는 자녀에게 내 것, 내 자리, 내 공간이라는 이기심에 익숙해지도록 하여 집단에서 좋은 관계 맺기를 방해하는 요인이 되었다. 이러한 익숙함이 학교생활에서도 자기 공간 침범에 대한 짜증, 경계의 눈빛, 밀침의 행동으로 표현되어지면서 상대 아동이 감정적 자극을 받아 학교 폭력이 발생하게 되었다. 자기중심적 경계의 기준을 강조한 사례이다.

②번 아동은 관계에 대한 집착을 보이며 새로운 관계에서 친구

들에게 응석을 부리고 하소연하듯 징징거리는 행동을 하였다. 친구들과의 관계가 멀어질까 봐 안절부절못하였고 할 말과 하지 말아야 할 말을 구분하지 못해 따돌림의 대상이 되었다고 한다. 부모의 방임적인 양육에서 경계의 기준선을 배우지 못하고 부모와의 관계가 불안하여 자기고립에서 벗어나고자 친구와의 관계에 집착하게 되었다. 경계의 기준을 배우지 못하였고 상대방의 기준을 침범한 사례이다.

③번 아동의 부모는 자녀들에게 관대하였고 반항적인 자녀의 행동에 대해서도 허용이 지나쳤다. 아빠의 경우 친구와 같은 아빠를 지향하고 있으며 엄마 또한 친구처럼 편하게 대해 주었다. 학교에서 동성과는 친하게 지내는 데 반해 이성에게는 적대적이며 가까이 다가오면 경계하고 공격적인 행동을 보인다. 이성에 적대감을 표현하는 것은 다양한 영향에 의해 형성되지만 특히 이 아동의 경우는 부모의 갈등에 영향받으며 학습되었다. 부모의 갈등 상황에서 어머니인 동성을 보호하려고 보였던 거친 행동들을 아버지가 관대하게 받아주면서 아동은 자기 행동의 합리화, 정당성을 가지게 되었고 습관적으로 고착되어 관계에서도 많은 영향을 미치게 되었다. 초등학교 고학년인데도 아빠에게 하대하고 공격적이며, 아빠가 아동의 행동을 지적하면 심하게 때리는 행동을 하고 있다. 아빠는 이러한 자녀의 잘못된 행동에도 관대함을 보이며 자녀의 모든 행동을 받아주고 있다. 부모 갈등으로 경계의 기준이 허물어지면서 품행의 문제로 확대된 사례이다.

세 아동의 양육 방법에는 차이가 있지만 환경과 관계에서 불안을 느끼고 집착하게 되는 것은 경계의 기준을 이해하지 못했기 때문이다.

- 4, 5회기 치료 및 관찰

① 처음과 달리 매우 소극적이며 수동적인 자세를 취하고 있다. 놀이나 악기를 선택하는 데 망설이고 정확하게 자신이 무엇을 하고 싶은지 알지 못하는 행동과 비언어적인 표현을 하고 있다. 자신이 경험한 폭력에 대해 생각하며 슬픈 표정을 짓고 위로받으려는 듯 치료사를 바라본다. '친구가 갑자기 나를….' 울먹이며 당시의 상황을 표현하려 하지만 이내 자신의 표현을 포기한다.

학교나 부모가 사건과 피해 상황을 심각하게 받아들이면서 아동을 지나치게 감싸고 있다. 조금이라도 힘든 내색을 하면 교사와 부모가 안정을 취할 수 있도록 배려하고 쉬는 공간에 다른 친구들의 접근을 차단하면서, 환경 적응능력을 떨어뜨리고 친구들의 관계에서 얻어지는 관계 회복력을 방해하고 있다. 부모 또한 자녀의 공간에 침범하지 않고 자녀의 기분에 거슬리지 않도록 행동하고 있다. 교사와 부모의 걱정 어린 시선과 관심을 부담으로 느끼지 않고 자기를 보호하는 수단으로 생각하며 익숙한 듯 자기중심적인 자기 이해를 보이고 있다. 학교 폭력의 트라우마를 극복하기보다는 환경 적응에 대한 의존성을 자극하고 있다.

② 학교에 가기 싫다. 학교 폭력 조사에서 따돌림을 주도한 친구들이 단순 징계 처분으로 마무리가 되었다고 한다. 자기의 관계 맺

기에서 집착의 행동이 잘못되었다는 문제 인식이 부족하고 상대 친구들의 행동이 어디에서 비롯되었는지를 이해하지 못한다. 결과에 대해 불만과 분노를 표현하며 자기중심적인 해석을 보인다. 학교생활에서 이성 친구에게 집착하며 관계 맺기를 시도하고 있는데 친구들이 자기를 비난하고 있다. 친하게 지내는 친구가 없어 학교생활이 재미없고 힘들다고 말한다. 그러면서 부모의 이혼에 대해 말하고 '엄마 대신 아빠를 선택해야 했는데'라는 후회를 하며 아빠에게 가고 싶다고 표현한다. 자기가 따돌림 당하는 것을 엄마 때문이라고 연결 지어 피해 의식을 보이고 있다. 부모의 갈등과 대립 그리고 이혼이라는 과정에서 심하게 불안을 경험한 아동들은 더욱 경계의 기준이 허물어지면서 관계에 집착하는 경향을 보인다.

특히 이혼 가정의 아동들은 헤어짐이나 분리에 대해 불안을 많이 느끼게 된다. 자기의 선택이 아닌 부모의 선택에 의해 분리되어진 환경과 관계에서 불안을 느끼게 되면 부모를 향한 분노와 피해 의식을 보이게 된다. 부모의 이혼 다툼과 떠넘기듯 한 양육에 노출된 부정적 경험이 더욱 분노와 피해 의식을 자극한다. 이러한 과정에서의 상처와 불안이 경계의 기준을 허물게 되며 정서적인 측면에서도 고립, 버려짐이라는 혼란과 불안을 경험하게 된다. 정서적인 불안은 다른 대상과의 관계에 집착하게 되며, 집착은 관계나 환경에서 상황과 분위기를 오해하거나 자기 상처에 대한 자기중심적 감정 공감을 원해 타인의 감정을 공감하지 못하고 소통의 오류를 만들게 된다. 소통의 오류로 인해 서로가 감정을 공감하지 못하고 자기감정을 일반화하여 자신만의 감정을 공감받고자 관계에 집착하고 집착은 응석 부리듯, 흐느끼듯, 징징거림 등으로 표현되었다. 이 아동의 경우 두서없는 자기표현, 피해망상에 가까운 자기 연민이 강하며 부모의 이혼으로 자신이 학교 폭력의 피해를 당했다고 생각한다. '엄마보다는 아빠와 있을 것을' 말하며 엄마를 따라나선 자신을 후회하고 있다. '아빠는 용돈도 많이 주고 혼내지도 않았는데….'라는 말을 하며 엄마는 '별로 무엇인가 해주는 것도 없다'고 한다. 엄마 이야기를 하다 갑자기 우울해하면서 자신이 왜 학교 폭력을 당해야 했는지 이해하지 못하겠다고 한다. 우울한 것이 싫다면서 화제를 전환하고 이성 친구에 대해 즐겁게 이야기를 하는데 일방적인 관계 집착을 보이고 있다. 자기 이해가 부족한 상태를 보인다.

③ 학교생활이 재미있고 친구들과도 잘 어울리며 공부도 열심히 하고 있는데 집에만 가면 짜증이 난다. '왜 그런지 모르겠다. 사춘기인가?' 자신의 방에 누가 들어오면 싫고 특히 아빠와 동생이 들어오면 화가 난다. 엄마하고는 이야기를 많이 하고 같이 있으면 즐겁지만 아빠하고는 즐겁지가 않고 그냥 싫다. 평소에 아빠가 자기에게 일절 관심을 두지 않았으면 좋겠다고 말한다.

가족에서 아빠와 동생에게만 적대감을 보이고 거부하는 것은 아빠에 대한 존재를 하찮게 생각하는 부부의 젠더갈등에서 원인을 찾을 수 있다. 또한, 아빠는 자녀와 친해지려고 지나치게 관대하거나 허용적인 태도를 보여 문제를 키우고 있다. 특히 부부의 젠더갈등은 동성 자녀들에게 자기들의 행동이나 태도를 이해받기 원하고 부모 자신이 자녀들을 이용하여 서로의 문제와 고집을 꺾으려고 시도한다. 또한, 자녀들을 자기의 편으로 만들어 유리한 위치에 있길 원한다. 유리한 위치를 선점하려는 것은 갈등 원인의 책임을 상대에게 떠넘기려는 접근방식이다. 자녀들이 이러한 부부, 부모의 갈등에 많이 노출되면 될수록 불안과 혼란이 가중된다. 이 사례의 아동은 아빠와 동생을 향한 분노가 어디에서 왔는지를 모르며 '그냥 싫다, 짜증이 난다.'라는 표현으로 적대감을 표현하고 있다. 하지만 아빠를 싫어하게 된 이유를 되물어보면 아빠는 자기에게 상처를 준 적이 없는데 왜 아빠를 싫어하는지 이유를 모르겠다고 한다. 아빠를 생각하면 우선 화가 나는데 엄마와 대화를 하고 나서 아빠가 싫어졌다고 한다. 엄마는 항상 아빠와 다투거나 관계에서 안 좋은 일이 생기면 자기를 불러 아빠를 비난했다고 한다. 이 아동은 자신도 모르는 사이에 젠더에 대한 편견이 생겨 아빠를 싫어하게 된 것이다. 그러면서 엄마의 불안을 아빠가 만드는 것 같다고 말한다. 엄마의 젠더갈등이나 잘못된 사고방식이 자녀에게 영향을 미치게 되었고 사고방식의 오류적인 접근이 지속되면서 아빠에 대한 적대감을 키우게 된 것이다. 부모의 갈등과 불안을 해소하고자 자녀를 이용하게 되면 자녀로서 자신의 역할을 이해하지 못하고 부모를 무시하게 되며 경계의 기준이 허물어지게 된다.

- 6, 7회기 치료 및 관찰

① 아동 옆에 있던 두 친구가 다투는 과정에서 가해 친구의 행동을 다른 친구가 피하면서 아동에게 상처가 난 상황이었으며 가해 친구가 아동에게 일부러 한 것은 아니라고 사실을 말한다. 너

무 놀란 나머지 울고 있었는데 친구가 일부러 때린 것처럼 사건이 커지며 학교 폭력으로 처리된 사건임을 아동이 설명하였다. '엄마가 알아서 할 테니까 넌 가만히 있어.' 가만히 있다 보니 병원 치료와 심리치료를 받게 되었다고 말한다.

학교폭력위원회 소집을 강하게 요구한 부모, 자녀가 스스로 상황을 말하지 못하게 일방적으로 사건을 몰아간 엄마, 학기 초기부터 자녀의 일과를 모두 관리할 정도로 자녀에 대한 지나친 개입이 있었다. 자녀의 학교생활 적응에 걱정과 염려가 심한 부모는 사건을 객관화하지 못하고 사건을 확대하여 학교생활에서 자녀의 보호 수단을 만들고자 교사의 관심을 집중시키고 피해 상황을 강조하였다. 자녀의 안전한 학교생활을 위해 가해자로 지목된 아동의 실수를 용납하지 않고 배상과 처벌을 요구하면서 자기에게 유리한 사건처리로 몰아가 상대 아동의 건강한 성장을 방해하였다. 이기적인 경계의 기준으로 자녀의 건강한 성장도 방해하고 있다.

② '이사를 오면서 적응하기 힘들었고 학교에서 아는 친구가 없어 정말 불안하고 두려웠다. 엄마도 아빠와 헤어지면서 힘들고 많이 불안했을 것이다. 어른이라고 다 잘하진 못하는구나.'를 이해하기 시작한다. '나는 불안해서 친구들과 빨리 친해지고 싶었고 호감가는 남자친구에게 이성 친구가 있는 줄 모르고 응석을 부리다 보니 다른 친구들이 이상한 아이로 오해한 것 같다.'라며 상황을 이해하기 시작한다.

③ 일상적인 아빠의 모습을 생각해 본다. 집에서 제대로 하는 것이 없다는 잔소리를 엄마에게 자주 듣는다. 우리와 놀아주기는 하지만 우리보다 더 잘 삐지고 아빠 자신의 감정만 표현하며 상대의 기분을 상하게 한다. 아빠가 자기 방에 들어오면 격하게 욕을 했다고 한다. 아빠에게 욕을 한다고 장난스럽게 맞았지만 자기도 아빠를 발로 차고 때리면서 대들었다고 자랑스럽게 이야기한다.

- 부모 상담

아동은 가정에서 자기 위치와 역할을 이해하지 못하고 있다. 엄마에게서 느낀 감정을 자기감정으로 받아들이고 동기화시켜 아빠를 공격의 대상화로 지목하는 문제 행동은 부모의 양육이나 훈육의 문제이며 부모와 자녀 간 지켜야 할 경계의 기준선이 허물어진 탓이기도 하다. 아동은 자신의 문제 행동을 사춘기 때문이라고 항변하며 자기의 행동을 정당화하고 있다. 부모는 아동의 문제 행동과 사춘기를 별개의 문제로 접근하지 못하고, 아동은 엄마와 자기 감정을 분리하지 못하여 문제가 확대된 것이다. 아빠를 귀찮은 존재, 엄마를 화내는 존재로 인식하지 않도록 부모의 갈등과 불안을 분리시켜 감정을 처리하도록 당부하였다.

- 11, 12호기 치료 및 관찰

① 아동은 대체로 자신의 갈등과 불안을 빠르게 이해하며 회복하고 있다. 학교에서 친구들과 어울리게 되었고 엄마에게 별도 놀이 시간의 허락을 받아 다양한 관계의 경험을 쌓아 가고 있다. 아직까지는 친구들 사이에서 주도적이지 않지만 아동이 어려워하거

나 모르는 부분을 친구들이 도와주고 있다 한다. '너는 이거 못하지? 우선 빠져 있어 봐'라고 말할 때는 조금 화도 나지만 못하는 것을 배우게 되면 기분이 좋아지고 성취감도 느낀다고 한다. 아동은 자기 경험을 통해 자신감과 관계를 회복하고 감정을 조절하는 법을 배우고 있다.

부모 상담을 통해 엄마는 자녀의 학교생활에서 한걸음 떨어져 관찰하라고 조언하였다. 자녀가 스스로 힘들다고 말하고 감정을 처리하지 못하면 완전 해결을 위한 개입보다는 자녀가 스스로 처리할 수 있도록 최소한의 개입을 하도록 권유하였다. 부모는 조급함이 앞서 자녀의 모든 활동을 교사에게 듣길 원했다. 자신의 성급함이 자녀의 말할 기회와 스스로 할 수 있는 기회를 뺏는 행동이라고 생각하면서 하나씩 고쳐나가겠다고 다짐한다.

② '쟤는 왜 그래? 호들갑스럽고, 갑자기 끼어들고, 정말 재수없다'라는 친구들의 말을 들었다. 갑작스럽게 다가가는 나의 행동에 거부감을 느꼈다고 한다. 친구를 사귀고 친해지기까지는 충분한 시간이 필요함을 느끼게 되었다. 불안과 긴장된 관계를 마주하는 경험을 통해 점차 친구 관계가 좋아지고 있으며 엄마와의 관계에서도 서로가 많은 노력을 하고 있다.

학교 폭력 피해자라는 이유로 가해자를 피할 필요는 없다. 서로 대면하여 상황을 이해시키고 가해자의 사과를 이끌어내 피해자의 심리적 불안을 감소시켜야 2차, 3차 등의 피해를 예방할 수 있다.

집단 폭력이나 성폭력과 같은 강력 범죄는 분리해야 하지만 그렇지 않은 경우는 서로가 문제를 대면하여 처리하는 것이 피해를 극복하는 데 도움이 된다. 학교 폭력은 가해 학생이나 피해 학생 모두가 가정환경의 불안을 경험한 피해자인 동시에 자신의 불안과 분노를 표현하는 방법에 따라 가해자가 될 수도, 피해자가 될 수도 있다.

③ 오늘은 아동이 시무룩하다. 엄마와 시시콜콜 얘기하는 것을 좋아했는데 조금씩 변해가는 엄마의 태도에 서운함을 느낀다고 한다. 오랜 시간 부모의 젠더갈등에 노출된 자녀가 부모에게 정서적인 서운함을 표현하고 있다. 가정에서 자기가 해야 할 역할을 단호하게 말하는 부모에게 적지 않게 당황했다고 한다. 부모 상담으로 자녀와 경계의 기준선을 지키기 위해 노력하는 부모의 마음은 이해하나 너무 단호하게 말하는 부모의 태도에서 다소 아쉬움을 느꼈다. 하지만 부모의 단호함을 받아들이는 아동의 태도나 행동은 부정적인 감정보다는 서운함을 보이고 있어 그나마 다행이라고 생각한다. 아직도 아빠를 향한 부정적인 감정이 남아 있는데 아빠에게 엄마를 뺏겼다고 생각하기 때문이다. 부모가 가정에서 자녀들에 대해 대화하는 것을 보고 아동은 부모의 관계가 좋아지는 것을 느끼면서 생겨난 긍정 감정과 대화 상대를 뺏겼다고 느끼는 부정 감정의 양가감정을 느끼고 있다. 부모의 대화 시간이 많아지면서 아동은 동생과 보드게임이나 다양한 놀이를 한다고 한다. 이성에 관한 분노와 공격성이 조금씩 조절되어 가고 있다.

가족 중심화는 생계의 책임감, 부양의 의무감, 양육의 부담감 등 가족의 집단화(대가족)로 분산이 가능했던 기능과 역할을 분열된 가족(핵가족) 형태가 모두 부담해야 하는 어려움과 확장된 사회로 진입하기 위한 준비와 기회를 스스로 판단하고 선택해야 하는 중첩된 부담감의 불안으로 기초적 기능을 상실하고 자기중심적 개별화가 촉진되고 있는 상태를 말한다. 이러한 가족 중심화에서 발생하는 기초적 기능의 문제가 확대되는 것을 경계하며 민감하게 받아들이는 부모는 문제 해결을 위해 노력하지만 상황을 자기중심화로 해석하려는 부모는 문제라고 인식은 하나 문제를 해결하려는 의지가 없고 자기 고집의 기준이 강해 조언이나 충고를 극도로 경계한다. 문제 해결을 위해 도움을 요청하는 부모는 조언에 빠르게 반응하고 문제에 신속하게 접근하며 수용적 태도로 문제 해결 능력 또한 좋다. 문제를 인지하고 대면하는 것만으로도 부부, 부모, 자녀 간 경계의 기준선을 만들 수 있고, 느슨하거나 강요하지 않도록 조절하려는 노력을 한다. 특화된 가족 중심화의 장점을 살려 자율, 개별, 독립, 관계, 성취, 이해, 인정 등 다양한 감정에서 다양한 경험을 지원하고, 다양성에서 시행착오와 좋은 결과를 직접 경험해야 개별적인 자기 기준 성립에 도움을 줄 수 있다. 직접 경험하지 않으면 가족이라 해도 서운함을 느끼고 서로가 허용하는 기준선을 넘게 되면 성인이 되어서도 가족은 남보다 더 못한 존재가 될 수도 있기 때문이다.

성인의 자립, 경제적인 독립을 위해서는 성장발달과정별 경계의 기준을 배우는 것이 중요하다. 경계의 기준을 배우지 못하면 내 것이 네 것이고, 네 것이 내 것이 되는 것을 당연하게 받아들여 경제적인 독립을 방해하며, 경제적인 독립이 안 되는 사람들은 자립에서도 매우 불리하고 상황을 부정적으로 판단하게 된다. 내 것이 네 것이 되고 네 것이 내 것이 되면, 내 일이 네 일이고 네 일이 내 일이 되며, 내 잘못이 너의 탓이 되는 악순환이 반복될 수 있기 때문에 가족의 기능상실을 경계하고 관찰해야 한다. 가족이라는 틀에서 누구는 희생해야 하고, 누구는 돌봐야 하는 일방적인 관계는 서로에게 의존성을 길러주고 나약함을 주게 된다. 가족 중 한 사람의 불안이 전체의 가정으로 불안이 증가하고 경제적인 부분에서 손해를 감당해야 하므로 가족의 기초적인 기능인 경계의 기준선이 필요하다.

문제라고 인식한 이 가정은 부모와 자녀의 개별화시기에 자기 역할을 받아들이고 개별화를 이해하기 위해 노력하면서 경계의 기준선을 만들어 가고 있다. 부부 관계에서 갈등과 불안을 제거하고 자녀들을 대할 수는 없지만 부모의 문제로 구분하여 해결하려는 노력의 모습을 보인다면 부모와 자녀 간의 갈등은 더 이상 확대되지는 않을 수 있다. 이처럼 허물어진 경계의 기준선을 세우게 되면 자녀들은 서운함을 느낄 것이다. 하지만 건강한 가정환경을 위해서라면 꼭 필요한 과정이며 중요한 부모의 역할이다. 서운함은 부모 관계의 질이 좋아질수록 만족과 안정감으로 변하며 가족의 갈등에서도 빠른 회복력을 기대할 수 있다. 이 사례처럼 부부의 불안과 갈등을 구분하고 조절하는 시도만으로도 건강한 가정을 만들 수 있다는 것이 증명되었다. 사춘기에 들어서는 자녀들이 있는 가정이라면 가족 중심화에 빠져 경계의 기준선이 허물어져 있는지를 꼭 확인해 보는 것이 좋다.

공감받지 못하는 자녀 치료 사례

　사회적 진단으로 기술하면 정보에 익숙한 현대 사회 부모들은 정보에 의존하여 양육의 기준을 정하고, 사회관계망에서 얻어지는 조언이나 경험 교류에서도 자기의 방식대로 해석하려는 경향이 강하다. 정보에 의존적인 부모는 자녀의 행동 변화를 성장의 발달 과정으로 보지 않고 문제로 해석하는 빈도가 높게 나타난다. 특히, 무기력한 부모가 정보에 의존하는 경우 자녀 스스로 자극받아 성장하길 바라며 자기해석과 다르다고 느낄 때 혼란스러워한다. 부모의 노력이나 자극 없이 현재의 자녀 성장기준에 맞는지만을 평가 해석하기 때문에 기준에 어긋나게 되면 정보검색의 한계를 느끼게 된다. 또한, 부부 갈등이 심한 부모는 양육을 서로 미루며 양육의 최소한 개입을 위해 혼자 놀기, 놀이시설, 위탁 시설의 정보검색에 의존적이며 지원이라는 역할을 통해 최선을 다하고 있다는 자기 안심을 얻고자 한다. 자기만 희생하고 있다는 피해 의식과 피로도가 높아지면 자기 안심이 깨지게 되며 인내심의 한계를 느끼게 된다. 자기해석이 강해지는 요인은 자기만의 특별한 자녀를 키우고 싶은 자기 고집도 있으나 핵가족형태로 지속적인 양육 경험의 교류가 어렵고 양육의 시스템도 신뢰할 수 없으며, 빈곤을 벗어나기 위한 경제활동, 자녀 양육과 교육에 대한 부담감 등 사회 구조가 안전하지 않기 때문이다. 이러한 다양한 사회적 요인으로 자기해석의 한계를 느끼게 되면 양육의 의존과 조언을 원하게 된다. 하지만 한계를 극복하고 안전한 양육 환경 제공을 위한 자기 성장의 노력이 아닌 정보의 틀에서 벗어난 자녀의 행동을 교정하여 부모 자신의 버거움만을 해소하고 싶어 한다. 치료적 진단으로 기술하면 초과된 한계치의 버거움 해소를 위한 의존과 조언을 요청하는 부모의 문제점을 보면 첫 번째, 치료사에게 자녀를 전적으로 맡기며 부모가 문제로 보고 있는 행동과 반응을 개선해 주길 바란다. 즉, 비용을 지불하고 있으니 치료사가 알아서 문제 행동을 없애 주고 자녀의 정서까지 채워주길 원한다는 것이다. 두 번째, 부모 상담을 끝없이 요구한다. 2~3시간 부모 상담을 진행하고도 상담을 마친 후 '그래서 제가 어떻게 하면 좋을까요?'라고 되묻는다. 부모 자신의 개선이나 변화의 노력 없이 자녀만의 변화를 원한다. 자녀와 안정교감을 위해 노력하는 부모들은 간단하게 또는 단순하게 부모 상담을 진행해도 이해가 빠르고, 평소 협조가 잘 이루어져 조언(가정에서 자녀를 지도하는 방법)에 따라 가정에서 즉시 적용해 보고 성취감을 보이며 작은 것 하나에도 치료사와 협력한다. 반면 자녀와 안정교감을 위한 조언에 어려움을 느끼며 상담을 이해하지 못하는 부모들은 자녀도, 부모도 변화가 없어 문제를 계속해서 키우게 된다. 특히, 변화가 없는 부모들을 보면 자기 기초 불안이 높고 부부 갈등이 심하며 무기력한 경우가 많다. 또한, 양육이나 훈육의 정보를 자기 식대로 해석하여 조언을 조언으로 들으려 하지 않고, 무기력의 원인도 상대 배우자에게 책임을 전가하며 자신의 무기력을 합리화한다. 여기에서는 갈등과 불안이 많은 부모가 자녀들에게 어떤 영향을 미치고 있는지 사례로 살펴보도록 하자.

- 초기 면접 및 관찰

① 5세 아동은 한시도 가만히 있지 못하고 놀이에 집중하지 못하며 놀잇감을 전부 바닥에 어지럽히는 등 매우 산만하다. 산만한 행동을 조금이라도 제지한다는 생각이 들면 엎드려 떼를 쓰거나 갑자기 뛰는 행동으로 몸부림친다. 말의 속도가 빨라 유치원에서 친구들과 의사소통에 제한적이며 부모도 자녀의 말을 알아듣지 못한다. 또래 관계와 사회성 증진을 위해 유치원에 보냈으며 유치원에 다니면 부모 정보검색의 의도대로 행동과 태도가 좋아질 줄 알았으나 수업에 집중하지 못하고 친구들을 귀찮게 하며 괴롭히는 문제 행동이 심해졌다고 한다. 유치원 교사가 학부모 상담을 요청하고 심각하게 심리치료를 권유하여 내원하게 되었다.

아동은 치료실에 들어와 자기가 원하는 놀잇감을 선택하였으나 선택한 놀잇감에 집중하지 못하고 다른 놀잇감을 어질러 놓는 주의력 결핍 및 과잉 행동이 나타났다. 가정에서 조기 학습을 통해 한글을 읽고 쓰기가 가능하나 정확한 뜻을 이해하지는 못한다. '유치원에서 무엇을 하고 놀았어?'라는 질문에 놀잇감을 가리키더니 '이거 하고 싶어요!'라며 현재의 자기감정만을 말하고 있다. 치료실에 방문하기 전 유치원의 권유로 병원에 다녀왔는데 병원에서 ADHD 진단을 받았다고 한다.

② 3세의 아동은 엄마의 품에서 벗어나질 않는다. 놀잇감을 가

지고 엄마가 관심을 끌어 보지만 전혀 관심을 두지 않는다. 한참 지나서야 놀잇감에 관심을 두고 이것저것을 만져 보고 악기의 소리를 내보며 관심을 표현한다. 엄마가 나가자 언제 그랬냐는 듯 혼자서도 치료실에서 잘 적응하고 치료사의 무릎에 앉아서 놀잇감을 자기고 놀이를 한다.

엄마는 자녀의 행동에서 장애(자폐스펙트럼)를 의심하고 있다. 평소 눈 마주침이 없고 알아듣기 힘든 혼잣말을 하는 행동을 보이고 있어 걱정이라고 한다. 장애 아동의 특성이 나타나기는 하나 정확한 진단을 위해 병원 진료를 권유하였다. 아동 부모는 재차 장애에 대해 조언을 구하고 있다.

③ 4세 아동은 말을 시작하기 전 '어어어어'가 먼저 나오며 언어표현의 조급함을 보이고 있다. 말더듬이라는 착각을 할 수 있을 정도로 조급함을 보이고 있으며 언어를 표현하기 전에 습관처럼 준비 행동을 하고 있다. 행동 또한 조급하고 산만하다. 유치원에서 산만한 행동 때문에 수업 진행이 어렵다는 말을 자주 듣고 있으며 가정에서도 산만한 행동 때문에 많은 주의를 주고 있지만 행동 통제가 어렵다고 한다.

부모님은 가정과 유치원 그리고 친척 집에서 자녀의 산만함과 과격한 행동이 문제라는 말을 자주 듣는다고 한다. 아빠의 말을 무시하거나 말을 듣지 않고 아빠를 때리는 행동이 자주 나타나는데 그럴 때마다 통제하면 더욱 소리를 지르거나 울음을 그치지 않는다고 한다. 아빠는 자녀가 다른 곳에서 적응 못할까 봐 걱정하고, 엄마는 자녀가 산만해서 또래에 비해 학습이 늦어질까 걱정한다. 읽기, 쓰기, 수 개념 등이 아직 부족해 공부(학습)를 시키면 집중하지 않고 어제 가르쳤던 것도 잊어버리는 경우가 많아 화가 치밀어 오른다고 한다. 부모의 조급함이 자녀에게 조급한 학습을 강요하고 있다는 것을 이해하지 못한다.

이 사례를 소개하기 전에 설명하였듯이 자녀의 변화는 부모의 변화에 따라 달라지며 부모의 변화가 문제를 해결하는 열쇠가 된다. 하지만 부모가 변하지 않는 것은 부모의 기초적인 불안과 갈등이 크기 때문이다. 부모, 즉 부부 갈등과 불안의 부정적인 행동에는 변화가 없는데 자녀 스스로가 긍정적인 행동과 생각을 통해 성장과 발달하기를 바라는 것은 자녀와의 교감을 무시하고 정신을 통제하여 행동의 교정을 강요하는 것과 같다. 자녀들은 부모와의 연결된 교감 망이 민감하게 발달되어 강요라는 교감에는 거부 반응의 반항심리가 자극받게 된다. 변화가 없는 부모는 놀이나 학습에서도 부모 만족에 의한 반강제성 놀이나 학습을 한다. 부모의 만족에 의한 반강제성 놀이나 학습은 부모의 자기해석으로 일관성이 없어 자녀들에게 산만함, 무기력, 상실감, 나태함이 나타날 수 있으며 놀이나 학습의 질이 낮아지게 된다. 만약 자녀의 긍정적인 성장과 발달을 원한다면 놀이나 학습에서 부모가 원하는 것을 강요하고 있는지, 아이가 원하고 즐거워하는 것을 하고 있는지를 살펴봐야 한다.

- 4, 5회기 치료 및 관찰

① 아동은 바쁘거나 서두르지 않고 차분하다. 치료실에 들어와서 무엇을 할지 고민하며 자신이 선택한 놀잇감에 집중력을 보여 주고 있다. 어린아이일수록 변화에 민감하게 반응하고 빠르게 적응한다. 놀이의 규칙을 이해하고 상대의 반응을 기다린다. '유치원에서 무엇을 했는지 이야기해 줄 수 있어?'라는 질문에 천천히 기억을 더듬으며 이야기를 이어 간다. 관심을 주는 만큼 아동은 상대에게 관심을 갖는다.

② 이제는 엄마의 품에 머물지 않고 곧장 치료실에 들어온다. 치료사에게 인사하며 손을 잡고 무엇을 할지 생각하고 있다. 요의를 느끼지만 화장실에 가기를 싫어해 가끔씩 옷에 대소변을 보는 경우가 있다. 치료사가 물어보면 곧장 화장실로 향하지만 엄마가 물어볼 때는 고집을 피우며 화장실에 가길 싫어한다.

③ 언어의 조급함으로 인한 '어어어어'의 표현이 많이 사라졌다. 이제는 '선생님~, 음~, 저는요'라고 한다. '호흡 한 번 하고 말해 볼까?', '잠깐 쉬었다 말해 볼까?', '선생님이 ○○이의 말을 잘 듣고 있으니까 천천히 말해도 돼' 등 안정감을 주며 대화를 유도할 때 아동은 스스로 조절하려고 노력한다.

세 가지의 사례에서 중점을 둔 것은 부모 상담이다. 자녀의 어떤 부분에 집중하고 있는지, 자녀의 말을 집중하며 듣고 있는지를 관찰했을 때 부모들은 자녀의 말을 미리 짐작하여 의사 표현을 임의 해석하고 있었다. 특히 부모들은 부부간의 갈등과 대립에서 자신들의 부정 감정을 자녀에게 표현하며 자신들의 감정도 추스르지 못하고 과격하게 반응하고 있었다. 부부의 다툼이 잦아지면 잦아질수록 자녀들은 밀쳐짐의 상처를 받게 되었고 밀쳐짐에서 자녀들은 자신들의 감정을 부모에게 전달하기 힘들어하며 전달한다고 해도 짧은 시간에 해결해야 한다는 마음이 앞서 급한 성격과 과한 행동을 보이게 된 것이다. 부모가 기분이 좋은 상태가 짧다는 의미이기도 하다. 부부 갈등과 대립의 불안으로 부모와 교감에서 실패한 자녀들은 부모의 무기력과 다툼, 갈등의 힘겨루기, 책임의 전가와 책임감 부족 등 양육의 소홀함 때문에 안정감 없는 가정환경의 위협적인 영향을 그대로 받아들이고 느끼고 있다. 부모들은 자신들의 문제가 가정환경에 영향을 미치고 있다는 것을 알지만 부모 스스로 가정환경을 바꾸려는 생각과 행동은 하지 않는다. 부모 자신들은 그대로인 채 자녀들만 성장발달에서 좋은 영향과 변화를 원하는 것은 욕심이며 무책임한 행동인 것이다.

- 7, 8회기 치료 및 관찰, 그리고 부모 상담(부모 상담 위주로 기록)

① 부부의 갈등과 불안으로 남편을 바라보는 아내, 아내를 바라보는 남편의 견해 차이가 심하게 보인다. 양육에 비협조적인 남편을 바라보는 아내의 불만은 극에 달해 서로 대화(대화 단절 및 거부)하지 않은 지 꽤 오래되었다고 한다. 부부는 갈등과 불안의 원인을 만들고 가정의 갈등과 불안의 책임을 서로의 탓으로 돌리며 가정환경에서 무기력함을 보이고 있다. 자녀들을 돌보는 데 부모

의 역할이 부족하여 애정 없는 의무만 있고 혼내거나 방임적인 극과 극의 행동을 보이고 있는데도 화목한 가정이라고 표현한다. 가정에서 자녀의 문제 행동 조절을 위한 놀이를 시도할 수 있는 조언을 주고 있지만 부부의 갈등과 다툼, 불안으로 인해 자녀를 보면 분노가 치밀어 오른다고 한다. 특히 아내는 남편이 치료실에 방문하는 것을 꺼리며 완강하게 거부하고 있다. 남편이 치료사에게 자신의 험담이나 문제를 말할까 봐 같이 방문하여 상담을 진행하는 것에 부정적이다.

이 사례 엄마는 많은 시간을 할애하여 상담을 진행하고 이해시키지만 상담을 끝내려고 하면 '그러면 제가 어떻게 해야 할까요?'라는 물음으로 치료사의 시간을 허비하고 독점하려 한다. 자녀의 치료를 핑계로 자신의 고민과 불만만 털어내려 하고 있다. 자기의 상담을 위해 다른 치료시간을 지연시키고 방해한다고 생각하지 않는다. 자기 변화를 극도로 경계하며 주변이나 환경이 변하길 바란다. 갈등과 불안을 자기가 아닌 상대에게 있다고 생각하며 상대가 만든 갈등과 불안이 자기를 괴롭힌다고 판단한다. 부부 갈등과 자기 불안, 양육의 기준 등 자기해석에서 벗어난 정보에 대해 조언을 수집하여 자기식대로 재해석하고 타인에게 자기 이해를 얻어내려는 집착을 보이고 있다.

② 자녀의 배변 실수가 잦아 평소의 배변 활동에 대해 물어본다. '저는 몰라요, 돌보고 있는 가족이 알 텐데….'라고 말하며 관심이 없다. 배앓이는 보통 자폐 아동들에게 많이 보이는 현상이다.

일반 아동들도 배앓이를 할 경우 집중력이 떨어지고 관계에서도 좋지 않은 영향을 미칠 수 있어 부모의 관찰이 필요하다는 말에 시간이 없다고 대답한다. 이 가정 또한 부부의 갈등과 불안이 오래전부터 시작되었고 '왜 나만 자녀를 책임져야 하는지 모르겠다.'라고 말한다. 치료를 통해 자녀가 변하면 좋겠지만 자녀의 변화를 위해 자기가 가정에서 노력할 시간이 없다고 말한다.

이 사례의 부모는 비판적이며 부부 갈등과 대립, 불안이 많다. 하지만 서로가 가정환경을 바꾸려는 노력은 보이지 않는다. 자녀는 치료를 받으면 받을수록 많은 변화를 보이며 좋아지고는 있지만 자폐의 특징들이 뚜렷하게 보이고 있다. 자녀의 이상행동을 정보검색하여 자기 해석하였고, 자기해석의 한계를 느끼게 되면서 책임의 회피와 혼자 책임져야 하는 피해 의식이 자극받아 남편을 향한 공격성을 보이고 있다.

③ 자녀와 아빠의 일상생활을 살펴보면, 아빠는 자녀가 귀여워서 하는 행동일 수 있지만 아무 이유 없이 툭툭 건드리며 자녀의 불만을 자극하고 있다. 괜히 건들면서 괴롭히듯이 놀이를 시도하지만 자녀가 원하는 놀이가 아니다 보니 금세 짜증과 다툼이 시작된다. 아빠가 약 올리며 놀리기를 반복하자 자녀는 아빠를 때리며 화를 낸다. 이런 행동을 지켜보던 엄마는 아빠를 질책하며 못마땅한 표정으로 상황을 정리한다. 엄마는 놀이가 아빠의 역할이라고 생각하고 엄마 자신의 역할은 학습 지도라고 강조한다. 남편은 아내가 정한 양육 기준에 의한 역할 분담에 불만이 많다. 아내로

서 역할이 부족하다고 생각하는 남편과 남편에 대해 불만이 많은 아내는 자신들의 갈등 처리에 노력하지 않는다. 이 가정의 부부는 자기에게 유리하도록 상대를 변화시키려는 욕구 또한 강하다. 환경을 개선하고자 노력하지 않은 부부는 개선되지 않는 환경에 대해 서로에게 책임을 전가하고 있으며, 치료사의 조언에도 가정에서 노력하지 않는다. 자기들의 고민만을 털어내기 바쁘며 정해진 부모 상담 시간을 무시하고, 치료사와 깊은 친밀감을 갖길 원한다. 이 부부의 특징은 서로의 역할을 강조하기 위해 정보를 탐색하고 자기 해석하는 경향이 강하며 자기 정보의 틀에서 벗어난 환경과 양육의 기준으로 버거움을 느끼고 있다. 상대를 역할이라는 틀 속에 옭아매려는 욕구가 강해 부부의 갈등과 다툼이 잦다.

- 12, 13회기 치료 및 관찰 그리고 부모 상담(부모 상담 위주로 기록)
① 아동의 산만한 행동이 조절되어 차분함을 유지하고 있으며 유치원에서도 집중력이 향상되고 또래 관계가 좋아졌다. 하지만 가정에서는 행동이 교정되지 않고 산만한 행동에 변화가 없어 엄마는 그에 대한 변화를 인정하지 않고 버거워한다. 자녀의 행동이 가정에서 더욱 거칠어지는 이유는 가정환경에 변화가 없고 부모의 불안에 따라 행동이 커질 수도 작아질 수도 있다고 설명하여도 받아드리지 않는다. 자녀가 집에 돌아오면 그저 무기력하게 바라보며 자녀의 행동 하나하나에 불만과 분노를 뱉어낸다. '하지 마, 하지 마, 하지 마'를 반복하지만 자녀는 부모의 지시를 무시하고 이곳저곳을 헤집어 놓는다. 조언의 실행 여부에 대해 묻자 '못했어요, 제 말은 듣지 않아요. 그냥 애들이 가만히 있었으면 좋겠어요.'

라고 답변한다. 그러면서 상담을 마치려고 하면 다시 '어떻게 하면 좋을까요?'를 묻는다. 상담을 통해 자녀와 분리되고 싶은 욕구의 무기력이 자녀의 부정행동을 강화하고 있다. 부모의 갈등과 불안, 무기력함에 힘들어하는 자녀의 절박한 몸부림을 주의 깊게 살펴야 하는 부모의 역할이 부족한 상태이다.

② 자녀의 배변 활동은 보통 9일이나 10일 정도에 소량의 대변을 보고 소변은 참다 참다 더 이상 참을 수 없을 때 화장실을 가는데 옷에 실수하는 경우가 많다고 한다. 신체적 긴장이 높은 아동일수록 식생활이 제한적이며 배변 활동에도 문제가 있을 수 있다. 배변 활동의 문제로 배앓이가 지속되면 환경에 적응하는 데 어려움을 느끼게 된다. 자녀의 식생활을 물어보자 '먹는 것은 가족이 알고 저는 잘 몰라요. 잘 먹는 것 같은데….'라고 말한다. 평소 칭얼거림과 보채는 행동이 심한데도 부모는 칭얼거림의 원인을 찾고자 하는 의지가 없다. 배변 활동 후 자녀의 행동에 대해 관찰을 부탁드렸지만 배변 활동만을 보고한다. 부모 상담에서 엄마는 자신이 변해야 하는 이유와 부모만 왜 희생해야 하는지를 묻는다. 자녀에 대한 관심과 양육을 희생이라고 표현하고 있다.

배변 활동에 문제를 보이는 아동들은 보채거나 칭얼거림이 심해지고 활동과 행동이 위축되어 제한적이며 숙면하는 데도 어려움이 나타난다. 수면의 질이 낮을수록 아동은 무기력과 짜증이 증가하고, 배앓이가 지속되면 정상적인 활동이 어려울 수 있다.

③ 부모 중 한쪽은 지나친 허용, 다른 한쪽은 지나친 통제의 권위적인 양육 방법으로 접근하고 있음을 이해시킨다. 특히 아빠를 발로 차거나 손으로 때리며 물건을 던지는 행동이 잘못되었음을 자녀에게 정확하고 단호하게 훈육해야 한다고 조언한다. 자녀의 의견을 반영하고 의사 표현에서 긍정적인 부모의 반응을 보여주면 문제 행동은 점차 없어질 수 있다고 설명하였다. 또한, 부부가 다른 한쪽을 험담하거나 다투는 등 공격적 태도는 행동 모방을 강화할 수 있으므로 부부 갈등과 대립의 불안은 자녀가 없는 곳에서 감정을 처리하고 자녀를 바라보는 감정을 구분하도록 조언하였다. 가정환경에서 부모의 행동과 태도를 보고 자라는 자녀들은 부모 행동을 쉽게 모방하며 교감을 통해 감정의 불안을 가져올 수 있으므로 주의가 필요하다.

- 22, 23회기 치료 및 관찰(부모 상담 기록)

① 매번 같은 것을 반복해서 물어본다. 엄마는 자신의 행동에 전혀 변화가 없으며 자신의 행동을 바꿀 의지가 없어 보인다. 남편과의 상담을 진행하였다. 남편의 불만이 쏟아진다. "아이를 키우는 가정환경이 청결하지도 않고 집에서 밥을 해 먹는 것도 손가락에 꼽을 정도이며 퇴근 후 집에 가면 아이들이 집 안을 난장판으로 만들고 난리를 치고 있어도 아내는 침대에 누워 '하지 마'라고만 한다. 늦게 퇴근해도 아이들과 놀아주기 위해 산책을 하고 놀이터에 가기도 하지만 아내는 그 이상을 원한다."라며 답답함을 호소한다.

이 가정은 엄마가 정서적으로 건강하지 못하고 무기력하며 아내의 역할이나 엄마의 역할을 이해하지 못하는 것이 문제이다. '경제적인 뒷받침과 가사, 양육도 남편이 책임져야 한다.'라고 아내는 생각하고 있다. 아내로서 가사와 양육은 전혀 신경 쓰지 않고 자녀들에게 시달리는 것이 힘들다고 호소한다. 가정생활 유지를 위해 경제적인 책임의 무게를 감당하고 있는 남편의 역할은 무시하고 좋은 아빠, 좋은 남편이기를 바라는 것은 지나친 자기중심적 해석이며 다른 가정도 이렇게 하고 있다는 주관적 정보검색의 결과이다. 이러한 아내의 이기심이 건강한 가정의 삶을 위협하고 있는데도 정작 자신의 문제는 바라보지 않고 자기의 삶이 기적처럼 변하길 바란다. 자신의 무기력한 것 또한 배우자와 자녀들 때문이라며 책임을 전가하고 있다. 문제와 환경의 변화를 위해서 그리고 자녀들의 정서적인 건강을 위해서라도 심리치료가 필요하지만 자기는 아무런 문제가 없다고 거부하고 있어 남편에게 조언하고 아내의 변화를 유도하기로 하였다.

② 아동의 배변 활동이 대체로 잘 이루어지면서 보채거나 칭얼거림이 개선되고 있다. 이제는 가정에서 혼자 놀기도 하고 유치원에서 친구들과도 잘 어울리고 있다. 치료시간에도 적극적인 행동으로 놀이의 질이 높아지고 있다. 가족들에게 자녀의 배변 활동을 잘 체크하도록 당부하며 가정에서 놀이의 질을 높일 수 있도록 조언하고 자녀의 장애를 이해하는 데 도움을 주었다. 장애를 인정하지만 감당할 수 없어 자녀의 양육을 포기하고 싶다고 말한다. 자녀를 포기하고 싶은 마음을 탐색하기 위해 이야기를 시작하자 '아

무런 문제가 없었는데요, 우리 부부는 좋은 관계예요.'라고 자신을 감춘다.

③ 남편의 성숙하지 못한 모습에 불만을 느꼈으며 불만이 갈등을 만들고 갈등이 가정을 불안하게 만들었음을 말한다. 남편도 좋은 아빠가 되기 위해 노력하지만 자녀의 행동을 지나치게 허용하여 버릇없는 자녀가 된 것 같다고 고백한다. 사람이 한 번에 바뀔 수 없는 것처럼 남편의 행동과 태도의 변화를 기다려 보기로 한다. 엄마로서, 아내로서의 문제도 있지만 자기 문제는 인정하지 않는다. 자기는 아내로서, 엄마로서 잘하고 있음을 강조한다. 가족의 문제가 해결되면 자기는 자연스럽게 변화가 가능하다고 생각한다.

- 40, 41회기 치료 및 관찰(부모 상담 기록)
① '우리 부부의 갈등과 불안을 아이가 왜 느껴요?' 엄마의 불안을 탐색하고자 성장 과정을 살펴보지만 자기방어에 급급하다. '평범했어요. 우리 부모는 정말 우리에게 잘해 줬어요.'라는 말에 좋은 기억이 무엇인지 말해줄 수 있냐고 치료사가 질문하자 당황한다. '딱히 말로 설명하기는 힘든데….' 기억을 왜곡하면서 자기를 숨기고 있다. 무기력에는 이유와 원인이 있는데도 탐색을 거부하고 '그럼 어떻게 할까요?'를 물어보며 또 시간을 독점하려 한다.

② 성장 과정에 대해 탐색을 시도해 보지만 자기를 방어하기 시작한다. '우리 부모는 자녀들에게 헌신적이었고 저는 부족함 없이 자랐어요.'라고 말하나 엄마에 대한 좋은 기억은 대답하지 못한다.

'아빠가 다 잘 챙겨 줬는데….'라며 자기의 원가정에는 문제가 없었다고 말한다. 양육의 무기력한 원인탐색을 위한 질문에 다른 말로 화제를 전환한다. 자녀의 장애가 상대에게 책임이 있다는 간접적인 표현을 하고 있다.

③ 아동의 조급한 행동이 개선되자 학습을 강요하면서 운동 틱 증상을 보이기 시작한다. 아빠는 노력을 통해서 가정환경과 관계의 개선을 보이고 있는데 엄마는 자신의 문제에서 개선의 노력이 보이지 않는다. 자녀가 운동 틱 증상을 보이자 문제의 원인을 다른 곳에서 찾으려고 한다. 가정에서 놀이의 질도 중요하지만 외부 활동을 통해 경험을 쌓을 수 있도록 조언하자 다시 아빠에게 역할을 강조하고 책임을 돌린다.

부모 상담에서 단계별로 나타나는 감정을 글로 표현하기에는 부족할 수 있다. 짧은 부모 상담 시간과 다음 내담자가 기다리고 있는 상황에서 부모의 정서적인 문제에 접근하기는 어려움이 많다. 하지만 과정을 거듭할수록 문제를 생산한 사람은 변화에 수동적인 태도를 보이거나 변화를 거부한다. 이러한 부모의 특징은 상담을 마칠 때 부모 자신의 문제가 아닌 자녀의 문제로 방문하였음을 강조한다.

세 가지 사례 중 1번의 부모는 자신의 변화를 거부하였고 자녀와 환경만 변하길 원하였다. 부모 자신의 행동과 양육 태도가 변하지 않는 한 자녀의 문제 행동은 계속 반복되며 성장하면서 통제하기 힘든 문제로 확대될 수 있다. 부모의 행동은 그대로인데 자녀들에게만 올바른 행동을 강요하게 되면 부모의 바람대로 좋아질 수 없다는 것을 이해하지 못한다. 자녀들이 성장하는 과정에서 부모 역할이 중요한데 이 사례는 자녀들 스스로 어른처럼 행동하길 바라고 부모 자신을 편하게 해주길 바란다. 또한, 부모의 기대치가 높아 자녀들의 긍정적인 변화에도 자기해석의 기준에 미치지 못한다고 비판한다. (아이를 아이로 바라보지 않고 어른처럼 행동하길 원하는 기준, 주변 환경이 문제라는 기준 등)

2번의 부모는 조언을 받아들였고 자녀는 조금씩 성장하고 있다. 자녀들의 보챔과 칭얼거림의 원인이 배앓이에 있을 수 있다. 다른 환경과 관계에서 적응할 때 보이는 긴장과 두려움의 불안으로 배앓이가 나타날 수 있으나 환경에 익숙해지면 자연스럽게 배앓이는 사라지게 된다. 흔히 부모들은 자녀들의 배변 활동에 관심을 두지 않으며 어린 자녀들의 배변 활동에 대해 잘 모르는 경우가 많다. 특히 장애(자폐스펙트럼) 의심 또는 장애(자폐스펙트럼) 아동 부모들은 자녀의 배변 활동에 대해 관심을 두지 않거나 '지금의 상황을 회피하기 위한 수단으로 화장실을 가는 것이 습관'이라고 단정 짓는다. 성인들도 배변 활동에 문제가 생기면 일에 집중하기 어렵고 일상생활에서 많은 불편을 느끼며 관계에서 자신도 모르게 날카로운 성향을 보이게 된다. 이처럼 일상생활에서 많은 문제와 불편을 만드는 배변 활동은 어린아이들일수록 중요하게 관찰해야 된다. 자녀들이 칭얼거림과 보챔이 심하거나 집중력이 부족해 보인다면 배변 활동이 원활한지 우선 살펴보는 것이 좋다.

3번 사례는 자녀의 조급함이나 부모의 분노 구분이 잘 이루어지고 있다. 엄마 자신도 점차 변화를 보이기 시작하였고 남편의 입장에서 이해하려 노력하고 있다. 변화를 받아들인 엄마로 인해 점차 가족관계도 회복되었고 불안이라는 기초점이 어느 정도 해소되면서 경험을 쌓아 가며 성장하고 있다.

'제가 어떻게 하면 좋을까요?'라는 질문에서 어떻게 하면 좋을지는 부모 자신들이 더 잘 알고 있다. '이렇게 하면 좋을까?, 저렇게 하면 좋을까?'의 판단에 불안함을 느낄 뿐이지 부모들은 충분히 해결할 능력을 갖추고 있다. 시행착오조차도 부모에게는 좋은 경험이 된다. 자녀들은 노력하는 부모의 모습, 행동, 태도를 보면서 좋은 교감을 하고 관계의 경험을 쌓아 가게 된다. 서로가 문제를 해결해 나가는 과정은 부모와 자녀 간 신뢰라는 좋은 경험을 줄 수 있고 자녀들에게 좋은 교육이 될 수 있다. 하지만 변화를 두려워하거나 무기력한 부모의 마음(정서, 심리, 정신)에는 무지, 나태, 이기심, 독선이라는 독소가 있는데 자신의 독소를 인정하지 않는다. 설령 인정한다 하여도 환경과 상대로부터 질병에 감염되어 중독된 상태라고 책임을 전가하며 방치한다. 독소를 해독하지 않고 방치한다면 아무리 좋은 약을 먹어도 건강은 회복되지 않을 것이며 또 다른 증상이 나타나고 계속해서 자신을 괴롭히게 된다. 독소를 가진 사람들은 자기와 가족, 더 나아가 사회에 위협적인 존재가 되고 사회나 가족으로부터 소외되거나 배척당하게 될 것이다. 위협적인 존재, 소외나 배척당하는 존재의 사람들이 흔히 가지는 독소는 젠더, 개인, 가족, 사회에서 자기 독선에 빠져 만족을 느끼지 못하는 자기중심적 감정과 해석에 의한 것이다. 독소 제거는 개인에게도 중요하지만 가정의 문제라면 더욱 중요하다. 가정에서 부모들이 정신과 마음의 독소를 제거하고자 하는 변화를 받아들일 준비가 되어 있어야 한다. 변화를 받아들이지 않는다면 자신의 독소로 인해 자녀들 그리고 가정을 위태롭게 만들 수 있다. '제가 어떻게 하면 좋을까요?'의 말처럼 자신은 아무것도 할 수 없는 암담한 환경이라는 자기해석에서 변화하길 원한다면 자기해석을 재구성하고 재해석하는 것을 시작으로 자신이 원하고 추구하고 싶었던 가정을 설정하여 자기개선을 위한 작은 실천이 필요하다. 자기개선을 위한 실천을 보고, 듣고, 배우지 못했다고 해서 할 수 없다고 단정 짓는 것은 좋은 환경을 포기하는 것이다. 이 과정이 어렵고 고단하며 힘겹더라도 다양한 사람의 조언과 정보를 통해 자신들만의 환경을 만들고자 고민하고 노력해야 한다. 윤리나 도덕은 양심이라는 감정에서 시작된다는 것을 모르는 사람들은 없을 것이다. 자녀들을 키우는 데 있어 좋은 환경을 만들어 주려는 마음은 부모의 윤리와 도덕이라는 양심의 감정에서 시작된다. 무기력한 부모 또한 자녀들에게 좋은 것을 주고 싶은 양심의 감정은 존재한다. 윤리와 도덕이라는 양심의 감정을 따라가며 자녀들을 키운다면 부모의 독소는 해독될 것이며 자녀는 부모의 독소에 감염되지 않을 것이다.

현대인들은 디톡스에 관심이 많고 건강한 삶을 위해서 해독을 중요하게 생각하고 있다. '디톡스'는 자신의 몸속에 있는 독소를 해독하는 것이다. 신체의 디톡스를 위해 많은 관심을 갖고 금전적인 지출을 아끼지 않고 있다. 신체(몸) 건강을 중요하게 생각하는 것은 건강한 삶, 안정된 삶, 행복한 삶, 성공을 위한 준비 등 누리고, 즐기고, 만끽하고 싶은 젊음의 유지와 무병장수라는 인간의 욕구 때문이다. 이토록 신체 건강을 위해서는 투자하며 노력을 아끼지 않는데 왜 정서, 심리, 정신과 같은 '마인드 디톡스'에는 소홀하게 생각하는지를 살펴보면 신체가 건강하면 정신도 건강하다는 생각이 강하기 때문이다. 하지만 누구도 자기과시를 위해 몸집을 키우고 문신을 하며 운동에 집착하는 건장한 사람들이 정신도 건강하다고 생각하지 않을 것이다. 인간의 감정을 통제하고 조절하는 정신이 건강했을 때 신체는 건강 유지를 위해 기능하게 된다. 신체의 건강만큼 정신의 건강도 중요하며 서로 균형을 이룰 때 인간은 건강하다고 할 수 있다. 균형을 위해 인간의 감정에서 마인드 디톡스는 필요하다. 부정적인 감정(분노, 공격성, 우울, 상실, 무기력, 중독, 무모함, 이간질, 시기, 질투, 권위적, 이기심, 배타심, 욕심, 독점, 방어, 회피, 투사 등)에서도, 긍정적인 감정(만족, 사랑, 기대, 편안, 평온, 안정, 안전, 소망, 희망, 행복, 즐거움, 기쁨, 설렘 등)에서도 필요하다. 싫다고 해서 계속 싫을 수 없고, 좋다고 해서 마냥 좋을 수 없는 것처럼 부정 감정은 조절하고 좋은 감정은 절제하는 기준의 해독은 꼭 필요하다. 그러나 마인드 디톡스를 위한 접근과 방법에 대해서 많은 사람들이 정신에 문제가 있는 사람들로 생각하며 부정적인 사회 분위기로 몰아가고 있어 마인드 디톡스를 방해하고 있다.

과학과 의학의 발전으로 신체적인 질병을 예방하고 치료가 가능해지는 부분이 늘어나고 있다. 하지만 정신에 대한 영역은 아직까지 과학과 의학으로도 풀 수 없는 미지의 영역으로 남아 있기 때문에 외면받을 수 있으나 건강한 사회와 사람들의 정신 건강을 위해 가장 중요하게 생각해야 한다. 정신은 인간에게 품위, 유지, 성숙, 발달, 진화라는 중요한 가치를 갖게 한다. 현대 사회는 사람들의 정신 건강을 외면하고 있어 갈등과 불안의 위협 사회가 되었고 개인과 가정에 부정적 영향을 미치고 있다. 사회가 정신 건강을 외면하지 않고 조금이라도 관심을 가졌더라면 사회는 지금보다 건강했을 것이며 사람들은 조금 더 안전하게 살아가고 있을 것이다. 즉 정신 건강(심리+정서+마음)은 윤리와 도덕을 세울 수 있는 가장 좋은 방법이며 윤리(사회)와 도덕(사람)적인 사회일 때 사회는 가장 안전하다는 것이다. 신체도, 정신도 건강한 사람들은 힘센 사람들의 논리에 빠지지 않는다. 신체가 약해도 정신이 건강하다면 자신을 표현할 수 있으며, 사회는 건전하고 건강하며 이롭다 할 것이다. 건강한 사회는 사회 불안에 대해 민감하게 반응하며 사회 불안을 능동적으로 대처하도록 기능하고, 사회 불안과 개인의 불안을 구분하고 견제할 수 있도록 하며 사회 불안을 이겨내고 회복하는 데 힘을 발휘할 수 있다. 사회적인 힘은 불안을 조성하고 이용하는 조직에 대항할 수 있다. 마인드 디톡스는 현대인들이 가져야 하는 안전장치이며 안전한 사회에서 살아갈 수 있는 권리로 받아들이고 해석되어야 한다.

양육갈등 가정의 아동 치료 사례

　부부의 양육과 가사의 책임 공방은 서로에 대한 배려심이 부족해서 발생한다. '왜 나만'이라는 갈등이 여성 또는 양성의의 일방적인 희생이라는 피해 의식을 자극시켜 젠더의 갈등과 대립으로까지 이어지게 된다. 부부가 젠더의 갈등과 대립의 불안까지 겪게 되면 다툼은 더욱 치열해지는데 이 치열한 다툼에서 자녀들은 성장발달에 부정적 영향을 받을 수밖에 없다. 젠더갈등과 대립의 불안이 높은 부부와 상담을 진행하다 보면 서로 소통의 문제가 많고 일방적이며, 성의 역할에 불만스럽고 표현이 거칠며, 개인적인 취미나 사회 활동에는 적극적이지만 가사와 양육에는 무기력하고 관심이 없다. 또한, 서로의 원가족에 대한 충성도가 높아 상대 배우자에게 희생을 감수하도록 강요하며 자녀로서의 도리를 강조한다. 부부 관계나 가정환경에서 화를 내야 할 때와 화를 내지 않아야 할 때를 구분하지 못하고 알코올에 의존적이며, 섹스에 대해 일방적인 요구가 많고 섹스에 대한 욕구 불만의 감정을 통제하지 못하고 비판적이다. 부부 갈등과 대립의 다양한 문제가 불안한 가정환경을 만드는 자극제가 되어 자녀들의 불안으로 확대된다. 부부 갈등의 시작은 단순하다. 일과 양육의 구분 즉, 돈을 버는 사람과 돈을 쓰는 사람의 역할을 강조하며 경제활동과 가사 활동의 의미와 무게를 정하고 대립의 힘겨루기로 이어지게 된다. '경제활동이 우선이냐, 가사 활동이 우선이냐'의 힘겨루기는 '닭이 먼저냐, 달걀이 먼저냐'와 같은 풀리지 않는 논쟁이며 끝나지 않는 논쟁 속에서 자녀들을 혼란이라는 깊은 수렁으로 빠트리는 것과 같다. 부부의 대화 방식도 이와 같은 패턴을 반복하고 있어 부모의 갈등과 대립을 경험하고 성인이 된 자녀들은 젠더갈등의 깊은 수렁 속에 빠져 결혼과 출산을 포기하고 있다. 서로가 존중이라는 배려와 이해라는 관심이 해묵은 논쟁과 비난을 멈출 수 있는데도 부부의 갈등과 양육의 갈등으로 서로를 비난하고 상대의 역할을 얕잡아 보는 위태로운 가정의 자녀들을 살펴보도록 하자.

- 초기 면접 및 관찰

삼 남매 중 첫째가 초등학교 입학 후 친구들과 어울리지 못하고 수업 시간에 자유분방하게 돌아다니며 수업을 방해하는 반복된 행동이 나타나 교사로부터 심리치료를 권유받았다. 이 아동은 가정에서도 행동을 통제하지 못하고 동생들과도 잘 어울리지 못하며 동생에게 화를 내거나 힘으로 제압한다. 동생들과 다툼이 반복되어 관심을 돌리고자 미디어 시청을 허용하였고 미디어 시청으로 행동을 통제하면서 조절 능력을 상실한 중독 현상을 보이며 게임을 하다가도 자신이 게임 규칙을 이해하지 못해 게임에서 지게 되면 화를 참지 못하고 억지를 부린다. 학교에서 친구들이 먼저 자신에게 인사를 하지 않거나 관심을 가져 주지 않으면 화를 참지 못하고 실제와 허구를 구분하지 못하는 현실감각이 미흡한 상태의 행동을 보이고 있었다. 엄마는 가정환경을 전쟁터라고 표현하며 혼잡스럽고 정신이 없는 상태가 지속되어 지치고 힘들다고 한다.

- 2, 3회기 치료 및 관찰

치료실을 방문할 때 자녀들을 돌봐 줄 사람이 없어 엄마와 함께

4명의 가족이 방문하였다. 남편은 휴일에도 자녀들을 돌보지 않고 짧은 시간조차도 자녀들의 장난을 참지 못하며 화를 낸다고 한다. 남편은 자녀들의 양육에 관심도, 생각도 없어 어쩔 수 없이 데려왔다고 한다. 아동은 치료실의 모든 공간에 거침없이 들어가 마음대로 물건을 만지거나 가지고 나와 놀기를 반복한다. 엄마가 제지해도 아동은 아랑곳하지 않고 복도를 활보하며 미끄럼을 타듯이 질주한다. 잠시도 가만있지 못하고 동생들을 괴롭히며 다른 사람들이 있어도 시끄럽게 떠들고 다툼을 반복하고 있다. 버릇도, 예의도, 규칙도, 경계의 기준선이 없는 상태다.

- 4, 5회기 치료 및 관찰

치료실에서 무엇을 할지 결정하지 못한다. 다른 공간에 있는 놀잇감을 기억하고 가지러 가려고 한다. 다른 공간에서 치료가 진행 중이어도 개의치 않고 당당히 놀잇감을 요구하고 있다. 쟁취했다는 기쁨만 있을 뿐 가져온 놀잇감에는 관심이 없다. 다른 공간이나 대기실에서 들리는 소리에 민감하게 반응한다. 묻지도 않은 이야기를 하다 잠시 생각하더니 '집에서는 엄마가 악마처럼 행동해요. 때리고 화를 많이 내요'라고 말한다. 갑자기 화제를 돌려 '학교에서 좋아하는 친구가 있는데 먼저 나한테 고백하지 않아서 정말 화가 나요'라고 한다.

엄마와의 상담에서 자녀들을 데리고 외부 활동을 할 자신이 없다고 한다. 지금 이 시기에는 외부 활동이 필요하다는 것을 알고 있지만 남편이 도와주지 않고 관심도 없어 더 어렵고 버겁다고 한다. 한번은 자녀들을 데리고 나갔는데 각기 다른 곳을 향해 전력 질주를 해서 무섭고 두려웠다고 한다. 지시를 무시하고 통제가 안 되니 넘어지고 다치는 경우가 반복되어 외부 활동을 포기하며 생활한다고 한다.

- 8, 9회기 치료 및 관찰

아동에게 여러 차례 게임 규칙을 이해시키고 규칙을 지키면 게임이 더욱 즐겁다는 것을 경험하게 하였다. 규칙을 배우는데 처음에는 심한 거부감을 보이고 반항적이며 자기 마음대로 하려는 행동을 보였고 자기 마음대로 했을 때는 금세 흥미를 잃거나 싫증을 내는 행동이 반복되었다. 같이 놀기를 원하면서 자기에게 유리한 억지 규칙을 강요하고, 억지스러운 규칙이 일정하지 않아 놀이가 자꾸 중단되었다. 게임의 규칙을 점차 이해시키자 의사소통도 가능해졌다.

- 11회, 12회기 치료 및 관찰

부모에 대해서 이야기를 한다. '아빠는 집에서 누워만 있고, 매일 술을 먹고 들어오고, 우리에게 화만 내고, 엄마랑은 말도 안 하고, 엄마랑 매일 다투어요. 엄마도 우리에게 화만 내고, 하지 말라고만 하고, 때리고 울기도 해요.' 처음으로 자기 환경을 평가하며 부모 이야기를 하면서 시무룩한 모습을 보인다.

- 14, 15회기 치료 및 관찰

치료실에 들어오면서 자랑할 것이 있다는 듯 눈짓을 한다. 성취감을 표현하려 하는데 말의 두서가 없어 조급함을 진정시킨 후 말을 하도록 유도하였다. 오늘은 즐거워 보인다. 학교에서 먼저 친구에게 같이 놀자고 제안했고 놀이에서 처음으로 친구들과 싸우지 않았다고 자랑스럽게 이야기하며 즐거움을 표현한다. 친구들과 놀 수 있는 게임을 가지고 와 놀이 규칙을 가르쳐 달라고 한다. 아동 스스로 원하는 활동이기에 집중력을 보이며 관찰을 시작한다. 아동이 규칙을 모르는 친구들에게는 규칙을 친절히 설명하자 친구들이 자신의 말에 집중하고 있어 쑥스럽기도 했지만 좋았다고 한다. 관계 회복의 경험이 아동에게 긍정적인 감정과 경험으로 받아들여지면서 노력하는 모습을 보이고 있다.

- 19, 20회기 치료 및 관찰

다양한 규칙을 경험하도록 사회성 훈련을 시작한다. 사회성 훈련을 통해 사회성을 배우며 자신감을 회복하고 외부 활동에서 자기를 조절할 수 있도록 하여 부모와 외부 활동이 가능하도록 돕는다. 보편적인 대중 시설에 방문하여 아동을 관찰한다. 새로운 환경을 탐색하는 경험이 없어 시각적 자극에 쉽게 현혹되며 행동을 조절하지 못한다. 무엇을 먼저 해야 할지 정하지 못하고 구석구석 배회하면서 장난감을 가지고 놀았다가 제자리에 놓지 못하고 바닥에 내팽개치듯 놓는다. 이곳저곳을 뛰어다니며 사람들과 부딪히고 사람이 많이 있는 곳에 머리 먼저 헤집어 넣어 공간을 파고든다. 흥미가 사라지면 다시 다른 곳을 배회하길 반복한다. 보호자의 손을 잡지 않고, 잡는다고 해도 관심이 있는 물건이 보이면 손을 뿌리치고 달려간다.

- 25, 26회 치료 및 관찰

대중 및 사회 시설의 이용 규칙에 대해 주의를 주면서 보호자에게 먼저 무엇을 보고 싶다는 허락을 받는다. 이곳저곳 뛰면서 타인과 부딪쳐 주의를 받았던 경험이 조심성을 배우게 된 계기가 되었다. 다소 충동적인 행동을 보이기도 하지만 보호자의 허락을 받으려는 참을성도 보여주고 있다.

- 30, 31회기 치료 및 관찰

치료실에 와서 뛰거나 다른 곳을 들어가는 행동이 현저히 줄어들었다. 부모 상담 시간에도 동생들이 소파에서 뛰거나 하는 행동을 제지하는 의젓함을 보인다. 엄마를 차분히 기다려 주지만 그래도 엄마에게 가고 싶은 욕구를 보인다. '기다려줘서 고마워'라는 말에 머쓱해 하면서 인사를 한다.

- 35, 36회기 치료 및 관찰

아빠에게 놀아 달라고 말해 보았다고 한다. '너희들끼리 놀아, 아니면 엄마한테 놀아 달라고 해'라는 아빠의 말에 아동은 '그럼 아빠는 뭐 해? 놀아주지도 않고 매일 화만 내고'라고 말하자 아빠가 미안해하며 놀이터에 나가 놀아주었다고 한다. 아빠의 놀이는 자녀들을 지켜보는 수준이었지만 그래도 시도가 좋은 하루였다. 아동은 아빠에게 말하는 것이 조금 무서웠지만 말을 하고 나니까 뿌듯했다고 자신의 행동에 성취감과 만족감을 표현한다.

- 부모 상담(엄마)

아내는 아직도 남편과 냉전 중이다. 아이들에게 좋은 자극을 주도록 남편이 지속해서 무언가를 해 줬으면 하는 바람을 가지고 있다. 아빠의 마음을 움직일 수 있는 것은 자녀들이라는 것을 보고 남편과의 관계에서 자녀들 뒤로 잠시 물러나 있으려고 한다. 양육의 책임을 바라는 것이 아니라 고생한다는 말을 듣고 싶고 힘들어 할 때만이라도 도움을 받고 싶은데 남편에게는 그렇게도 힘든 일인가를 물어본다.

- 부모 상담(아빠)

남편이 느끼는 아내의 감정은 다르지만 자녀들의 양육에서 느끼는 책임감은 다소 부족했다. 자기의 어린 시절을 회상하면서 아내가 삼 남매를 키우는 것이 매우 어렵고 버겁다는 것을 이해하지만 마음과는 다르게 몸이 따라주지 않는다고 한다. 직장 생활이 힘들어 정신적인 피로와 육체적인 피로 때문에 무엇을 하고 싶어도 만사가 귀찮아진다고 한다. 그럴 때마다 항상 위태롭게 아내의 눈치를 보고 있지만 애써 무시하고 강한 요구에는 화를 내서 상황을 무마하려고 한다. '나도 그렇게 자랐고 그래도 잘 사는데 뭘 그렇게 극성스러운지….' 무기력과 피해 의식도 있고 경제적인 책임으로 인해 가사와 양육의 책임을 아내에게 강조하고 싶어 한다.

- 부모 상담(부부)

남편은 자신의 감정을 감추거나 자신의 약점과 같은 보살핌의 부족을 아내로부터 보상받고 싶었다는 것을 전달한다. 아내는 '왜 나에게 보상을 바라나, 정말 웃기다.'라고 하지만 남편의 그 마음을 이해는 한다고 한다. 깊이 있는 대화를 시도해 보길 제안한다. 서로가 어린 시절에 '나는 이런 것이 싫었다. 우리 자녀들에게만은 그런 상처나 마음의 허전함을 주지 말자'의 대화가 촉진되길 바라며 그 준비가 되었음을 전달한다.

　부부의 대화는 깊이가 있어야 한다. 젠더의 역할과 차이, 개인의 성장과 발달, 가정의 책임과 역할의 분산, 일과 양육, 사회 활동, 자녀들과 부부의 장래 계획 등을 서로 공유하고 차이가 있다면 간격을 좁히는 노력이 필요하다. 대화하다 보면 서로가 생각하는 방향이 달라(남녀의 사고능력과 해서의 차이) 갈등을 겪거나 대치하는 상황도 있을 수 있으나 갈등과 대치 속에서 회복하는 과정을 경험하게 될 것이다. 하지만 부부의 대화에서 일방적인 주장만 하는 갈등의 위기를 겪게 되면 대화하는 것에 부담을 느끼며 대화를 주저하게 된다. 대화에 부담을 갖게 되면 갈등을 처리하는 방법을 경험하지 못하고 대화가 단절되는 상태에 이르게 된다. 자기들이 경험하거나 배워 왔던 대화법을 고집하고 상대를 윽박지르거나 소통이 안 되는 사람으로 인식하며 서로에 대한 힘겨루기로 변질되고 일상생활에서부터 양육의 책임까지 서로에 대한 역할과 책임론으로 확산하게 된다. 부부라는 공동의 역할과 책임은 부부 또한 처음 겪는 자신의 경험이며 준비 과정이다. 그러나 주변이나 가족들의 경험을 자기의 경험이나 과정인 것처럼 또는 주변이나 가족의 조언이 마치 정답인 것처럼 서로의 의견을 무시하고 상대방을 고치려는 태도 자체가 대화 단절을 더욱 부추기게 되는 것이다. 부부의 대화 단절은 둘만의 생활에서도 문제가 되지만 자녀들을 키울 때는 더욱 큰 문제를 만들 수 있다. 이 사례처럼 양육의 질에 따라 자녀들의 관계 회복력과 자율성, 환경 적응력, 규칙

등 많은 문제가 나타날 수 있다. 부부라는 공동의 역할과 책임 그리고 부부가 갖고자 하는 미래의 모습을 위해서는 자기의 좋은 경험은 나누고 상대의 말에 경청이 필요하며 부정적인 생각과 감정에 대해서도 서로가 이해하려는 노력이 있어야 좋은 결과를 가져올 수 있다. 또한, 좋은 조언과 정보에 대해 부부 서로가 자신들에게 맞는 좋은 조언과 정보인지를 판단하고 자신들의 방식과 기준을 만들 수 있도록 깊이 있는 대화를 시도하는 것이 좋은 양육 환경을 만드는 데 도움이 된다. 부모가 대화하는 방식과 관계를 회복하는 능력을 보여줌으로써 자녀들이 관계의 기준과 규칙을 배우는 데 좋은 영향을 받을 수 있으며 부모가 자녀들에게 주는 선한 영향력이 된다. 선한 영향력은 부모가 자녀에게 보이는 행동에서부터 시작되며, 선한 영향력은 자녀들을 안전한 성장과 발달을 보장해 주는 중요한 역할을 한다.

이 사례의 부부는 많은 갈등과 불만을 겪고 있어 대화를 이끌어 내기가 쉽지 않아 자녀들을 통해 양육 환경 변화에 조금씩 접근하고 있다. 오랜 시간 부부가 갖고 있는 갈등과 불만을 한 번에 처리하기는 힘들겠지만 부부 자신과 자녀들을 위해서라면 꼭 해야 하는 과정이다. 서로가 느끼는 책임의 무게가 다르듯이 각자 책임의 무게를 표현하도록 한다면 이 부부도 의미 있는 대화를 할 수 있을 것이다. 물론 대화가 모든 갈등과 불만, 불안을 해결하지는 못하지만 대화만이 문제를 해결하는 실마리를 제공할 수 있기 때문에 대화는 실보다 득이 많고 부부가 성숙해지는 과정이 될 것이다.

정서 불안 아동의 치료 사례

이 사례의 가정은 부모가 양육의 기준이나 균형이 없다. 또한, 부부 관계에서도 갈등과 대립이 심한 상태이다. 부부는 자녀들을 혼내야 될 때와 지지와 관심을 주어야 할 때를 구분하지 못한다. 부부 자신들은 좋은 부모, 좋은 이웃, 좋은 가족의 이미지로 포장하려 애쓰고 있으나 정작 가정환경은 매우 산만하고 자녀들에게 위협적이다. 기준이나 균형이 없는 부모의 양면적 행동을 보고 자란 자녀들은 자신을 조절하거나 통제하지 못하고 부모의 통제와 위협에서도 무뎌진 감정 상태를 보이고 있다. 이 아동들은 부모가 아무리 혼내도 말을 듣지 않고 반성하지 않으며, 뒤돌아서면 또다시 말썽을 일으키는 등의 자기 조절 능력에 문제가 있다. 부모의 이중성을 보고 배운 자녀들은 부모의 양면적 행동을 모방하였고 환경과 상황에 따라 부모의 행동을 예측하여 대응하고 있다. 사회 규범이나 규칙 또한 무시하며 관계나 환경을 자기 마음대로 장악하려는 욕구가 강하였다.

이 사례 아동들은 무엇이 문제일까? 남들이 볼 때는 자녀들에게 친구 같은 아빠, 친숙하고 다정하며 잘 놀아주는 아빠와 같은 이상적인 모습을 보이고 있지만 가정에서는 에너지가 없는 무기력한 상태, 소파와 하나가 되어 누워만 있고 자녀들을 강한 질책과 혼냄으로 통제하려는 분노형의 아빠이다. 남들이 보는 앞에서의 엄마는 이성적이고 친절한 말로 자녀들을 대하지만 가정에서는 욕설과 폭력을 보이며 통제하고 학습을 강요하는 분노형의 엄마이다. 이러한 부모의 이중적인 모습이 자녀들의 정서적 혼란과 문제 행동을 부추기고 있었다. 부모 자신들은 상담을 통해 조언만 귀담아들을 뿐 가정에서 나타나는 자녀들의 상태와 가정환경의 이야기는 하지 않았다. 이 조언을 가정에 적용하여 환경의 개선을 위해 활용하지 않고 다른 사람들에게 양육의 방법을 조언하기 위한 행동이었다는 사실을 알게 되었다. 이렇게 부모의 이중성을 알아차린 자녀들은 외부 활동에서는 모든 것을 허용하는 친절한 아빠의 성향을 이용하고 있으며 엄마에게도 거침없이 행동하였다. 부모 자신들의 이중성을 모방하는 자녀들을 더 이상 통제하지 못해 의뢰한 심리치료에서도 자신들의 문제는 철저히 감추는 방어적 태도를 보이고, 전문적으로 자녀들을 양육하기 위해 방문하였음을 강조하며 스스로 행복한 가정, 좋은 부모라고 포장하고 있다. 자기방어적인 미성숙한 부모의 이중적 태도와 양육의 환경은 자녀들을 정서적으로 혼란스럽게 한다. 혼란은 행동 모방으로 연결되며, 모방은 부정적 습관으로 고착되어 규칙이나 규범의 무시, 주의력 결핍, 과잉 행동 등 자기 조절 능력을 상실할 수 있다. 관계의 기준이 없는 이 사례의 부모나 자녀들은 다른 상대가 놀아 줘야 하는 것을 당연하게 여기며 낯선 환경이나 낯선 사람을 경계하지 않는다. 가지 말아야 할 곳을 거리낌 없이 들어가며 위험한 행동에도 거침이 없다. 다른 사람들의 빈축과 충고에도 부모나 아동들은 눈치를 보지 않고 분위기와 전혀 상관없이 주변 환경을 압도하는 행동을 한다.

- 초기 면접 및 관찰

초등학생 남매는 처음 방문하는 치료실의 대기실, 복도, 창고, 사무실 등 자신들이 하고 싶은 대로 모든 곳을 들어가고 들여다보고 있다. 치료 중인 다른 치료실에 들어가서 거침없이 행동하며 치료를 방해한다. 부모는 자녀들을 제지하지 않고 같이 들어가 자녀들이 보고 있는 것을 설명하고 있으며 미안함보다는 '호기심이 많아서'라며 말하고 나오지만 다른 곳을 향해 반복된 행동을 하여도 관대함을 보이고 있다. 부모는 자녀들의 산만함을 넘어 방종의 행동을 감당하지 못하고 있으면서 친절하게 가르치고 대화를 통해 문제를 해결할 수 있다는 것을 사람들에게 알리려는 듯이 행동하고 있다. '우리는 부모로서 남들과 다르다.'라는 것을 강조하기 위해 엄마는 과도한 친절을 보이며 상담을 진행하고, 아빠는 자녀들과 치료실을 돌아다니며 신기한 듯 연신 감탄사를 쏟아 낸다.

- 2, 3회기 치료 및 관찰

정수기를 누르고 물이 흐르는 것을 감상하고 있다. 물이 넘쳐 바닥에 흐르고 있지만 엄마는 '하지 마'라고만 하고 있고 자녀들은 엄마의 지적에도 아랑곳하지 않는다. 치료실에 들어와서는 모든 교구와 물품, 놀잇감을 꺼내 놓아 어지럽히고 있다는 표현으로는 부족한 상태이다. 어질러 놓은 상태에서 발에 밟히고 찍혀도 개의치 않는다. 발로 밀치고 돌아다니며 치우려고 하지 않는다. 치료사는 안중에도 없이 모든 물건을 풀어헤치고 다른 곳으로 가려 한다.

- 6, 7회기 치료 및 관찰

가정에서는 부모의 억압과 통제, 외부 활동에서는 허용이라는 것을 정확히 이해하고 있다. 억압된 본능을 스스로 폭발시키면서 마음껏 허용된 상황을 즐기고 있다. 대기실에서 다른 사람이 있어도 아랑곳하지 않고 소파를 뛰어다닌다. 치료실에 들어가기 전 모든 것을 다 만져 보고 다른 치료실 문이 잠겨 있다면 열어 줄 때까지 앞에서 노크하고 기다린다. 엄마는 '이곳에 앉아 있어'라는 말만 반복하고 휴대폰만 만지작거린다.

- 11, 12회기 치료 및 관찰

아동들의 손을 꼭 잡아본다. 튕기듯이 나가면서 벽을 올라타려 하고 피아노와 선반 위를 기어오르려고 한다. 위험한 행동을 제지하자 몸으로 거부하면서 더욱 위험한 행동을 시도한다. 위험한 행동을 단호하게 제지하자 놀란 듯이 내려와 치료사를 바라보지만 치료사를 향해 행동 제지의 억울함을 보이며 시위하듯이 다른 물건을 내던지려고 한다.

- 15, 16회기 치료 및 관찰

자신이 한 행동에 대해 정리를 요구하자 정리를 강하게 거부하면서도 어설프지만 정리를 시도한다. 위험한 행동은 조금씩 나아지고 있지만 제지하면 아직도 반항적인 시선을 보낸다. 엄마는 그런 자녀들의 행동을 보며 낯선 환경에서도 잘 적응한다고 자랑하듯이 말한다. 아빠는 친숙한 모습으로 위장한 채 이곳저곳을 다니면서 친절하게 놀아주고 있다.

- 20, 21회기 치료 및 관찰

대기실에서 기다리거나 치료 시간에 다른 곳에 가지 않도록 규칙을 재차 이해시킨다. 규칙을 지키지 않으면 놀잇감을 가지고 놀거나 놀이 진행을 할 수 없다고 단호하게 말한다. 처음에는 어리둥절한 표정으로 바라보지만 단호한 말에 눈치를 보기 시작한다. 눈치는 이곳의 상황과 분위기를 읽으려는 행동이며 아동들이 환경을 이해하고 적응하는 방법이다.

- 부모 상담

가정에서 부모의 태도는 자녀들에게 과도한 지시를 요구한다. 장황한 설명과 함께 '무엇은 하면 안 되고, 어떻게 행동해야 하고, 이것을 했을 때는 이런 생각을 해야 하고' 등 책을 읽고 독후감을 발표하는 수준으로 자녀들을 이성으로 짓누르며 대화로 이해시키고 통제하려고 한다. 가정에서 자녀들에게 학습의 강요나 이성의 짓눌림이 심한 부모는 외부에서 허용과 방임의 태도를 보인다. 부모의 허용과 방임의 태도는 자녀들에게 억압에서 해방 본능의 욕구로 작용하여 가정과 외부에서의 행동이 마치 전원의 스위치처럼 작동한다. 부모 상담을 통해 설명을 듣고 이해하기보다는 부모 자신이 하는 가정에서의 행동이 자녀들의 지적 능력에 많은 도움이 된다고 단호하게 얘기한다. 부모의 변화가 없다면 자녀들의 행동은 전원 스위치처럼 작동하는 무조건적인 반사 행동으로 반복될 수 있어 주의 깊은 관찰이 필요하다고 설명하였다.

자녀들의 학습 수준을 높이기 위해 부모들은 어떤 투자를 하고 있는가? 다중지능 개발 프로그램, 영어 유치원, 바둑, 컴퓨터, 코딩, 수학, 국어, 논술, 과학 탐구, 로봇 과학, 독서 등 아낌없는 지원과 투자를 하고 있다. 부모들은 자녀들이 이 모든 학습을 충분히 소화할 수 있다고 믿는다. 또한, 미술과 음악, 축구, 농구, 골프 등의 예체능은 기본 소양이라고 생각한다. 학습은 유행에 민감하게 반응한다. '어느 것이 지적 발달에 좋다더라.'는 말에 학원의 학습 프로그램은 달라지고 부모들은 맹목적으로 유행을 좇아간다. 자녀들의 놀이 시간을 하찮은 것으로 치부하면서 관계나 환경에 적응하는 과정을 배우지 못하게 한다. 자녀들은 부모에게 싫다는 표현도, 반항도 하지 못한다. 점차 학습을 요구하는 강도는 심해지며 부모의 바람과 자신의 한계 사이에서 힘들어한다. 그렇지만 부모는 '너를 위해서 이런 희생을 감수하고 있다.'라는 헌신의 부모 역할을 강조하며 강하게 밀어붙여 거부하기가 어려워진다. 학습을 강요하는 부모들은 자녀들이 위해서 결정된 선택이며 자녀들 스스로 선택한 자기 결정이라고 강조한다. 자녀들은 자신들이 하고 싶은 것에 대해 '그때는 좋았지만, 그것까지는 좋았지만'이라고 말한다. 즐거워하고 좋아했던 자녀들이 어느 순간 얼굴에 힘듦과 어려움을 표현한다면 부모는 중단을 외쳐 줘야 한다. 하지만 부모들은 '네가 하고 싶다고 해서 시작했으니 책임감을 가져야지'라는 말로 거부할 수 없게 만든다. 이런 대화와 선택의 방식이 민주적인 절차라고 부모들은 말하지만 자녀들을 대화로 통제하려는 수단이며 강제하는 행동에 불과하다. 가정 폭력에는 대화를 통한 짓눌림, 이성의 짓눌림도 포함되어 있다는 것을 이해해야 한다. 치료실을 방문한 아동들은 부모와의 대화보다 '그냥 한 대 맞는 것이 낫겠다.'

고 말하고 있어 대화의 과정을 힘들어하며 혼란스러워 하고 있다. 대화를 힘들어하는 이유는 일방적 소통으로 자녀를 길들이고자 부모의 행위에 정당함을 강조하고, 부모의 잘못된 행위라는 자녀들의 비판을 참지 못해 윽박지르며 억압하여 통제하기 때문이다. 또한, 부모의 대화 방식과 언어의 이해가 부족한 어린 아동일수록 감정까지 통제의 대상이 된다. 통제나 억압하려는 대화가 아닌 상호소통의 대화는 부모의 잘못된 행동과 태도를 비판하고 지적할 수 있는 힘을 갖추었을 때, 자녀들 스스로 자기 갈등과 불안을 조절하고 회복할 수 있는 회복 능력을 갖추었을 때 준비가 되었다는 것이다. 자녀들을 혼란스럽게 하는 부모의 일방적인 대화에 짓눌림이 심할수록 반항심을 자극하게 된다. 또한, 감정의 억눌림이 심할수록 감정 조절 능력을 상실하여 충동 조절 문제가 나타날 수 있으므로 부모 양육의 기준과 균형은 자녀들의 정서 발달에 매우 중요하다.

이 사례의 부모는 자신들의 행동과 태도가 과하지 않다고 생각한다. 부모가 가지는 균형에 대해서는 많은 생각을 가지고 있지만 자신들 생각의 오류를 수정하려는 노력은 보이지 않았다. 점차 자녀들을 감당하기 어려워지지만 지금의 방식을 고수하려는 부모는 두 사람 다 변화의 노력을 보이지 않았다. 변화는 보이지 않는데도 균형에 대해서는 노트에 필기를 할 정도로 많은 관심을 보이고 있었다. 당장 자신들의 고집은 꺾지 않으면서 자녀들의 고집은 꺾으려 하는 이중적 태도와 억압과 통제의 짓눌림 그리고 학습의 강요, 일방적 대화 방식이 양육의 균형이 깨진 상태라며 다른 부모들에게 조언하고 있을 것이다.

　심리치료는 부모의 문제와 불안을 알고 자녀들을 진단할 때 많은 것을 평가할 수 있다. 진단과 평가를 통해 치료의 목표를 설정한다. 어떤 이론을 도입하고 어떻게 치료할 것인가의 과정은 연간계획과 월간 계획, 그리고 치료 일지를 통해 이루어지고 있다. 다만 소개된 사례에 대해서는 많은 지면을 할애할 수 없어 간략하게 부모와 아동이 겪고 있는 상황들만을 기재한 점, 양해를 구하고자 한다.

　자녀들이 부모에게 느끼는 어려움과 불만, 불안은 무엇이 있을까? 자녀들의 이야기들을 간단하게 정리해 보면, 부모들은 자신들의 헌신과 희생을 강조하지만 자녀들은 그렇게 생각하지 않는다는 것이다. 부모들은 자신들의 행위에 대해 긍정적인 평가를 내리는 반면 자녀들은 부모들의 행동과 행위에 대해 비판적이다. 부모들에게 가끔씩 물어보는 말이 있다. '당신은 좋은 부모인가요? 또는 좋은 부모였나요?'라고 물어보면 좋은 부모라고 자부하는 사람들이 많다. 그 평가는 부모 자신이 아닌 자녀들의 몫이다. 부모 또한 시행착오를 겪으며 성숙해지는 과정에서 나의 자녀가 좋은 자녀인지, 좋은 자녀였는지를 평가할 수 있으며 그 평가의 몫은 부모가 된다. 내리사랑이라는 말이 있듯이 부모는 자녀들의 흠을 감추려고 하지만 흠을 감추는 행동이 자녀들의 성숙을 방해할 수 있다. 서로의 흠을 가지고 대화하는 가정이라면 건강한 가정이 될 수 있다. 부모만이 자녀들에게 평가의 대상이 아닌, 자녀들 또한 부모에게 평가의 대상이 되기 때문이다.

- 우리 부모는 자주 다투고, 다툴 때마다 정말 무서워요. 이혼하자는데 진짜 그럴까 봐 두려워요.
- 우리 부모는 청소를 안 해요. 집이 지저분해서 정말 싫어요.
- 우리 부모는 술을 좋아해요. 술을 먹으면 우리를 괴롭혀요.
- 부모님이 늦게 집에 들어오셔서 집에 혼자 있기 무서워요. 밥도 같이 먹고 싶은데 바쁘대요.
- 학원! 학원! 학원! 놀고 싶은데 정말 힘들어요.
- 시험 점수가 높으면 밝게 웃지만 시험 점수가 낮으면 차가워요.
- 혼낼 때 날 버릴 거 같은 차가운 눈빛이 정말 싫어요. 정말 두려워요.
- 놀 때 자꾸 장난으로 때려요. 정말 기분이 안 좋아요. 장난인데 세게 때려요.
- 놀아주는 것을 많이 귀찮아해요. 저한테도 귀찮게 하지 말고 가만히 있으래요.
- 자주 혼내요. 정말 개 패듯 맞고 나면 친부모인가 의심하게 돼요.
- 소리를 자주 질러요. 항상 나에게 이거 해라, 저거 해라, 하라고만 해요.
- 혼낼 때면 자꾸 예전 잘못을 가지고 혼내서 정말 화가 나요.
- 항상 집에서 누워만 있어요. 밥도 나가서 사 먹으라고 해요.
- 부모가 한심해요. 우리보다 더 장난을 많이 치고 있어요. 분위기 파악이 안 되나 봐요.
- 내가 하고 싶은 것보다 부모가 하고 싶은 걸 강요해요. 짜증나요.
- 내 말은 듣지 않고 자꾸 화를 내요.

- 나만 미워해요. 나한테 하는 말이 정말 차가워요.
- 부모가 술을 좋아해서 매일 집에서 술만 마셔요. 술을 마실 때 편하기도 하지만 싫어요.
- 부모가 욕을 많이 해요. 너 때문에 내가 이렇게 고생하는데 너는 뭐하냐고 욕을 해요.
- 갑자기 부모가 잘해 주려고 해요. 부담돼요. 그냥 하던 대로 했으면 좋겠는데….
- 내 기분을 몰라줘요. 내 기분을 무시해요. 정말 집을 나가고 싶어요.
- 여행을 가는 것도 싫어요. 여행 가서 술만 먹고, 여행 갔다 오면 생색내고, 놀다 왔으니 잘하래요. 뭘?
- 부모는 안 하면서 나한테는 하래요. 나도 하고 싶지 않은데 자꾸 시켜서 짜증나요.
- 같이 놀다가도 바쁘면 가 버리고, 놀다가도 화를 내서 놀이를 망쳐요.
- 내 장난감, 옷, 물건 등을 나한테 묻지도 않고 부모 마음대로 사 와요.
- 집에서는 날 무시해요. 눈도 마주치지 않고, 말도 걸지 않아 답답해요.
- 이혼한대요. 누구랑 살 건지 정하래요. 한두 번도 아니고 정말 한심해요.

4장

불안의 역습

　사회 불안은 이미 사람들의 삶에 많은 영향을 미치고 있다. 불안의 역습은 이미 깊숙이 진행되고 있어 사람들의 삶에 위협적이며 위험하게 작용하고 있다. 가정에서부터 젠더의 갈등과 대립 그리고 불안의 영향을 받고 자란 아이들은 사회에서 불안을 생산하고, 생산된 불안은 다시 가정과 개인에게 교차불안으로 돌아오고 있다. 사회 불안은 음모론을 만들고 음모론은 사회 불안을 더욱 부추기고 있어 악순환은 계속 반복되고 있다. 사회가 불안할 때 가장 크게 타격을 받을 수 있는 피해 대상은 사회를 구축한 인간들일 것이며, 인간은 지구상에 가장 많은 부분을 차지하고 있고 넘쳐나는 자원이 되어 가고 있어 인간의 존엄적인 가치는 이미 그 의미를 잃어 가고 있다. 또한, 인간은 사회 불안이 팽창하면 인구를 스스로 조절하기 위한 시도, 즉 결혼과 출산을 포기하거나 한 자녀만을 선택해 작은 단위에 집중하여 본능적으로 불안을 조절하려고 한다. 불안을 조절하고자 하는 본능이 자극된 현대 사회는 인간이 살아가기에 불리하고 불안하다는 증거가 될 것이다. 불리한 환경과 불안한 사회를 조절하는 시스템을 갖추지 못한 정책도 사회 불안을 부추기는 원인이다.

인간 존엄성 가치 상실의 시대

　사람들의 불안을 자극하고 사회를 불안으로 몰아세워 자기 이득을 취하는 사람들, 혼란과 갈등의 사회 분열을 만들어 세력을 확장하는 집단과 사람들, 복종의 종교적 신념을 강요하는 사람들 등 현대 사회는 불안을 먹고 사는 사람들이 넘쳐나고 있으며 불안을 먹고 사는 사람들이 증가할수록 사회와 사람들은 불안에 지배당하게 된다. 사회 불안의 구조가 사람들의 불안을 자극하고 사람들의 불안이 불안한 사회 구조를 자극하는 작동 원리의 연관성을 탐색하고 평가하지 못한다면 불안을 먹고 사는 사람들에게 종속되고 말 것이다. 또한, 사회 불안이 사람들에게 영향을 미치는 불안이 불가항력적이라고 판단하여 지배를 당연하게 받아들인다면 사회는 불안에 잠식되어 제 기능을 상실하게 될 것이다. 사회가 제대로 기능한다면 악의적이고 부정적인 불안을 경계할 수 있으며, 사람들도 자기의 불안을 탐색하고 평가하여 불안을 조절하고 구분할 수 있어 사회적 균형을 유지할 수 있다. 하지만 사회기능이 자본에 잠식되어 사람들의 자기 불안 탐색 기능을 가로막고 있어 불안에 무방비 상태로 짓눌려 악의적으로 이용당하고 있다. 돈이면 다 되는 세상에서 인간의 존엄적인 가치의 인간성을 상실하였고 돈이 없으면 사는 것이 죽는 것보다 못하다는 절망적인 세상이 되었으며, 사람답게 살 수 없다면 죽는 것이 낫다고 생각해 자살을 실천하거나 생각하는 사람들이 많아지고 있다. 아무리 노력해도 성공할 수 없는 사회 구조는 사람들에게 절망적인 무기력과 상실감을 주었고 일하는 것보다 사기, 편취, 공갈, 폭력 등을 선택하도록 사회가 사람들을 몰아세우고 있다. 인간들은 사회 불안을 먹고 사는 거대 조직과 정책에 의한 사회 폭력의 피해자인 동시에 불안한 사회 구조를 만든 구성원이며 사회 불안을 부추기고 있는 제공자이고 가해자인 것이다.

편향적인 사고방식의 위험

　현대 사회에서는 자기 욕구와 감정대로 살아가는 사람들이 많다. 자기 욕구와 감정을 우선하는 편향적 사고는 사회적인 인간과 관계, 환경 속의 인간이라는 관계의 상호 작용을 방해하는 원인이 되어 사회를 위협하고 있다. 특히, 젠더갈등과 대립이라는 편향성은 사회에서 성의 대결 구도를 만들고 있어 위험한 사회로의 진입을 경고하고 있다. 사회 구조는 남성, 여성이라는 개별화를 통해 가정을 만들고 사회를 유지하고 있어 성 대결 구도가 지속될 경우 잘못된 신념에 사로잡히는 확증편향으로 심화되어 사회는 붕괴될 수 있기 때문에 젠더의 개별화 과정의 긍정적 경험이 중요하다. 부모에게 젠더를 배우고 부모의 행동과 태도, 이성 또는 배우자를 대하는 방식에 따라 편향적인 사고(전부 또는 일부)까지 영향을 받게 된다. 부모가 자신의 배우자에게 갈등과 대립, 불안, 불만에 대해 누가 원인이며 누구의 책임이라고 느끼고 있는지, 누가 더 배우자에게 불만을 표현하는지에 따라 부모에게 느꼈던 교감과 공감으로 자녀의 젠더갈등과 대립은 형성되어진다. 또한, 교육과 사회에서 젠더를 역할의 틀 속에 가두려 하고 차별하는지, 의무를 강요하는지에 따라 편향적 사고는 더욱 자극받게 된다. 이러한 편향적 개별화 과정을 거쳐 성인이 되면 젠더 간 비뚤어진 사고방식을 갖게 되고 성 대결의 양상을 보이며 자기 욕구와 감정대로 그리고 자기중심적 기준의 해석대로 인간과 사회를 바라보게 된다. 편한 대로의 삶은 '한 번 사는 인생 내 마음대로 살아 보자'의 편향적인 사고와 직결되어 환경과 관계에서 자기중심적 자기합리화의 법칙을 고수하게 된다. 자기만의 규칙과 질서를 만들어 환경과 관계를 자기보호 수단으로 활용하며 자기보호를 위해 자기 기준에 부합한 자신만의 규칙과 질서를 환경과 관계에서 강요하게 한다. 편향성과 이기심을 구분할 수 없는 가정환경에서의 배움과 경험이 편향적 사고로 위장한 이기적 사회문제를 만들고 있다.

특히 편향적 이기심은 미성숙한 청소년들의 모방 행동을 자극하게 되면서 무모함과 사춘기가 혼합된 배타적 개인주의로 확대되어 사회를 위협하고 있으며 범죄 또한 지능화, 조직화, 잔인성을 보이고 있다. 아무리 소수 청소년의 문제라고 할지라도 다수에게 많은 영향을 미치고 있어 사회 안전이 위협받고 있다. 흔하게 보이는 청소년의 편향적인 사고는 자신의 몸을 소중히 다루지 못해 발생하는 성에 대한 노출의 심각성이며 스스로 자신의 성을 노출시키는 것을 부끄러워하지 않고 자신의 성으로 이득을 취할 수 있다는 것을 안다는 것이다. 청소년들이 성 상품화에 영향을 받는 것은 미성숙함도 있지만 사회에서 쉽게 돈을 벌 수 있는 부정적인 환경 조성이 가장 큰 원인이 된다. 부정적인 사회 환경은 돈을 벌기 위한 수단과 방법에서 쉽게, 간편하게, 편하게라는 인식을 갖게 하며 이보다 더 심각한 것은 돈이 모든 것을 해결할 수 있다는 편향적인 믿음이 돈을 벌기 위한 유혹에서 벗어나지 못하게 한다. 이러한 도덕성이 상실된 위험한 편향적인 사고가 청소년들에게 깊숙이 뿌리 내리고 있다.

　청소년들의 편향적 이기심은 걸러지지 않는(필터링) 무분별한 매스컴의 홍보와 정보로 인해 선망적 대상화라는 대중성의 인기에 열광하게 된다. 청소년들은 자기 판단능력의 한계가 있는 혼란기를 겪고 있어 대중성의 인기를 위해서는 끝없는 무모함의 도전을 선호하게 된다. 이렇게 성숙을 경험하기 힘든 사회 구조가 도덕성 상실과 미성숙함을 자극하게 되어 미성숙한 성인으로 성장하게 되는 것이다. 이러한 선망적 대상화는 각종 매체를 통해 노출되고 검증도 되지 않은 자기주장을 마치 정답인 것처럼 내보내고 있다. 쉽게 돈을 벌 수 있는 방법, 투자 조장, 범죄의 영웅화, 젠더의 갈등과 대립, 관계 갈등과 대립, 가정 불안, 사회 불안, 경제 불안, 세대 불안, 조직 문화 등 자극적이며 선정적인 방송의 일부를 통해 자신들이 보고 싶은 것만 보고 배우는 익숙한 환경에 노출된 청소년들에게 한 치의 망설임도, 주저함도 없이 행동하도록 부추기는 것이다. 선망의 대상화는 청소년들의 모방 행동을 자극하게 되는데 유명 채널 ○튜브의 유명세가 정당성을 가지고 있는지, 선한 영향력을 행사하는지, 윤리적이며 도덕적인지를 판단하지 못하고 무조건적으로 열광하고 있다. 또한, 유명세를 얻기 위해 범죄 처단이라는 정의를 앞세워 실시간 방송을 중계하는 것은 자기과시의 무모함이며 자칫 청소년들에게 비뚤어진 영웅 심리로 묘사될 수 있는 심각한 사회문제인데도 자극적인 대중의 인기는 청소년의 꿈과 미래의 직업이 되었다. 대중의 인지도와 인기를 위해서는 더 과감하고 더 자극적인 행동과 모습을 보여 줘야 한다는 강박 사고에 지배당하고 있어 현대 사회의 청소년들은 편향적인 사고로 중독되어 가고 있다. 편향적인 사고는 정보를 걸러내는 선별성이 미흡한 청소년들이 더욱 자극적으로 받아들이고 유혹에 쉽게 현혹된다.

선망의 대상화와 개성을 위해 청소년은 이른 나이부터 화장을 자연스럽게 받아들이고 염색을 하며 신체가 드러나는 노출 의상이 익숙한 사회 환경과 가정환경에서 자라고 있다. 부모는 자녀들을 위해 과감하게 돈을 지불하고 성형은 선택이 아닌 필수가 되면서 젠더의 특성을 최대한 드러나도록 집중한다. '인형 같다, 예쁘다, 섹시하다, 세련되다, 동안이다, 젊어 보인다.'의 찬사와 감탄이 우월의식을 자극한다. 이렇게 선망의 대상화는 젊음의 특성을 최대한 유지하여 노화에서 벗어나고 싶은 인간의 욕구와 환경적 영향이 반영되어 자기 관리 기준의 필수조건이 되었다. 이러한 노력에도 불구하고 선망의 대상에 미치지 못하게 되면 열등의식이 자극되어 더욱 자기 관리에 집착하게 된다. 자기 관리 기준의 조건은 청소년의 몸가짐에도 변화를 가져오게 되었다. 어려서부터 자기의 몸을 소중하게 생각하는 습관은 부모로부터 영향을 받는다. 자기 신체를 보호하는 몸가짐에서 의복의 역할은 신체를 보호하여 질병을 예방하고 계절 변화에 따라 신진대사를 도와주며 특히 정서적으로 안정감을 준다. 안정감은 몸가짐의 의복에 따라 격식을 갖추려는 기본적 자기 관리를 위해 행동을 조절하는 절제를 배울 수 있도록 한다. 하지만 현대 사회의 자기 관리 기준이 자기만족이 아닌 대중의 기준으로 결정되기 때문에 대중을 자극하기 위한 치장에 집중하게 되어 절제를 배우기란 쉽지 않은 사회가 되었다.

몸가짐의 교육을 배우지 못하고 자극적인 매체와 성 상품화의 사회 환경으로 청소년의 자기 노출은 심각한 수준이며 이성을 탐닉하는 수준 또한 도를 넘어서고 있다. 공간의 제약이 없고, 타인의 시선에도 아랑곳하지 않고, 은밀한 곳을 만지는 신체접촉에도 거리낌 없이 행동하며 성관계도 쉽고 자유로울 만큼 탈선적이다. '신문지만 있으면 바닥에 깔고 성관계를 한다.'고 할 정도로 청소년의 자기 노출은 탈선의 자유분방함을 넘어 위험한 수준에 이르렀다. 소수 청소년 탈선의 문제가 다수의 청소년에게 영향력을 행사하고 있어 경쟁하듯이 이성에게 자신을 표현하는 데 과감해지고 있다. 단순하게, 쉽게, 편하게, 자유롭게, 즐겁게 본능적인 욕구를 즐기는 청소년들은 돈을 벌기 위한 수단도 단순하며 쉽고 편한 것을 추구한다. 서로가 성매매를 유도하고, 성매매 대상자들을 유인 협박하여 금전을 갈취하고, 무리 지어 보험사기를 계획하며 감금 협박, 강도, 사기, 마약배달, 보이스피싱 가담 등 청소년의 범죄는 강력 범죄로 자리 잡아 가고 있다. 쉽고 단순하게 즐길 수 있는 것들을 찾아 헤매고 유혹을 뿌리치지 못하는 청소년들의 미성숙함을 이용하는 성인들과 사회 환경이 편향적인 이기심을 부추기고 있다.

편향적인 이기심은 우리나라만의 문제가 아니다. 청소년 범죄는 날로 지능적이고 조직적이며 잔인한 폭력 조직으로도 자리를 잡아 가고 있다. 하지만 사회는 청소년의 탈선을 예방하려는 노력은 매우 부족하며 사후처방의 땜질식 처방으로 구조의 변화에 매우 부정적인 상태이다. 미온적인 대책은 단순하게, 쉽게, 편하게, 자유롭게, 즐겁게라는 편향적인 청소년의 탈선적 문화를 바로잡을 수 없으며 사회 프로그램 또한 부족하다. 사회 프로그램이 설령 잘 마련되어 있다 해도 이미 형성된 편향적인 이기심을 바로잡기란 쉽지 않을 것이다. 그 정도로 사회적인 유혹은 달콤하며 편향적인 사고를 통해 살아가는 것이 자신에게 유리하다는 생각이 지배적이기 때문이다. 그렇다면 청소년의 편향적인 사고, 자기 노출의 심각성, 사회 불안과 유혹을 이겨낼 수 있는 대책은 없는 것일까? 대책은 안전하고 단계적이며 세밀하게 접근해야 한다. 먼저 올바른 몸가짐의 이해는 자기 성을 알아가는 과정에서 얻어지는 배움과 경험에서 시작되어야 한다. 하지만 우리나라 성교육은 접근방법부터 교육이 아닌 참음을 강요하고 자연스러운 성 호기심을 절제하도록 강요받고 있어 절제의 참음은 음성화되면서 자극적인 영상에 노출되고 유혹에 쉽게 현혹되는 것이다. 자기 신체의 자극에 대해 무조건적인 절제와 참음은 건강한 성장발달의 균형을 잃게 만드는 요인이며 편향적인 사고의 환경을 만드는 것이다.

건강한 성장과 발달을 위한 성교육은 자연스러운 성(젠더)적 호기심의 인정에서부터 시작되어야 한다. 인정은 사회가 인정하느냐와 부모가 인정하느냐에 따라 인정 범위가 달라질 수 있다. 사회가 인정하는 범위는 만 18세에 법이 정한 성년이 되면 개인의 성 결정권을 인정한다. 반면, 부모가 인정하는 범위는 연령보다는 성숙과 판단능력을 갖추었을 때 성에 대한 결정권과 자율성을 인정하는 것으로 사회가 인정하는 범위와는 차이가 있다. 사회는 법이 정하는 연령이 지나면 결혼과 출산을 장려하는 반면 부모는 안정적 독립이 준비되었을 때 결혼과 출산을 장려한다. 사회는 노동력을 위한 접근이지만 부모는 개인적인 가치 기준에 대한 안정성, 자율성에 무게를 두고 있다. 사회는 개방과 자유 의지의 성 문화를, 부모는 보호와 책임 문화를 선호한다. 현대 사회는 이렇게 사회와 부모가 생각하는 인정 범위가 다르며 인정 범위의 차이는 성교육의 갈등과 대립의 구도를 만들게 되었다. 최근 사회적 논의를 거치지 않은 만화 성교육 자료가 부모들의 강한 반발로 폐기되었다. 부모들의 반발이 보수적인 측면보다는 불편한 측면에 가까운 감정과 반발로 표출되었기 때문이다. 성교육의 접근에서 부모의 역할은 없고 사회의 역할만을 강조하면서 비판적인 태도를 보이는 것은 자녀들의 건강한 성장과 발달에 부정적인 영향을 미칠 수 있다. 불편하게 느끼는 부모의 성교육은 자연스러운 성적 호기심을 인정하지 않고 외면하며 참음과 절제를 강요하고 있다. 호기심이 왕성한 나이에는 억제하지 못하고 자극적인 영상과 충동적인 감정을 주체하지 못하며 상대의 성을 탐닉하고 자신의 욕구를 충족하기 위한 성행위를 시도할 수 있다. 지금부터라도 불편함을 감수하고 신중하게 자녀들과 성에 대한 자연스러운 조언의 대화가 필요하며 성에 대해 자녀들과 대화를 시도할 때 자기의 성과 상대의 성을 이해하는 기준의 변화를 이끌어낼 수 있다. 이러한 변화는 자기의 몸을 소중히 생각하는 몸가짐을 배우게 되며 개방적 성행위가 아닌 책임감의 건전한 성문화를 만들어 절제와 탈선의 유혹을 견디는 내적 힘의 바탕이 된다.

돈 중심 사회, 자본사회, 물질 만능 사회의 폐단이 사람(개인, 부부, 가정, 사회, 문화, 정치 등)들의 편향적인 이기심을 더욱 부추기고 있다. 돈과 자본에 집중된 사회는 돈의 공정성보다는 돈의 편리성에 집중되어 돈의 가치 기준이 많이 가진 사람들에 의해 악용되고 사회 공정성을 훼손하고 있어 돈 중심 사회는 사회 불안을 자극하여 편향적 이기심을 부추기게 된다. 공정성을 상실한 사회는 돈과 권력이 있는 사람들에 의해 사건이 조작되고 가짜 뉴스를 만들어 사람들의 불안을 교묘하게 부추겨 관심을 돌리며 사건의 초점을 흐린다. 이렇게 돈과 자본을 위해 권력이 남용되고 언론은 공정성의 중심을 잃고 돈의 무게에 따라 편파적으로 이익을 공유하는 공동체가 형성되어 사람들의 피해 의식을 더욱 자극하고 있다. 돈 중심 사회에서는 법의 보호 또한 돈 중심에 가까이 있는 사람들에게 필요한 수단으로 전락하게 되었다. 법률 서비스도 돈에 따라 달라지며 일반 국민은 법률 비용에 부담을 느끼도록 장벽을 만들어 접근의 허용을 어렵게 만들고 있다. 또 다른 법률 서비스의 의미는 일반 국민을 위협하고 협박하는 수단으로 활용되고 있다. 의료 서비스 또한 돈 중심 사회에서 자유로울 수 없는데 생명을 보호받을 권리조차도 돈에 의해 생사를 결정할 수 있어 돈으로 사람을 통제하는 사회가 되었다. 돈, 자본, 물질사회가 계속될수록 인간의 존엄적인 가치는 훼손될 것이며 사회는 반감 심리의 분노로 인해 통제를 거부하는 사회가 될 수 있어 경계해야 할 것이다.

국가자본, 사회자본, 경제 자본, 금융과 물적 자본 등 다양한 자본의 형태는 국가를 지탱하는 국민에 의해 조성되었고 기업 성장과 사회 및 국가 성장의 원동력이 되었지만 정보에 가까이 있는 권력과 자본에 의해 국민의 내 집 마련의 권리를 방해하고 있다. 돈과 자본 중심인 사회 구조를 바꾸고자 하면 돈 중심의 사람들이 타격을 받는 것이 아니라 순수하게 내 집을 마련하고자 하는 사람들이 타격을 받게 되며 국민의 불안과 불만을 자극하는 사회 구조의 변화를 주도하여 자본으로 사회를 통제하고 있다. 이러한 국민들의 불안을 교묘하게 이용하는 돈 중심의 사람들은 은행의 대출 규모를 줄이던지 대출을 회수하도록 은행을 움직일 수 있으며 언론을 이용할 수 있다. 언론의 자극적인 보도가 사회문제를 만들어 사회 불안을 가중시키고 국민을 불안 심리에 동요하게 만드는 사회 구조는 내 집이 아닌 은행에 저당 잡혀 이자의 악순환에서 벗어나지 못하게 조작하는 것이다. 이에 대해 정부도 강력하게 대응할 수 없는 이유가 돈 중심에 있는 권력의 기득권이기 때문이며 권력을 이용하여 시장과 은행, 기업을 통해 수입을 벌어들여야 하는 구조이다 보니 근절되거나 통제하기 어려운 사회 불안을 안고 가는 것이다. 이러한 사회모순과 돈 중심의 사회를 분석하고 판단할 수 있는 정보들은 사회모순을 비판하기보다는 일확천금을 위한 돈 중심의 일반화를 당연하게 받아들이게 되면서 사람들의 편향적인 이기심을 키우며 돈, 자본, 물질도 균형과 중심을 잃어가고 있다.

부모들은 사회 불안에 대해 어떻게 반응하고 받아들이고 있을까? 먹고 사는 문제가 가장 큰 비중을 차지하고 있어 경제활동에 많은 시간을 투자하고 있다. 잘 먹고 잘사는 문제, 자녀들의 교육과 건강, 삶의 풍요로움, 안정된 여유 등을 위해서는 돈 중심에 가까이 가야만 가정을 유지할 수 있다고 믿는다. 사실이지만 슬픈 현실이다. 인간의 존엄적인 가치가 돈 중심으로 결정되며 자녀들과 가정의 안전도 돈이 있다면 지킬 수 있고 보호받을 수 있다는 생각이 지배적이다. 경제활동이 부모들의 중요한 역할로 강조되면서 돌봄, 관심, 사랑, 지지라는 가정환경의 공감과 애정보다는 돈에 대한 부정적 가치를 경험하게 되어 점차 아이들은 돈 중심 사회를 배워가고 있다. 자녀들의 공감과 애정이 결핍되었어도 결핍을 느끼지 못하는 사회는 부모의 역할도 바꿔놓았다. 공감받지 못한 아이들은 성장하면서 사회와 관계를 이해하고 갈등과 문제를 처리할 수 있는 방법을 배우지 못하고 있으며 부모는 자녀들의 성장과 발달 과정을 같이 겪으면서 성숙해지는 시기를 놓치게 되었다. 부모도, 자녀들도 서로가 결핍을 느끼지 못하고 돈 중심 사회에서 살아남는 방법을 치열하게 배우고 있다. 치열함에 익숙한 부모들은 결핍을 말하는 자녀들에게 무엇을 말하고 있을까? 돈이 있어야 결핍도 해소된다고 말하고 있다. 돈이 있어야만 사람답게 살 수 있고 지금은 당장 힘들고 어렵겠지만 미래를 위해서 참고 견디길 강요한다. 더욱 조급하게 뒤를 돌아볼 여유 없이 돈 중심에 가까이 가고자 하는 부모들은 자녀들이 결핍과 공감받지 못한 돌봄을 말하면 분노를 참지 못한다. 분노를 표현할 때 자녀들의 깊숙한 곳까지 상처를 줘야만 부모는 자신들이 희생하고 있다는 의도가 자녀들에게 전달됐다고 생각한다. 자녀들도 부모의 희생에 대한 의도를 모르는 것은 아니지만 공감의 필요한 시기를 놓치게 되면 공감받지 못한 감정의 상처는 결핍으로 무의식에 쌓이게 된다. 돈 중심 사회의 사회 불안은 이미 사람들의 깊숙한 삶 속까지 영향을 미치고 있으며 가정의 균형과 중심을 위협하고 있다.

돈 중심 사회, 결핍의 사회는 편향적인 이기심을 키우게 된다. 사회와 가정, 개인에 이르기까지 안전하지 않은 사회에서 자녀들을 키우는 것은 도박에 가까운 모험일 것이다. '나 자신도 책임 못 지는데, 가족까지 책임지는 것은 무리'라는 사회 불안이 결혼을 포기하도록 부추기며 '나라도 편하게 살아 보자'의 편협한 사고방식을 종용하는 것은 돈 중심 사회의 부작용이며 이기적인 소유라는 자기 욕구와 만족만을 갈구하는 결핍의 환경을 만들고 있다.

또한, 부부 갈등과 대립에서 자녀들은 편향적인 사고를 키우게 되는데 상대에게 인정받는 방법에서 자녀들은 이성을 이해하는 데 영향을 받게 된다. 바로 조용한 인정과 격한 인정을 말하는데, 조용한 인정은 상대와 교감을 통해 서로의 행동과 태도를 받아들이고 인정하는 방법이다. 가정에서 부부의 역할이 성실할 경우 자녀들을 대하는 방식에서도 부정적인 단어를 사용하는 것보다 긍정적인 단어를 사용하고 자녀들의 감정과 욕구에 대해 차분하게 지켜보며 같이 공감해 준다. 하지만 감정을 통제하지 못하면 단호하게 감정을 읽어주고 이해시켜 반복되는 감정을 조절하는 방법을 가르치고, 신체의 변화(성장, 운동 능력, 감정, 욕구, 관계 확장, 탐색, 창작 등)에도 자극적으로 반응하지 않고 자연스러운 성장과 발달 과정을 알아갈 수 있도록 돕는다. 가정환경이 건강할수록 젠더를 이해하고 역할에 대해 충분히 경험하게 된다. 반대로 서로에게 격한 인정을 바라는 부부일수록 갈등과 대립의 분노와 다툼이 많다. 부부 관계의 불안 지수가 높아 젠더에 대한 일방적인 역할을 강요하고 양육과 경제권에 대한 책임소재를 따지거나 갈등을 만들며 성으로 상대를 조종하고 통제하려고 한다. 언제나 자기가 공감받고자 하며 상대보다 우위에 서고자 하고 상대방이 지치거나 자신이 지쳐 상황을 정리하기 위해 화해를 시도하는 방법에서 그동안의 감정을 쏟아내는 격한 성관계와 격한 자기 인정을 요구하고 확인받고자 한다. 부모의 자극적인 환경에서 자극적인 젠더의 영향을 받게 되면 데이트 폭력, 가정 폭력의 원인을 제공할 수 있고, 부정적인 기초 교육이 상대로부터 자기 이해와 공감을 받고자 하는 욕구가 확장되어 젠더의 갈등과 대립의 문제를 만들게 된다.

지금 배우자에게 기대하는 기대치가 부족하고 설레지 않는 감정에 실망하고 있다면, 실망하고 있는 배우자는 상대 배우자에게 어떤 기대와 설렘을 주고 있는지를 역으로 생각해 봐야 한다. 부부는 일방적인 관계가 아닌 상대적인 관계이며 현재의 배우자에게 실망하고 있다면, 상대의 배우자도 자신에게 실망하고 있다는 것을 알아야 한다. 일방적인 기대치와 설렘을 원한다면 그것은 원하는 사람의 욕구 불만과 이기심이며 이러한 감정이 젠더갈등의 시작을 알리는 신호가 된다.

편향적인 이기심 사회의 변화를 위한 첫 번째 시도로는 인간이 인간을 이해하는 바탕이 조성되어야 한다는 것이다. 젠더라는 특성을 이해하고 배우는 시기는 고유의 성을 타고난 순간부터이며 신변처리와 청결 관리를 통해 기초를 가르치면 자녀들은 그 기초를 확장하는 능력을 갖추게 된다. 부모의 작은 실천이 젠더를 이해하고 역할을 알아가며 자신의 몸을 소중히 다루는 아이들로 건강한 성장과 발달을 도울 수 있다는 것이다. 인간이 인간을 가장 쉽게 이해하는 것은 생식기의 생김새에 따라 자기를 알아가는 것이다. 일반적인 부모들은 무엇을 통해 얻은 결과인지 알 수 없지만, 자녀들이 4세가 되면 부모의 성과 다른 자녀와 목욕을 하면 안 된다고 생각한다. 이성의 몸을 보여주는 것이 성적 호기심을 자극하여 좋지 않은 영향을 줄 수 있다고 생각하며 목욕하는 것을 반대한다. 특히 아빠가 딸을 목욕시키는 것을 마치 성적 학대라고 폄하하고 있으며, 엄마가 아들을 목욕시키는 것이 여성의 성적 수치심에 해당하는 것처럼 호들갑 떨고 있다. 물론 가르치지 않아도 본능적인 욕구에 의해 알아가는 과정이지만, 스스로 본능적인 욕구의 깨달음은 감춤, 숨김, 은밀함을 내포하고 있다는 것을 명심해야 한다. 본능보다는 가정의 틀 속에서 허용되는 기준을 만들면 자녀들은 본능과 이성을 겸비하며 젠더를 이해하고 배우게 될 것이다. 하지만 부모와 자녀 사이에 벽을 만들면 자녀들은 어디에서 또는 누구에게서 젠더를 배우고 생식기의 차이를 알아가며, 자신의 몸이 소중하다는 것과 상대의 성을 대할 때 어떤 예의를 갖추어야 하는지를 모르게 될 것이다. 본능적인 욕구가 증가할수록 성에 관한 자극도 증가하며 은밀함, 음성화의 문제 또한 키우게 되는 원인이 될 수 있다. 생식기의 청결 관리를 어려서부터 시작하면 자녀들은 성인이 되어서도 자신의 몸을 소중하게 다루는 사람이 된다. 자신의 몸을 소중하게 생각하는 사람은 인간을 이해하는 근본 바탕이 갖추어져 기초 교육을 확장하게 되며, 편향적인 사고와 유혹에서도 자신의 균형과 중심을 잡게 될 것이다. 자신을 청결하게 관리하고 성을 배울 때 책임감도 함께 배우면서 성에 대한 선택도 신중하며 자신의 몸을 함부로 대하지 않는다.

사회 변화를 위한 두 번째 시도로는 인간이 인간을 이해하는 바탕과 함께 자녀들의 사고능력을 확장시키고, 다양한 감정을 처리할 수 있도록 긍정적인 생각의 씨앗을 심어 주는 방법이다. 현대 사회는 돈 중심의 권력과 자본에 가까이 가려는 학습 목표를 위해 삶의 지표로 삼을 수 있는 교양서적이나 철학, 인문 서적, 고전 등을 가까이하지 않는다. 돈이 된다면 아무리 복잡한 정보도 해독하는 열정을 보이면서 삶의 성숙을 위한 독서는 소홀하고 귀찮아하며 지루하다는 생각을 가지고 있다.

삶의 중심과 균형을 위한 독서의 유익함은 인간의 존엄적인 가치를 배우는 성장과 성숙을 위한 기초 교육이다. 또한, 성장과 성숙을 확장하는 데 유리하며 성숙의 기초는 사회 불안을 객관적으로 판단하게 하며 불안에 동요되지 않고 정보를 선별하거나 구분할 줄 아는 힘을 길러준다. 사회 현상을 파악하여 사회 불안에 쉽게 현혹되지 않는 균형과 중심은 독서를 통해 얻어지며 부모와의 건강한 대화에서 시작된다. 누구나 알고 있지만 실천하기 어려울 수 있는 책 읽기는 재미있고, 즐겁고, 부모와 유익한 공감의 시간이라고 느낄 때 습관화가 가능해진다. 고전은 인간을 이해하는 근본 바탕이 되고 시대상에 맞는 철학과 철학을 해석하는 방식, 철학적 사고에 이르는 과정 등을 간접적으로 경험하고 유추할 수 있어 현재의 자기 삶에 많은 영향을 미칠 수 있으며, 이 영향으로 현대 사회에서 인간의 존엄적인 가치를 세워 정책과 제도를 만들 수 있다. 인간의 존엄적인 가치를 위해서라면 한 사람의 정의로도 세상을 바꿀 수 있는 힘이 있다고 믿었지만, 지금의 현대 사회는 수많은 사람의 정의와 노력이 있어야 세상을 바꿀 수 있는 힘을 발휘할 수 있다. 세상을 안전한 사회로 바꾸기 위해서는 자녀들에게 정해진 성장발달 시기에 따라 부모의 노력이 필요하다. 어려운 고전과 철학일수록 접근하는 방법에 대해 쉽게 풀어 주며 조금씩 자녀들에게 호기심이 생기도록 읽어 줘야 한다. 부모 입장에서 고리타분하고 지루한 과정이라도 각색하여 호기심을 자극해 즐겁게 받아들이도록 해줘야 한다. 독서를 정의하고 중요성을 정리하자면 독서는 문해력, 독해력의 기초를 다지고 논술(주제에 대해 논리적으로 서술하는 것), 토론(다양한 의견의 정당성을 논하는 것), 작문(글쓰기, 비평, 창작), 자기표현 및 대변(감정 상황, 의견 발표 등 다양한 상황과 문제까지 확장성의 기능을 지니고 있다.

독서는 이해력과 다양한 상황에서의 판단능력, 분석 능력을 길러 줄 수 있다. 이해력은 갈등과 문제 상황을 객관화하여 이해하고 받아들이는 자세이다. '나', '너' 중심이 아닌 제3자의 중심으로 상황을 이해하고 갈등과 문제에 접근하기 때문에 감정에 쉽게 동요되지 않는다. 또한, 글의 의미를 파악하는 이해력이 좋기 때문에 월등한 학습 능력을 보이고 문제 해결 능력 또한 탁월하여 위험을 감지하는 능력도 좋아 무모함과 용기를 구분할 줄 알게 된다. 자기를 위험한 상황에 빠지지 않도록 스스로 관리할 수 있고 위험한 상황에서도 위기를 관리하는 능력이 있어 상황을 잘 정리하고 처리할 수 있다. 험악한 환경과 관계, 상황에서 감정의 동요에 휩쓸리지 않으며 상황과 관계에서 대화를 유연하게 이끌 수 있는 판단능력과 상대를 압도할 수 있는 설득력을 갖추고, 험악한 환경을 해학적으로 또는 지혜롭게 넘길 수 있는 감정적인 여유를 가질 수 있다. 그렇다면 어떤 고전을 어떻게 자녀들에게 읽어주는 것이 좋은가? 자녀들이 지루해하지 않는 쉬운 것부터 읽어주기, 하루에 많은 양보다 잠들기 전에 읽어주기, 부모가 읽고 난 후 재미있게 각색하여 이야기로 전달하기(이야기 대상의 책을 보여 준다.), 부모가 성우가 되어 흥미를 주는 것이다. 이 과정에서 자녀들의 호기심과 흥미에 따라 책을 읽어주는 양을 결정하고 가끔씩 옛날이야기를 흥미롭게 들려주는 것이 좋다. 책을 읽어주는 과정에서 대화를 유도하지 말고, 자녀들의 듣는 자세에 대해서도 지적하지 말고, 단순한 자녀들의 질문에 신중하게 답을 주지 말아야 한다. 자연스럽게 유도하는 것이 책에 대한 흥미를 가져올 수 있어 강요나 강제적인 상황을 만들지 말아야 한다. 그리고 당장이라는 조급함을 보이지 말고 갑자기 책을 읽어야 한다는 규칙을 만들지 말아야 하며 부모 서로가 책 읽기를 떠넘기지 말아야 한다. 부모 중 누가 책을 읽어주는 것이 좋은지에 대해서는 논의의 가치가 없다. 고전 독서가 필요한 이유는 삶의 성장과 성숙에 유익함도 있지만 국제 사회에서 사용하는 함축된 말과 단어를 이해하기 위해서도 필요하다. 함축된 말과 단어를 고전에서 인용하는 경우가 많아 고전을 읽지 않았거나 이해하지 못하면 국제 사회에서 사용되는(프로젝트의 의미) 말과 단어를 이해하기 힘들기 때문이다. 독서는 미래 사회를 대비하기 위해 필요하며 경제, 사회, 문화, 정치, 시장 등 국제화의 환경과 관계를 알고 대비해야 한다.

미래 사회는 국제 사회가 만든 정세적인 불안과 시장의 불안을 형성하여 우리 사회를 위협하게 될 것이다. 국제 사회는 대체적으로 호의적이지 않고 도전적이며 강압적이다. 그래서 더욱 청소년들이 국제 사회에 맞설 수 있는 준비가 필요하다. 국제 사회는 우월적인 존재라는 인식을 심어 주기 위해 상대국을 위협하고 경제, 정보, 과학, 지식을 통해 통제하려고 한다. 지시적, 일방적, 강압적인 국제 사회를 견제하고 감시하며 조정할 수 있는 능력을 갖추어야만 대등한 관계를 형성할 수 있고 그 위협적인 불안에서 벗어날 수 있을 것이다. 국제 사회가 불안을 조성하는 방법은 다양하다. 여론을 흔들고 불안의 논점을 흐리고 있는데도 그 불안을 분석하고 평가하는 능력이 없다면 국제 사회가 의도한 불안이 우리 사회를 침범하여 생활 전반에도 많은 영향을 미치게 될 것이다. 국제 사회가 의도한 불안의 함정에 빠져 스스로를 위태롭게 하는 나라, 현혹되기 쉬운 나라의 의견은 묵살될 것이다. 기본적인 독서를 통해 현혹되지 않도록, 편향적인 사고가 사회에 지배적이지 않도록, 국제 사회가 만든 불안에 휩쓸리지 않도록 준비해야 하며 함정과 같은 불안에서 자신을 지킬 수 있는 능력을 갖추어야 한다. 이렇게 독서에 익숙한 아이들은 충분히 사고를 확장할 수 있고 정보를 받아들이는 유연함을 갖출 수 있다. 또한, 우리의 문자로 국제 사회에 평등을 요구할 수 있을 것이다.

사회 변화를 위한 세 번째 시도로는 안전한 사회에서 다양한 경험을 할 수 있도록 사회 구조의 변화가 필요하다. 우리나라의 사회 구조는 대학을 가기 위한 준비에 지나지 않는다. 다양한 경험이 없는 청소년들이 좋은 대학을 위해 학습에 열중하고 있으며, 학사과정의 별다른 경험이나 경력이 없어도 자격증만 있다면 좋은 직장과 직업을 선택할 수 있으며 그에 대한 보수도 결정되는 불평등 사회이다. 숙련공들이 아무리 오랜 기간 자신의 기능과 기술을 연마하고 경력을 쌓아도 자격 사회에서는 숙련공들의 기능과 기술을 인정하지 않고 있어 기능과 기술이 청소년들에게 배척당하고 있다. 다양성이 존중되지 않는 사회에서 자기가 원하는 직업이나 직장이 아니어도 안정적으로 급여를 받을 수 있는데 굳이 어려운 길을 선택할 필요성을 느끼지 못한다. 청소년들이 기능과 기술을 외면하고 좋은 직장과 직업만을 선택하려 한다면 취업은 더욱 어려워질 것이며 낙오되거나 스스로 취업을 포기하는 사람 또한 넘쳐나게 될 것이다. 자신의 위치와 역할을 이해할 수 있는 다양한 경험이 부족하고 심화 단계를 배우고 싶어도 가르치는 인력이 없어 사회의 편중이 심해지는 불균형 상태의 사회가 되어 가고 있다. 청결하고 인정받으며 힘들지 않은 직장과 직업, 안정적이며 삶의 여유를 가질 수 있는 전문직, 정년이 보장되는 공무직을 선호하게 되는 경향은 부모의 기대치에 대한 영향도 크지만 기능과 기술에 대해 인정하지 않는 사회 구조와 환경의 영향이 더 크다는 것이다. 기능과 기술의 처우는 점차 나빠지고 전문직(노동조합)과 공무직의 처우는 좋아지는 구조는 처우를 결정하는 사람들이 공무직이기 때문이며 공무직이(자신이) 공무직을(자신을) 관리 감독하는 구조이다 보니 사람들이 더욱 공무직에 열광할 수밖에 없는 것이다. 기능과 기술의 처우가 외면받으면서 외국인 노동자의 유입은 당연한 결과일 것이다. 일자리가 없다고 성토하며 아우성치는 사회, 일자리를 찾는 난민이라고 표현하고 있지만 기능과 기술을 직업으로 선택하고자 하는 의지도 없는 사람들의 핑계일 수 있다. 일자리는 넘쳐 나지만 좋은 일자리, 자기 수준과 기대에 맞는 일자리만 찾고 외국인 노동자에게 일자리를 뺏겼다고 하소연만 하는 남 탓의 사회가 되었다. 기능과 기술뿐 아니라 직업 선택의 자율성을 위해서라도 다양한 경험을 할 수 있는 구조가 정비되어야 하며 구조가 정비되지 않는다면 우리 사회는 점차 외국의 인력시장을 통해 기능과 기술 더 나아가 과학까지도 의존하는 의존사회가 될 것이다.

편향적 사고가 위협적이고 위험한 이유는 사고기능의 단순화(결핍)를 가속시키기 때문이다. 도덕, 윤리, 사회, 환경, 문화, 규칙, 가치, 정치, 철학 등과 같은 상위적 개념의 배움을 어려워하고 회피하도록 한다. 상위 개념은 자기와 사회, 인류의 불안을 스스로 진단하고 조절할 수 있도록 기능하여 불안을 감소시키지만 편향적 사고는 단순성만으로 자기중심적 사고에 집중되어 불안을 진단하고 자극을 재처리하는 무의식 기능을 떨어뜨려 자기와 사회 불안을 증가시킨다. 어려움과 복잡함을 회피하는 지독한 단순성은 자극에 쉽게 반응하여 충동과 중독에 쉽게 노출되어 더 큰 자극으로 불안을 덮고자 한다.

지독한 단순성에 빠진 사람들은 자살과 중독이 어쩔 수 없는 선택이라고 변명하며 자기 단순성을 인정하지 않는다. 어려움을 회피하고 단순함의 편향적인 사고와 사회에 갇혀 있기 때문이다. 지속되는 지독한 단순함은 자기와 사회 불안을 증가시켜 사회기능을 교란하거나 파괴할 것이다. 현대 사회는 이러한 단순성의 늪에 빠져 산업발전이 더디거나 거의 멈춰있다고 볼 수 있다. 인류의 성숙이 멈추게 되면서 사회와 산업 성장이 더디거나 멈추게 되었고, 불안이 증가함에 따라 사회기능의 멈춤은 더욱 빠르게 진행될 것이다. 지독한 단순성은 무의식의 재처리 기능을 떨어뜨려 사고확장능력을 제한하며 인류와 사회를 위협하고 있다.

기초 안전욕구 불안의 위험

　기초 안전욕구의 불안은 자녀들의 건강한 성장과 발달을 방해한다. 안전은 정서, 신체, 환경, 관계 등에서의 건강한 성장과 발달 그리고 안정감을 포함한다. 아동들은(자녀들은) 기초 양육 환경에서 안정적으로 보호받을 권리가 있다. UN이 정한 아동의 4가지 기본권은 생존권, 보호권, 발달권, 참여권이다. 아동에게 청결한 환경 제공은 기초 안전욕구의 안정성 확보와 유지를 통해 건강한 성장을 도울 수 있다. 기초 안전욕구의 안정성은 가정환경에서 결정되며 청결한 가정은 부모와 자녀 관계 또한 대체적으로 원만하다. 반면, 기초 양육 환경이 불결한 가정은 부모의 갈등과 대립이 높은 수준이며 자녀들의 안전욕구 불안이 자극되어 위험하고 자녀들은 불결한 환경을 벗어나기 위해 밖으로 내몰림 당하고 있다. 위협적 환경에 장기간 노출된 아동들은 인지 능력, 사고능력, 공감 능력 발달에도 부정적 영향을 미치게 된다.

　청결하지 않은 지배적 환경에 노출된 사람들이 또다시 부정적 경험을 반복하며 젠더갈등을 만든다. 불결은 갈등과 대립의 씨앗을 심는 것이다. 안전한 자기 공간, 보호받을 수 있는 공간에서의 쉼이 없는 삶은 불안을 조절하지 못하도록 방해하고 기초 안전욕구의 불안을 자극하게 된다. 연쇄적 반응의 불결은 무기력, 이기적, 충동적, 분노, 책임 회피, 자유분방 등 무의식 공간에 결핍을 쌓게 된다.

 - 청결 관리가 미흡한 사람들은 주변 정리 정돈에도 미흡하다. 2장에서 말한 청결 관리는 개인위생 및 성교육 차원의 청결 관리라면 이 단락은 가정환경의 청결 관리까지 포함된다. 자녀들은 부모들의 청결 수준에 따라 자기 청결 수준을 배우게 되며 경험의 각인을 개선하는 데는 어려움이 따른다. 주방이 너저분하며 찌든 음식 찌꺼기를 보고도 청소에 관심이 없는 사람, 이곳저곳에 쓰레기가 있어도 치우지 않는 사람, 옷을 이곳저곳에 널브러뜨리는 사람, 화장실에 오물이 묻어 있거나 물때가 있어도 개의치 않는 사람, 침실 위에서 음식을 먹으며 흘려도 개의치 않는 사람, 먼지와 머리카락이 방바닥에 뒹굴고 있는데도 신경 쓰지 않는 사람, 오물로 바닥이 더럽혀져 있어도 닦지 않는 사람, 책상이 난장판이어도 개의치 않는 사람 등 불결한 환경을 방치하는 사람들이 의외로 많다. 청결에 대한 이해는 사람마다 다르지만 기본적인 청결과 주변 정리 정돈이 꼭 필요한 이유는 자녀들에게 안전한 성장 환경과 정서적인 안정감을 주기 때문이다. 하지만 지나친 청결의 강요는 행동을 제한하여 자기 청결에 강박과 집착의 감정을 자극할 수 있어 상황에 따른 적절한 수준의 청결 유지가 필요하다.

 청결한 공간, 환경을 싫어하는 사람은 아무도 없을 것이다. 반면 청결에 대해서 민감하게 받아들이는 사람들이 있다. '극성스럽다, 유별나다. 정신병적이다'로 청결한 사람들을 비하하는 경우를 종종 볼 수 있다. 청결은 '나' 중심이지만 '나' 중심 공간에서는 불결한 환경을 보고도 불결하다고 느끼지 못하는 사람들이 많다. 아이러니하게도 이런 사람들은 다른 환경의 불결한 상태는 참지 않는다. 그래서 '나' 중심과 '너' 중심에서 자기의 청결을 유지하는 것이 바람직한 청결의 해석이 될 것이다. 청결에 대한 자기만족도 중요하지만 상대의 불편함이 없는 정도의 청결을 유지하는 것이 좋다. 상대 또한 타인의 공간에서 예의를 지킬 수 있는 정도의 청결을 갖추어야 서로 좋은 관계를 유지할 수 있다. 청결은 관계에서 서로에 대한 신뢰의 기준이 되며 관계의 균형과 중심을 잡아갈 수 있는 좋은 방법이 된다.

청결의 균형과 중심은 배우자를 탐색하고 선택하는 과정, 신뢰와 배려의 안정적 생활 유지, 자녀를 양육하는 수준 등에서 많은 영향을 미치게 된다. 청결은 부부 관계에서 서로에 대한 안전한 공간을 제공하고 안정감을 주며 자녀들의 심리 정서적인 안정감과 건강한 보살핌 그리고 건강한 성장발달을 효과적으로 제공한다. 안전을 주는 공간, 건강한 성장을 뒤로하고 불결한 환경에서 살고 싶어 하는 사람들은 절대 없을 것이며 불결한 공간에 오래 있고 싶은 생각도 없을 것이다. 이러한 청결 수준을 보고, 듣고, 배우지 못한 갈등과 대립의 씨앗을 가진 사람들은 건강한 가정을 꾸리는 데 많은 문제를 가질 수밖에 없다. 가장 먼저 배우자에 대한 신뢰를 무너뜨린다. 좋은 가정환경을 위해 서로가 노력하지 않고 청결의 몫을 강요하며 비난, 비방, 비판적 시선 등 부정적으로 상대 배우자를 평가하며 갈등을 쌓아 간다. 무기력하고, 게으르고, 책임감이 없고, 답답하고, 한심하고 등의 감정들로 기초 불안 욕구가 자극받게 되면 젠더의 갈등과 대립을 시작하게 되는 것이다. 청결이 어느 순간 성의 역할로 강요되며 역할의 구분과 강제적 행동들이 다툼을 만들고 다툼은 성 대결로까지 번지게 된다. 지루한 다툼과 힘겨루기는 부부 관계를 위협하게 되고 최악은 이혼까지도 결정하게 되는 악순환을 만들게 된다. 청결 수준의 미흡한 부분을 타인과 비교하며 상대 배우자 원가정에 대한 비판적 감정의 문제로까지 확대한다. 서로가 배려하지 않고 '나' 중심, 즉 내가 보는 것이 불편하다는 감정이 앞선다면 상대 배우자에게 역할을 강요하게 된다. 청결은 건강한 가정환경 유지와 부부 관계에서 중요한 만큼 서로의 노력이 필요하며 상대 배우자의 청결 수준이 미흡하다면 배려하는 마음이라도 가져야 신뢰는 유지될 수 있다.

- 청결 수준이 미흡한 사람들은 가정환경에서 육아의 질적인 부분이 낮다. 자녀들은 안전한 공간에서 안정된 심리 정서의 욕구를 채우고 채워진 욕구는 다른 환경과 관계에서 안정적인 적응능력을 보이며 일방적인 이끌림의 관계를 맺지 않는다. 하지만 청결 수준이 미흡한 부모들은 자녀들에게 무관심하며 성장과 발달에도 관심이 없는 경우가 많다. 자녀들은 지속적으로 불결한 가정환경에 노출될수록 관계에서 많은 문제를 보이고 있으며 불안과 불만을 많이 느끼고 있었고 대체로 부모들에게 비판적인 감정을 드러내고 있었다. '집이 더러워요. 매일 싸우고, 이혼하자는 말을 많이 해요. 무섭고 불안해요. 매일 늦게 들어오고, 집에 오면 축 처져 있어요.'라고 자녀들이 말하고 있다. 가정환경에서 자녀들에게 심리 정서

적인 안정감과 신체적인 안전감의 보호 공간을 제공해주지 못하면서 부모 자신의 역할이 충분히 헌신적이며 희생적이라고 생각한다. 청결이 주는 긍정적인 영향은 보지 못하고 어디에 쫓기는 듯 조급함과 안정감이 없는 행동, 바쁜 듯 서두름의 행동들을 보이고 있다. 부모 자신 또한 불결한 자기 환경에서 벗어나고 싶은 책임 회피성 도피 행동으로 가정환경보다는 관계에서 오는 이끌림에 더욱 관심을 가지고 있으며 관계에서 밀쳐질 것을 두려워한다. 가정환경을 유지하고 싶은 책임감도 부족하며 자녀들에게 애착 관계 또한 의무적이고 무엇이 중요한지를 구분하지 못하는 경우들이 많다. 가정에서는 자녀들에게 억압, 분노, 무기력, 상실, 의무를 강조하지만 타인들에게는 관대하며 친절한 사람으로 인식되길 바라는 관계 집착의 성향을 보인다. 이렇게 청결 수준이 부족한 사람들은 좋은 가정환경을 만들고자 노력하거나 유지하는 힘이 부족해 건강한 가정과 자녀들의 건강한 성장발달을 위협하고 있다는 것을 이해하지 못한다.

- 불결함이 정신과 신체의 건강에도 많은 악영향을 주고 있다. 가정환경이 불결하여 개인위생을 배우지 못한 아동들은 정서적인 불안이 높고 과도한 자기표현과 행동문제로 인해 관계에서 다툼이 잦고 대립하는 경우가 많다. 다툼과 대립의 씨앗을 부모로부터 물려받은 불안정 정서로 인해 분노, 회피, 상황감지능력(분위기 파악), 남 탓(책임전가) 등 인지 왜곡과 오류의 문제 행동이 나타나며 사회문제로 확대된다. 불안정한 정서는 정신적인 질병, 즉 심리적인 질병에 많은 영향을 미치게 되는데 가장 대표적인 것이 집

착과 강박이며 우울증도 포함될 수 있다. 집착은 자기에게 억압과 무관심한 지배적 환경에서 벗어나고자 다른 관계와 환경을 동경하는 것이며, 강박은 자기 환경으로 다시 돌아가지 않으려고 관계에서 불합리적인 지배적 관계의 이끌림을 끊어내지 못하는 것이다. 관계에서 불안을 크게 느끼는 사람들은 자기 불안을 조절하거나 구분하지 못하고 동요되는 갈등을 처리하지 못해서 오는 조급함, 소외감, 박탈감 등의 우울 감정을 많이 느끼게 된다. 우울 감정을 벗어나기 위해 자기편을 만들고 자기 불안을 효과적으로 분산하고자 소속 욕구에 집착하는 강박 사고를 갖게 되는 것이다. 현대 사회는 불안이 지배적이며 불안에 의해 심리적인 질병이 많아지고 있어 정서적인 안정을 위해 안전한 자기 공간은 필수조건이 된다. 정서적인 안정을 느끼지 못하면 작은 일에도 스트레스를 받아 신체적인 질병으로 확대될 수 있다.

- 청결을 배우지 못하면 규칙과 사회 질서, 기초예절이 부족해진다. 청결과 불결의 구분에서 균형과 중심이 없는 사람들은 공간에 대한 제약 없이 타인의 공간을 구석구석 탐색하고 평가하며 초대받은 곳에서도 주변을 어지럽게 사용한다. 특히 청결을 배우지 못한 가정의 자녀들은 친구 집에 초대를 받아 방문했을 때 자기 공간이 아니어도 자기 공간처럼 서슴없이 행동하며 환경을 장악하려 한다. 자기 행동이 왜 제지를 받아야 하는지 자기 이해가 부족하다. 경계의 기준이 없어 산만하며 주의를 받으면 도전적이고 반항적인 행동을 한다. 타인의 물건에 관심이 많아 갖고자 하지만 쟁취 후 흥미를 잃어버린다. 부모의 무관심한 가정환경에서 규칙,

질서, 예의는 부모를 귀찮게만 하지 않으면 허용되는 환경이 방종에 가까운 자율성에 익숙해져 고착된 무질서를 자극하게 된다. 다시 말하면 청결은 보살핌과 안정된 자기 공간이기도 하지만 타인에게는 예절을 뜻한다. 초대받은 사람이나 초대한 사람의 입장에서 자기 공간을 청결히 하는 사람들과 관계가 지속되기를 원한다. 초대는 상대를 평가하는 기준이 된다. 오랜 관계를 지속할 수 있는지를 판단하기 위해 타인을 자신의 공간에 초대하는 것은 자신의 삶을 보여주는 것과 같아서 용기가 필요한 것이다. 자신을 보여주는 것은 상대방을 가깝게 느끼고 있다는 것이며 공간을 허락한다는 것은 관계를 좀 더 발전시키고 싶다는 신호이기에 신중하고 조심스럽게 다가가야 하는 과정이다. 상대방의 예의를 기대하면서 관계의 기준을 정하고 어느 정도 허용된 선에서 서로 의지도 하며 서로에게 필요한 정보를 공유한다. 육아, 교육 방향, 고민 상담, 지역 생활 교류, 친목, 더 나아가서는 투자를 위한 정보공유 등 다양하게 접근하고 자기를 드러내는 것은 사회적인 불안을 분산하고 소속감의 안정 욕구를 통해 자기 환경을 안정하게 구축하고자 하는 인간의 특성이 반영된 것이다.

안전하고 청결한 자기 공간은 안전하고 건강한 소속감을 형성하는 데 유리하다. 이처럼 공간은 자기가 보호받는 유일한 곳이며 가족 모두가 자기만의 공간에서 자기의 생각과 성향을 키워가는 곳이다. 개별적인 독립체로서 성장하는 곳이며 인격이 형성되고 사회화를 준비하는 곳이다. 이렇게 보호받아야 할 중요한 공간이 청결하지 못하다면 보호받고자 하는 유일한 공간에서 벗어나고 싶은 공간이 될 것이고, 사회화에서 의존적이거나 고집스럽고 자기주장이 강하며 자기만족만을 원하는 미성숙함을 보이게 될 것이다. 가정환경에서 안전하고 안정감이 있는 자기 공간은 어린아이에서 성인이 되는 준비 과정이며 성인이 되어서도 삶을 계획적으로 관리하고 자기 일에 성취감을 보이게 될 것이다. 또한, 청결 관리는 다양한 관계에서 관계를 형성하고 유지하는 방법을 배우고 환경과 관계에서 갈등과 대립, 불안을 최소화할 수 있다.

- 개인의 청결이 관계에 미치는 영향이다. 자기 몸에 대해서 청결하지 않은 것은 무엇이 문제가 될까? 공간의 청결과도 같은 문제이지만 상황에서 문제를 해석하는 방식이 지나치게 자기중심적이라는 것이다. 상대가 자기를 기피하는 이유를 모르고 조언과 충고에 대해 방어적이며 도전적이다. 자신의 중요 부위를 직접 씻지 않고 흐르는 물에 씻었다고 생각하는 사람, 대변을 보고 닦기만 하면 된다고 생각하고 사람, 청결하지 않은 몸으로 관계를 가지려는 사람, 입 냄새가 심하게 나는 사람, 아무 곳에서나 음식물을 섭취하고 닦거나 씻지 않는 사람 등 개인의 청결에 대해 관리가 미흡한 사람들이 의외로 많다. 자기 신체와 환경에서 청결과 정리 정돈이 미흡한 사람들은 사회 환경에서도 오염을 일으키는 주범이 된다. 아무 곳에나 쓰레기를 버리며 공공시설에서도 먹다 남은 음식쓰레기와 일회용품의 쓰레기를 그대로 두는데 어떠한 양심의 가책을 느끼지 않는다. 자기 환경에서도 규칙과 규범이 미흡한 사람들이 사회 환경에서도 규칙과 규범이 미흡하다. 규칙과 규범이 없는 사람들은 편리 주의에 빠져 있고 편리 주의에 빠진 사람들이

관계나 환경을 바라보는 공감 능력이 부족해 문제를 자기중심으로 해석한다. 공감 능력이 떨어지는 사람들은 관계에서 문제를 지적받으면 자기 행동이나 태도는 뒤돌아보지 않고 수치심을 느끼며 상대에게 보복 심리를 가지게 된다. 공감 능력이 부족한 부모에게 공감받지 못한 자녀들의 환경은 혼란의 공간이 되며 혼란이 지속되면 자기 주체성보다 환경에 지배를 당하게 되어 자기부정을 먼저 배우게 될 것이다. 자기 환경에서 자기부정에 노출된 사람들은 관계에서 공감하는 능력이 떨어져 부부 관계에서도 혐오적인 관계를 생산하게 된다. 가정에서 행동을 살펴보면, 자기 몸을 씻지 않는 불결함과 더러움, 주변이나 가정환경과 상대방 주변의 지저분함, 자기 것도 치우지 않고 정리를 하지 않는 게으름, 허물을 벗은 듯 옷 벗음의 나태함, 거꾸로 벗겨진 양말을 보면서도 생각 없는 의식 수준, 대변이 묻어 있는 속옷, 음식을 상하게 방치하거나 상한 음식을 버리지 않고 설거지를 하지 않은 주방 시설의 불결함, 친구나 가족을 아무 때나 초대해 가정환경이 난장판이 되어도 치우지 않는 더러움, 외출복에 오물을 묻히고 들어오고, 아무 곳에서나 쓰러지듯 자거나 술에 취해 아무 곳에서나 배설하는 등의 상황이 있다. 이러한 공감 능력 부족은 자녀들의 건강한 성장을 위한 환경보다 혐오스러운 자기부정의 환경을 제공하는 것과 같다.

결핍과 혼란의 부작용

인간의 불안, 사회 구조와 환경에 의한 불안은 인간생존 본능의 원동력으로 작용하였고 생존에 유리한 구도 즉, 사회 구조를 만들어 규모를 확장하게 되었다. 규모의 확장은 인간의 특성적 기질과 기능 발달에 응집력을 발휘하여 현대 사회를 이루게 되었다. 인간이 타고난 불안으로 많은 성과를 이루었으나 응집된 집단화는 인간의 자원화를 부추겨 사회를 위협하고 있다. 위협과 불평등, 불균형의 사회를 안전하고 건강하게 변화시키려는 노력이 필요하다. 여기에서 매슬로우(Maslow)가 제시한 인간 욕구 중 4단계 자아존중의 사회, 마지막 5단계 자아실현의 사회에 근접하도록 인간은 성숙의 진화를 준비해야 한다. 자아는 각각 인간 개체의 특성과 기질을 형성하며 부모에게 영향을 받는다. 부는 영을, 모는 혼을 자녀에게 전달하면서 인간은 영혼을 가진 생명체가 되며 인격체로 성장한다. 현대 사회는 과거 사회보다 진보적으로 발전했지만 사회적 환경에 의한 자기 불안은 더욱 증가하여 인격체로서의 성숙을 위한 진화는 하지 못하였다. 변화된 것이 있다면 규모의 확장 속에서 굶어 죽는 사람들이 적다는 것이다. 이는 현대 사회가 갖는 안정성의 장점이면서 적폐적인 단점이기도 하다. 굶어 죽는 사람보다 스스로 불안을 견디지 못해 자살을 선택하는 사람들이 늘어나고 있다. 가정환경에서의 안전과 안정된 삶이 돈과 자본에 의해 결정되어 돈 중심 사회로 편중되면서 더 이상 안전과 안정을 보장받지 못하고 있으며, 사회에서는 무한 경쟁의 치열함도 존재하고 있어 사회안전망도 기능을 상실하고 있다. 돈 중심 사회에서는 물질적인 잣대로 사람을 평가하고 돈으로 사람을 종용하거나 조종하려 한다. 인간의 가치관을 훼손하는 사회 불안까지 떠안고 살아가야 하는 이중 삼중의 불안이 가중되면서 인간과 사회의 건강한 성숙을 방해하고 있다. 돈과 자본의 정점에 있는 재벌이나 권력자들이 생존과 안전, 소속의 기초 욕구에서 불안이 낮다고 할지라도 자신의 질병, 사건과 사고, 범죄, 권력 다툼, 서열 다툼, 죽음 등 그들의 세상에서 느끼는 불안에서는 해방될 수 없을 것이다. 이렇듯 인간의 가치관과 사회 구조도 바꿔놓는 돈과 자본 중심의 사회는 윤리와 도덕성의 결핍이며 결핍은 인간을 끝없는 욕구에 가두게 된다. 아무리 많이 가졌다 할지라도 끝없는 자기 욕망에 사로잡힌 인간은 사회균형을 무너뜨리고 사람들과 사회의 불안을 가중시키고 있다.

현대 사회가 위협, 위험, 분노, 갈등, 불안, 폭력 사회가 된 이유는 윤리성과 도덕성의 상실이며 자기 욕구의 결핍이 만들어 낸 돌봄의 부재에서 비롯되었다. 윤리성과 도덕성은 자기와 사회에서 균형과 중심을 세우는 중요한 일이지만 현대 사회 불안에서 자유롭지 못한 가정의 자녀들은 본능적인 기초안전욕구를 채우고자 결핍에 반응하게 된다. 지속적인 결핍의 노출은 끝없는 욕구를 갈망하도록 자극하여 만족을 모르는 비대칭적 성장을 부추겨 윤리성과 도덕성을 점차 잃어 가게 된다. 인간은 태내에서부터 부모의 갈등과 불안에 따라 결핍을 느끼게 되며 태어나는 순간부터 돌봄, 애정, 안전, 안정, 인정 등의 다양한 환경적 영향에 의해 만족과 결핍의 감정을 느끼게 된다. 결핍된 환경에 오래 노출될수록 자녀들은 성장하면서 부모와의 갈등, 관계 갈등, 반항, 증오, 반사회성, 폭력, 공격, 중독, 이기심 등으로 나타나게 되며 자기도 모르게 감정에서 폭발하는 지뢰와 같은 역할을 한다. 결핍을 느낀 크기만큼 폭발의 강도는 더욱 강해지는데, 결핍은 돈 중심으로 채울 수 없는 인간의 기초 안전욕구 불안 감정이기 때문이다. 결핍을 많이 느낀 아동들일수록 결핍 감정을 해소하기 위해 집착과 강박에 시달리게 된다. 결핍은 좋은 교감, 안정된 환경과 안정된 정서적 관심, 부모와의 스킨십, 안전한 쉼 그리고 존재 가치의 인정욕구가 충족되었을 때 해소되는 것이다. 정서적인 결핍을 느낀 사람들은 자신의 결핍된 감정을 해소하기 위해 더욱 경제적인 불안을 참지 못하고 강박적인 수집의 집착을 보이는 경우가 있는데 이는 부모로부터 받지 못한 기초적인 정서와 돌봄의 결핍은 평생 인간에게 영향을 미치기 때문이다. 돌봄은 태내에서부터 영유아기, 아동기, 청소년기 등 단계별로 나뉘어 균형과 중심을 잡아 줘야 한다. 정서적인 안정된 돌봄은 사회를 건강하게 만들고 관계의 갈등과 대립을 이해와 인정으로 이끌어 낼 수 있는 효능감을 발휘하며, 사회에 선향 영향력을 행사하는 힘을 갖게 되고 위험하고 불안한 분노와 결핍의 사회를 건강한 사회로 만드는 원동력이 된다.

사회적 위협을 지나치게 해석하는 부모의 권위적인 가정환경 또한 결핍을 만들게 된다. 지금 가정환경이 안전한지, 건강한지를 판단해 보면서 정서적인 안정감을 주지 않고 사회적인 위협이나 관계의 갈등과 대립의 위험에서만 강조된 가정환경인지를 돌아봐야 할 것이다. '위험하니까 나가지 마, 친구들 만나지 말고 학원가, 학원 갔다 왔으면 방에 들어가서 공부해, 집에 간식이랑 다 사다 놨으니 집에서 놀아, 도대체 뭐가 부족해서 매일 짜증이냐?' 등의 일상적이고 일반적인 해석으로 신체적인 안전만을 강요하고 있는지를 살펴봐야 한다. 신체적인 안전과 정서적인 안정이 함께할 때 건강한 성장과 발달에 도움을 준다. 신체적인 안전만 주어진다면 성장과 발달에서 성장에는 도움을 주지만 정서 발달에는 결핍을 느끼게 만드는 환경을 제공하는 것이다. 그렇다면 자녀들의 건강한 성장과 발달을 위해서 결핍을 최소화하는 방법은 무엇이 있을까? 가장 우선되어야 하는 것은 자녀들을 있는 그대로, 존재를 인정해 주는 것이다. 자녀들이 가장 부모에게 불안의 결핍을 느끼는 것은 있는 그대로 인정하지 않고 특별한 아이여야 하며, 부모가 원하는 것을 잘하길 바라고 잘해야 하며, 남들보다 뒤떨어지면 차가운 눈빛을 보내는 것이라고 말한다. 이런 아동들은 부모가 아닌 다른 사람이(치료사) 자기를 있는 그대로의 존재로 인정해 주면 스스로 자신을 바꾸려는 노력을 한다. 그만큼 부모에게 느끼는 결핍의 크기가 크다는 것이다. 부모의 인정이 자녀들의 성숙과 성공을 가져올 수 있다는 것을 이해한다면 좋은 교감부터 시작해야 한다. 다음은 교감과 더불어 대화하는 방식이다. '다 너희 때문에 이 고생을 하는 거야, 우리만 한 부모가 어디 있는 줄 알아?, 넌 공부만 해. 나머지는 신경 쓰지 마!' 등의 일방적인 대화가 아닌 사소한 것부터 힘들어하는 것이 무엇인지 알아가는 것이다. 자녀가 힘들어하는 감정을 보이면 과감하게 '지금 아니면 언제 놀래, 지금 놀고 쉴 때는 쉬는 게 좋아, 네가 소중하지 공부 잘하는 너를 원하는 게 아니야!'를 말하며 '멈춰'를 외쳐 줄 수 있는 든든한 부모의 역할이 필요하다. 이렇게 있는 그대로의 존재를 인정받은 아동들은 환경과 관계에서 있는 그대로 보고 판단할 뿐 관계를 자기에게 유리하도록 만들기 위해 확대해석하지 않는다. 있는 그대로의 환경을 인정하지만 자기와 환경을 개선하기 위해서도 노력하는 적극성과 책임감을 갖고 성장하게 된다. 결핍의 종류로는 자기의 결핍을 인정하는 긍정 결핍의 감정과 자기의 결핍을 인정하지 않는 부정결핍의 감정으로 나뉠 수 있다. 긍정 결핍은 정서적인 안정감을 통해 다른 환경에 영향받지 않으며 자기의 환경을 인정하고 받아들이는 것을 말한다. 하지만 부정결핍은 정서적인 안정감이 없고 다른 환경에서 자기 결핍을 숨기며 물질적인 충족을 통해 세상과 소통하기 때문에 관계에서 상대와 자기를 비교하게 된다. 비교를 통해 자기의 우월감을 드러내려고 하며 우월적인 관계를 형성하려는 힘겨루기에 자기 에너지를 낭비하게 된다. 최신 전자기기, 명품에 등골이 휘는 부모들은 자녀들의 결핍을 물질로 채워주는 것은 아닌지 생각해 봐야 한다. 물질적 욕구 충족은 또 다른 결핍을 만드는 과정이며 자기를 타인과 비교하는 열등의식을 키우고 열등감을 느끼도록 부채질하는 것과 같다.

결핍도 갈등과 대립의 씨앗으로 작용한다. 세대를 거쳐 무의식에 쌓인 결핍의 욕구는 세대 간 전이를 통해 연속적으로 반응하게 된다. 개인(자기)의 결핍은 부부에게 젠더의 갈등과 대립, 불안과 불만을 만들게 된다. 배우자들이 느끼는 불만의 원인은 원가정의 부모로부터 충족되지 않은 정서적인 안정과 인정욕구의 결핍을 상대 배우자를 통해 해소하려 한다는 것이다. 자기의 결핍된 욕구 충족을 위해 상대에게 의무와 책임감을 강요하고 자기 결핍에 의해서 자신이 무기력하여도 상대가 이해하고 인정해 주길 바란다. '난 부모에게 사랑을 못 받고 자랐어, 그러니까 당신이 이해해 줘.', '나도 잘하고 싶지만 보고 듣고, 배운 것이 없어서 못 하겠어.' 등 상대 배우자에게 무한 이해와 인정을 갈구하게 된다. 자기 결핍에 의한 무기력의 책임을 원가족 부모에게 전가하고 자신의 무기력(결핍)은 질병적인 요인일 수 있다는 강변으로 자기합리화를 시도하며 개선하고자 노력하지 않는다. 이러한 부정행동과 감정으로 시혜와 동정을 요구하며 요구는 점차 증가하게 된다. 성인으로서 책임을 회피하며 나태한 자기 행동을 감추고자 결핍을 핑계 삼아 자신을 방어하는 위선적 행동으로 배우자와의 신뢰를 무너뜨리고 있다. 또한, 경제적인 결핍을 해소하기 위해 상대에게 경제활동을 강요하고 금전적 여유가 없는 불만을 여과 없이 토해내며 가정환경을 위태롭게 만들고 있다. 이렇게 결핍은 자율적, 독립적, 경제적인 성장과 성숙을 방해한다. 반면 성장 과정에서 경제적 결핍을 주장하는 부모는 자녀들이 경제적인 결핍을 느끼지 않도록 지원을 아끼지 않는 부정결핍의 행동이 나타난다. 부모의 결핍 욕구 불안에 의해 무한 보살핌의 책임감을 보이며 성인 자녀들의 경제적인 부분까지도 감당하려고 한다. 즉, 성인이 된 자녀들을 무한 돌봄으로써 스스로 윤리적이고 합리적 결정이었음을 강조하며 위로한다. 자기의 결핍을 자녀들의 결핍으로 투사하여 지원을 아끼지 않았던 부모들은 자녀들이 독립(분가)하게 되면 자신이 쓸모없는 존재라는 심리적인 불안과 상실감의 결핍 증후군을 앓게 된다. 결핍 증후군의 부모는 다시 자기 효능감을 찾기 위해 자녀들의 삶과 가정생활에 깊숙이 관여하며 손주의 양육까지 책임지려 한다. 이런 부모들의 행동은 부정결핍으로써 자신의 결핍을 자녀들을 통해 대리 충족하려는 것이다. 옛말에 '열 길 물속은 알아도 한 길 사람 속은 모른다.'는 말처럼 결핍은 인간의 삶 속에서 어떻게 자극받고 반응할지 모른다. 보편적인 사람들은 균형과 중심에 의해서 만족함을 느끼고 느끼려고 노력한다. 마음의 만족과 같이 결핍 또한 어쩔 수 없는 환경임을 받아들이고 인정하는 자세가 필요하다. 자기 환경과 상황을 알아가고 이해해야 하는 것이 만족과 결핍의 사이에서 균형과 중심을 잡을 수 있으며 자신을 지키는 힘이 될 수 있다. 자신을 지키는 힘은 지나친 욕구 충족에 빠지지 않도록 지켜 주며 결핍이라는 분노에서 자기를 보호하고 지켜 줄 수 있다.

배버리지(Beveridge)는 결핍, 질병, 무지, 나태, 불결을 5대 사회악으로 규정하고 있다. 사회악이 만연한 위험한 사회를 만드는 것은 사회 불안을 악용하는 세력의 책임도 있지만 인간의 이기심이 만든 결과물인 것이다. 결핍은 인간을 무한한 욕구에 몰아넣고 있으며 결핍이 양육의 나태와 무지를 만들고 있다. 보호받아야 할 환경의 불결함으로 정서적인 안정을 위협하고 신체적인 질병에 노출시켜 건강할 권리가 침범받고 있다. 인간의 나태함이 자신의 변화는 거부하고 상대와 주변만 변하면 된다는 생각의 무기력을 만든다. '내일 눈을 뜨면 모든 것이 내 뜻대로 다 변해 있겠지?'의 일관된 자기중심적인 사고에 빠져 가정환경을 위협하고 갈등과 불안을 만들어 사회까지도 불안의 영향을 받아 건강한 사회, 안전한 사회로의 성숙을 가로막고 있다. 과거 사회가 경고한 5가지의 사회악이 현대 사회를 위협하고 있다는 것을 부인하기 힘들 정도로 현대 사회는 지독한 결핍을 느끼고 있다. 이제부터라도 과거 사회가 경험하고 경고한 5대 사회악을 멈추기 위해 가정환경에서 젠더가, 개인이, 부부가, 자녀들이 결핍 욕구에 빠지지 않도록 노력해야 할 때이다.

사회 불안의 형성과 부작용

　인간은 누구나 성공과 성취를 원한다. 과거 사회에서도 성공과 성취는 자기 위치, 즉 서열을 결정할 수 있는 가치 기준이었다. 누구나 원하는 성공과 성취는 인간의 무의식 속에 코딩된 욕구이며, 생존의 본능적 불안을 안고 살아가는 인간에게는 성공과 성취가 가져다주는 가치 기준이 인간다운 삶의 보장이라는 공식이 성립되었다. 인류의 과거 사회는 안전과 안정, 여유, 편안함, 풍요, 풍족함 등을 위해 집단의 힘을 가지려 하였고, 집단의 힘은 자기를 비롯하여 자손들에게 전달되면서 집단(확장된 가족의 의미, 가문)의 번영과 번창이 가능해졌으며 강력한 집단의 세력화를 만들 수 있게 되었다. 또한, 가족, 집단의 힘의 크기에 따라 생존에 더욱 유리하였고 불안을 효과적으로 조절할 수 있었으며 응집된 힘은 번창의 유리한 조건을 선점하게 하였다. 이렇게 인간은 불안의 양면성 중 본능적인 생존 불안을 효과적으로 조절하여 인간이 살아갈 수 있는 환경과 조건을 만들 수 있는 불안의 내재된 순기능을 활용하였다. 인류의 진화론. 종교론을 떠나 인간의 생존본능과 생존 불안은 원초적으로 각인된 구조로 설계(코딩)되었다. 이러한 본능적 불안 요소를 효과적으로 활용한 인간만이 사회를 형성하여 관습, 제도, 도덕, 전통, 교육, 정치, 법률, 윤리 등의 안전장치를 만들었으며 안전하고 공정한 사회를 구축하고자 노력하였다.

그러나 '더욱 발전한 현대 사회의 성공과 성취의 기준이 과거 사회보다 성숙한가?'에 대해서는 '그렇지 않다.'라고 말할 수 있다. 현대 사회는 성공과 성취가 인간답게 살 수 있는 필연적 수단이 되었으며 더욱 치열한 경쟁 속에서 성공과 성취의 기회 또한 공정하지 않다. 공정의 좁은 문을 만들고 성공과 성취를 방해하며 그렇지 못한 사람들을 실패자로 낙인찍어 불안을 조작(조장)하며 자극하고 있다. "역사는 승자의 기록이다."라는 말처럼 과거 사회부터 권력은 자본을, 자본은 권력을 나누고 상생하는 구조를 만들어 돈 중심에 가까이 있을수록 세상을 살아가는 데 더욱 많은 기회를 제공받고, 유리한 위치에 설 수 있도록 설계되었기에 성공과 성취는 현대 사회에서 더욱 어렵게 되었다. 넘어설 수 없는 한계를 극복하고자 만들어진 또 다른 성공과 성취의 방향 개념과 기준이 집단화되면서 명문대 프레임(구조, 구조화), 법률/의학/기술/과학 전문가 프레임, 은행/증권/부동산/투자 전문가 프레임, 언론/방송/예능 전문가 프레임, 문화 예술/스포츠 전문가 프레임, 종교 전문가 프레임, 교육/심리 전문가 프레임, 정치/국제/군사/공무/군인 전문가 프레임 등 다양한 성공과 성취의 기준을 만들게 되었다. 이와 더불어 투기/사기/절도 전문가, 살인/납치/유인 전문가, 인신매매/성매매 및 성 착취물의 영상 전문가, 조직 폭력 전문가 등 이면의 음성적 프레임도 형성되면서 성공과 성취의 기준이 다변화, 다양화, 다층화 되어 가고 있다. 이러한 사회 현상을 보더라도 과거 사회보다 현대 사회의 성공과 성취는 더욱 치밀하게 조작되어 사람들의 편향적 사고를 가속시키고 있다.

인간의 성공과 성취의 본능적 생존 욕구가 자극되어 현대 사회 사람들을 현혹하고 있으며, 기회만 주어진다면 수단과 방법을 가리지 않고 자본과 권력을 위해 기꺼이 자기를 내던질 각오를 하고 있다. 자기를 비롯하여 자손을 위해 생존과 안전 대책을 마련하고 싶은 욕구는 인간이면 누구나 가지고 있는 욕구이지만 지나치게 돈 중심으로 향하고 있어 가진 자와 못 가진 자의 차이가 심한 불균형으로 성공과 성취의 다변화, 다양화, 다층화가 되면서 자기 공격, 포기, 보복 등의 도전적 생존본능이라는 공격성이 나타나고 있다. 가진 자는 자신이 인간답게 살 권리를 위해 못 가진 자들을 희롱, 조롱, 경멸하면서 노동력을 착취하고 인권을 무시하고 있으며, 돈이면 다 되는 자본사회를 만들어 범죄와 사회문제에서도 절대적 권력을 행사하며 법을 비웃고 있다. 반면 대다수의 보통 사람들은 범죄와 사회문제에서 처벌의 혹독함을 감당하며 통념적 상식의 모순을 견디고 있다. 이렇게 불평등의 사회 구조는 가진 자들을 증오하고 비판하지만 갖기 위해서 노력하는 사람들에게는 동기 부여로 작용하여 모순은 받아들이고 통념적 가치 기준은 배척하고 있다. 인간의 존엄적인 가치가 돈 중심에 가까이 있을수록 인간은 성숙의 진화보다는 탐욕의 퇴화를 통해 사회는 점차 혼란에 빠질 것이며 도전적 생존본능의 불안이 인간을 지배하게 될 것이다. 인간이 인간을 지배하는 사회, 불안을 조작하여 인간을 통제하는 사회에서 성공과 성취의 기준을 잡기란 매우 어렵다. 성공과 성취는 안전과 안정된 삶의 일부이다. 성숙은 인간이 인간을 이해하는 바탕이며 안전한 사회, 건강한 사회를 위한 인간 존엄성의 근본적인 가치 기준을 높이는 것이다. 하지만 우리 사회는 성숙한 인격을 갖춘 성공과 성취보다 돈 중심의 성공과 성취만을 바라보고 있어 사회를 불안과 위험에 빠뜨리고 있다. 돈 중심의 성공과 성취의 권력과 자본은 건강하지 못하고 감정이 없는 이기적인 돈으로 사용되나, 성숙한 성공과 성취의 돈은 건강하고 성숙하게 사용된다는 것이 다를 것이다. 성숙하지 못한 부모들은 자녀들의 성공과 성취를 위해 헌신과 희생을 하고 있지만, 지원이라는 헌신과 희생이 돈 중심에 가까울수록 자녀들은 부모의 헌신과 희생을 당연하게 여기게 된다. 돈 중심에서 멀어지면 부모의 경제력을 원망할 것이며, 자기는 노력하지 않고 부족한 환경에서 태어난 것을 후회하며 사회 환경의 불평등에 대한 반사회적(염세주의) 감정을 키우게 된다. 또한, 돈 중심에 가까이 키운 자녀일수록 부모의 경제력을 가로채려는 탐욕의 미성숙함을 보이게 되며 감정 없이 무분별하게 돈을 사용하게 되면서 자기 것을 지키는 힘을 배우지 못한다. 성숙한 돈을 사용하는 부모들의 자녀들은 돈을 쓸 때와 지켜야 할 때를 배우고 알게 된다. 자녀들의 성공과 성취를 원한다면 성숙한 돈, 건강한 돈을 사용할 줄 알도록 지도해야만 성숙한 성공과 성취를 통해 사회적인 인정 또한 받게 될 것이다.

자녀들에게 성숙한 돈, 건강한 돈과 더불어 성숙한 비교의식을 가르쳐야 한다. 좋은 것과 나쁜 것을 구분하는 비교의 판단능력은 부자와 가난을 비교하는 우월과 열등의식과는 다르다. 열등의식은 박탈감과 상실감의 분노 심리를 자극하여 성공에 대한 갈망을 키우게 하며 이렇게 자극받은 괄시, 멸시, 모욕, 경시 감정은 혐오와 경멸의 감정을 부추겨 상대를 제압하려는 도전적 행동으로 나타나 서로의 건강한 성장과 발달, 건강한 경쟁을 방해한다. 상대를 낮추고 비하해야만 자기가 인정받고 상대보다 우위에 있다고 믿게 된다. 사회, 경제적인 능력과 생활 수준에 따라서 우월과 열등의 비교를 부추기는 사회에 물들어 버린 자녀들은 자기를 다른 상대와 끊임없이 비교하고 비판하며 살아야 하는 정신적인 결핍에서 자유롭지 못하다는 것이다. '어느 동네에 사니?', '아파트 브랜드는 뭐야?', '너희 자동차는 외제차야?', '몇 CC야?'로 상대와 자신을 우월한지 열등한지 끊임없이 비교한다. 우월적 비교라는 배움의 본질은 과연 누구에게서 나오겠는가를 생각해 봐야 한다. 성숙한 비교는 역지사지의 마음으로 상대의 수준과 상황을 긍정적으로 인정하는 자세다. 물론 자기와 상대를 비교하지 않는 것이 바람직한 마음가짐이지만 상대의 상황과 자기의 상황이 언제든 변할 수 있다는 생각을 가져야 자기가 비교 대상이 되었을 때도 성숙한 평가를 통해 흔들리지 않고 그에 대한 열등의식의 상처에서 자유로울 수 있다. 언제든 상황은 변하고 계층을 바꿀 수 있는 다변화된 사회에서 살아가고 있다는 것을 가르칠 때 성숙한 비교를 하게 되며 상황을 건전하고 건강하게 바꾸고자 노력하게 된다. 상식이 통하는 사회, 건강한 경쟁의식은 혐오와 비판을 멈추게 하며 성숙한 사회를 만드는 원동력이 된다. 혐오와 비판사회는 타인의 성공과 성취에 박수보다는 악담과 부정적 평가, 비판, 얻어걸린 행운 등으로 배 아파하고 비뚤어진 경쟁심과 승부욕을 자극하여 패악 질을 부추기게 될 것이다.

현대 사회는 성공과 성취를 이룩한 사람들에게 성숙의 책임감을 강요하고 있다. 대중에게 알려진 성공한 사람들, 기업인, 방송인, 정치인, 언론인, 법조인, 의료인, 개발자, 사업가 등에게 사람들은(대중) 겸손과 올바른 가치관, 도덕관을 강요하고 있으며 대중의 도덕적 기준에 미치지 못하면 강도 높은 비난도 감수해야 한다는 공감대를 형성하고 있다. 잘한 것은 당연하게 의무로, 못하거나 잘못된 행위와 행동에 대해서는 실수를 용납하지 않고 권리 남용이라는 낙인을 찍어 사람들을 자극하고 있다. 성공과 성취한 사람들의 노력을 깎아내리고자 하는 군중 심리를 만들어 과도한 성숙을 강요하게 되며, 특히 대중에 알려진 고소득자일수록 강도 높은 도덕성을 요구하게 된다. 군중 심리는 왜 형성되었나? 지배세력의 기득권 보호와 보장, 횡포, 억압, 위협적 불안이 사람들의 삶을 위태롭게 하여 불안이 증폭되었기 때문이다. 과거 사회는 권력과 자본의 공생으로 사회 구조를 만들었다는 선도문화를 형성하고 주도권을 행사하였으나 현대 사회는 국력과 자본의 본질을 지탱하는 국민의 노력 없이 불가능하다는 논리를 주장하며 과거와 현대의 이해관계가 충돌되고 있다. 다시 말하면 세금으로 구축된 도로로 유통과 물류가 혜택을 보고 있으며, 세금으로 위성을 만들고 발사하여 기업이 수익을 가져가는 구조(사회 구조에 기업의 다양한 혜택의 일부분)로 권력과 자본은 절대적인 권리를 누리고 있다. 또한, 대중의 관심과 인지도, 시장의 공급과 수요 법칙에서도 국민의 기여도가 성공과 성취를 결정하는 척도가 되었다. 하지만 사회 구조는 가진 자의 편에 서서 변하지 않는다는 피로도가 강도 높은 도덕성을 요구하여 가진 자의 사회적 책무, 실천, 모범(노블레스 오블리주)으로 맞서고 있다. 정당한 성공과 성취 또한 사회에서 외면받는 것은 권력과 자본이 시장과 국민의 삶에 불안을 조작하고 기만하며 유린하여 부의 편중을 가속시키고 있기 때문이다. 피로도의 가중은 보복적인 피해 의식을 자극하는 계기가 되어 성공과 성취에 대해 비관적, 회의적인 이면의 부작용이 나타나고 있다. 표면적으로는 일과 삶의 균형(워라밸)을 위해 소확행을 결정하는 것 같지만 이기적인 자기 삶에 집중하는 것이다.

성숙한 책임감, 불안을 진단하고 평가할 수 있는 견제와 안전장치의 역할이 강조되는 교육은 어떠한가? 우리나라의 교육은 집권 세력에 따라 영향을 받고 있어 기능이 상실되어 가고 있다. 교육의 기능은 학원이라는 사교육에 의존되어 시장은 팽창하고 있으며 뒤처진 아이들을 배려하지 않는다. 또한, 교육은 가진 자들의 전유물이며, 없는 자들에게는 그저 정규 과정이며 의무교육일 뿐이다. 문맹은 감소하였지만 사회 성숙은 부족하다는 것이 교육 기능 상실의 반증이 될 것이다. 현재 교육 기능은 사교육에 맡겨진 학생들의 서열과 등급을 위해 유지된다는 합리적 의심에서 자유로울 수 없다. 교사의 직책으로 소수는 특권을 누리고 자기 자녀의 출세 수단으로 악용되고 있으며 양심과 윤리를 가르치지 않는다. 사회가 만든 불안으로 교사도 양심과 윤리관을 지킬 수 없었을 것이다. 또한, 교권의 추락을 염려하며 부모들의 간섭을 견제하고 있으나 독선적이고 몰지각한 교사들이 만든 부정적 인식으로 개선되기 힘들 것이며 갈등과 대립의 상황은 지속될 것이다. 이렇게 성공과 성취욕을 위한 경쟁의식을 부추기는 교육과 교육제도를 악용하는 사람들로 인해 교육 현장은 서열화, 경쟁 구도(성공 그룹-대학/성공을 위한 준비 과정)를 만들어 아이들의 성향과 특성을 인정(이해)하지 못하고 있으며, 가정환경에서는 아이들을 있는 그대로 인정(이해)해 주고 인정하는 법을 가르치지 않고 있다. 성숙한 인정이 부족한 교육 환경과 가정환경은 성공과 성취가 사회 지도층을 만들 수 있다는 비정상적 논리와 믿음을 가지고 있다. 사회 지도층은 사회를 있는 그대로 보고 평가하여 해석하는 능력을 통해 개선할 수 있는 힘을 갖추었을 때 그 지위를 인정받는 것이다. 성공과 성취를 위한 능력만 강조하고 교육하면 편중된, 편향된 돈 중심 사회로 빠뜨릴 수 있어 사회를 위협하는 과정이 될 수 있으며, 이러한 위협과 위험요인이 우리 사회 그리고 가정에 깊이 뿌리내려 불안이 재생산되어 돌아오고 있다는 것이다. 불안의 재생산을 막기 위해서는 교육은 사회 지도층으로서 기능해야 하고 사회를 변화시키고 개선하는 데 노력해야 한다. 사회 구조를 형성하는 구성원을 위해 독립적인 제도를 구축하여 국민과 사회와 감정을 회복해야 사회 안전을 위한 기초를 세울 수 있으며 일차적인 부모들의 가정교육과 신뢰 관계를 형성할 수 있을 것이다. '너 공부 안 하면 저런 사람들처럼 된다!'라는 일차원적인 자극으로 성공과 성취 욕구를 부추기는 것은 사회 구조의 하위 개념을 가르치는 것이지만, '청소하는 사람들이 있어 사회는 청결을 유지할 수 있다'라는 사람들의 역할을 이해시키고 존중하는 법을 가르치는 것은 사회 구조의 상위 개념의 윤리와 도덕을 가르치는 것이다. 또한, 돈으로 사람들에게 존경과 사랑을 강요할 수 없으며 강요받은 존경과 사랑은 돈에 종속된 복종을 강요하는 것이라고 가르쳐야 돈의 가치 기준을 이해할 수 있을 것이다. 사람을 존중하지 않고, 있는 그대로를 인정하지 않는 사회는 평등이 아닌 계급사회를 만드는 것과 같다는 것을 항상 기억해야만 사회는 안전과 안정을 찾아갈 수 있을 것이다. 건전한 사회는 교육 현장이나 가정환경에서 인정(이해)받고 성장한 아이들이 만들 수 있고, 건전한 사회는 건강한 사회를 만드는 초석이 될 것이다.

인격형성의 부작용

　한 국가를 판단하는 이미지, 국기에 새겨진 의미, 국가명칭에 담겨진 나라의 역사관, 국가를 형성하고 있는 사람들의 가치관 등을 국가의 품격이라고 한다. 국가의 초기 문명부터 전통적 사상 기초 이론을 통해 발전한 국가관으로 형성되어진 관습, 정치, 사회, 제도, 종교, 전통, 법률, 문화, 관례, 윤리관, 도덕관, 세계관, 역사관, 철학, 인종, 인권, 재화, 교육, 노동권, 과학, 의학, 공학 등에 영향받아 온 구성원의 국민성은 국가 이미지를 판단하는 기준이며 국가를 지탱하는 중요한 근본이 된다. 이러한 근본적 국가 이미지가 국민 한 사람 한 사람의 인격 수준을 결정하는 척도가 된다. 국가의 품격은 국제화에서 동등한 권리 행사와 위상을 바로 세울 수 있는 국력으로 작용한다. 국가의 품격은 인격에 영향을 미치고 인격은 국력에 영향을 미치는 상호 보완적 관계로써 국가와 국민의 평가 기준이 된다. 이렇게 국가의 품격에 따라 인격의 행동 양식과 사고능력, 역사관, 윤리관의 수준이 합리적이며 논리적인지를 판가름하게 되는 것이다. 인격 형성에 영향력을 미치고 있는 국가 품격의 수준과 기준이 사람의 됨됨이를 결정하고 인권의 존엄적인 가치 기준이 어디에 있는지를 알 수 있다. 국제화는 한 나라의 국가의 품격과 국민들의 인격(지도자를 결정하는 수준 포함) 수준에 따라 교역, 투자, 대우 수준 등이 달라지며 국가

운영의 방향을 종합하여 혼란을 자극하고 혼란의 중심지로 이용할 것인지 결정하게 된다. 우리나라는 혼란의 중심에서 국가의 품격도, 인격도 돈 중심으로 향하고 있어 인권, 인간의 존엄성 가치 기준이 위협받고 있다. 국가의 품격은 중심을 잃어 인격을 보호하지 못하고 있는 실정이다. 인격의 수준은 그 나라의 인권을 보는 척도와도 맥락을 같이 하는데 인격의 수준이 높을수록 사회는 안전하다는 증거가 된다. 과거에는 그래도 예의를 중시하는 사회였지만 급변하는 사회는 예의보다는 능력 위주의 사회가 되면서 능력이 돈 중심이 되어 돈으로 인격과 인권을 사고, 돈 중심에 가까울 때 인격과 인권을 지키는 데 유리하며 사회 구조 또한 돈 중심의 인격과 인권에 치우쳐 있다. 국가는 치우침 없이 균형을 위해 국가의 품격과 인격을 지키고 형성하는 과정에 의무와 역할을 다해야 한다. 특히 급변하는 혼란의 시대에서 국민을 지킬 수 있는 단계별 기준을 세워 속도를 조절하여 변화에 대응했다면 인격을 보호하고 인격을 형성하기 좋은 환경으로 개선시킬 수 있었을 것이다. 꼰대 문화, 세대갈등, 젠더갈등, 지역갈등, 노사갈등, 사회갈등, 빈부갈등 등 나열하기 힘든 갈등 사회가 개인주의, 이기주의, 자기중심주의에서 발생하는 사회문제와 범죄의 증가로 최소한의 사회적 안전장치인 양심까지 위협받고 있다. 꼴불견을 보고도 외면해야 하고 무모한 행동을 하는 사람들을 피해 다녀야만 하는 사회는 사람들의 범죄와 문제를 부추기고, 범죄와 문제는 가정과 개인 그리고 미래 세대인 자녀들에게 돌아오고 있다. 이제는 문제를 일으키는 사람들이 당당한 사회가 되면서 인격을 갖춘 사람들을 돌연변이 취급하며 왕따 사회를 만들어 가고 놀림의 대상이 되어 가면서 상실감마저 주고 있다. 인사를 하는 아이들에게 반응이 없는 사람들, 되레 왜 인사를 하는지 물어보거나 눈치를 주는 사회, 귀찮고 반응하기 싫고 단순한 관계에서도 여유가 없는 사람들로 인격을 갖추기 힘든 사회가 되어 가고 있다.

인격의 기준을 판가름하기 위해 다양한 방법을 동원하지만 그 또한 제 기능을 하지 못하고 있다. 채용과 입학에 있어 자기평가를 통한 갖가지 수단이 동원되지만 공정하지 않다. 학연, 지연, 혈연을 통한 청탁과 돈거래, 자기 집단화에서 서로가 이끌어주고 밀어주는 관행으로 평등한 기회가 제공되지 않기 때문이다. 현대 사회는 인격의 해석도 자기해석이 강하며 억지 수준에 가깝다. 가령, 차량을 운전하다 보면 각각의 차선의 역할이 있는데 추월 차선에서 규정 속도보다 더 늦게 가는 사람들, 옆 차선에 차가 있어도 같은 속도로 진로와 차로변경을 방해하는 사람들, 방향 지시등을 켜자마자 순간적으로 끼어드는 사람들, 주정차로 진로를 방해하는 사람들은 하나같이 교통법규를 준수하는데 무슨 문제가 있느냐고 따진다. 단순하며 단편적으로 생각한다고 할 수 있지만 자동차라는 공간이 주는 자기만의 공간. 즉, 자기 성향과 인격의(자기화) 특성을 가장 잘 드러내는 곳에서의 행동은 인격의 수준과 많은 연관을 가지고 있다. 기초 규칙도 자기해석으로 타인과 사회에 피해를 주면서도 자기들은 모범적인 삶을 살고 있다고 착각하는 인격 상실의 시대를 살고 있다. 타인의 시선과 불편에 개의치 않고 자기만족의 모범적인 삶, '남에게 피해만 안 주면 됐지'라는 생각 이면에는 타인이 자기에게 피해를 주면 안 된다는 생각이나 행동과도 같은 것이다. 사회 기준이 아닌 자기해석으로 사회 질서를 지키며 산다는 것이 과연 사회에 이로운 행동인지를 생각해 봐야 한다. 인격은 상대를 배려하고 사회 기준이나 인간의 존엄적인 바탕을 이해하는 기준에서 형성되는 것이지 자기만의 해석으로 인간을 이해하고 사회 기준을 해석해서는 안 된다는 것이다.

그러면 왜 인격을 보호해야 하는가? 인간은 기초 욕구가 안전할 때 논리적, 합리적, 상대적으로 자기 효능감을 발휘할 수 있기 때문이다. 기초 욕구가 흔들리고 불안이 증폭하는 세상은 혼돈과 혼란의 중심지가 되며 존엄적인 가치 기준을 스스로 포기하도록 부추기게 된다. 인격의 기준이 되는 자아, 영혼이 본능적 생존 욕구에 영향을 받게 되면 불안을 통제할 수 없어 국가 또한 위협을 받게 된다. 현재 모든 국가에서 반복되는 인격의 위협으로 인간들이 위협적인 존재가 되어 가고 있어 인격은 안전하게 보호되어야 한다. 인격은 국가, 사회, 환경, 관계, 가정이라는 구조를 건강하게 만들기 위해 필요하다. 국가는 돈 중심 편향 사회를 경계하고 공정사회라는 기초를 만들어 국민의 인격을 보호하는 역할과 의무에 책임감을 가져야 한다. 이와 더불어 가정에서의 기초 교육은 어린 시절부터 아이들이 실수를 경험하되 실수를 인정하고 바로잡을 수 있는지도 방법이 필요하다. 이러한 지도를 위해 강압적이지 않고 이해시킬 수 있는 자녀와의 대화가 자녀들의 자기 존중감을 형성하고 인간의 존엄성을 이해하는 바탕이 될 것이다. 인간의 존엄성을 이해하고 사람의 됨됨이를 갖춘다는 것은 작은 경험에서부터 시작할 수 있다. 어린 시절 저자는 어떤 아주머니가 남의 집에 들어가서 헌 신발을 훔쳐 달아나다 신발 주인에게 잡히는 것을 보았다. 신발 주인아주머니가 도움을 요청하여 길을 막아서고 있었는데, 물건을 훔친 아주머니가 신발 주인아주머니에게 귓속말을 하자 신발 주인아주머니는 물건을 훔친 아주머니를 돌려보내주었다. 왜? 갑자기? 그런 생각을 하고 있을 때 신발 주인아주머니가 설명해 주었다. 여성이 생리를 하면 충동성을 이기지 못해 나타날 수 있는 돌발 행동이며, 신발을 훔친 아주머니가 충동성을 느껴 자신도 모르게 행동을 저지르게 되었다는 것이다. 타인의 입장과 상황을 이해하는 신발 주인아주머니를 보면서 인격은 타인의 입장과 상황을 이해하는 것이 바탕이 되어야 한다는 것을 깨닫게 되었다. 타인의 입장과 상황을 경험하지 못하면 절대 이해할 수 없겠지만 현대 사회에서는 이해하려는 시도조차 하지 않는다. 이해보다는 사회규칙과 질서를 자기 해석하여 타인의 잘잘못을 따져 묻는다. 자기 행동에는 정당성이 있지만 타인의 실수는 냉정하게 판단한다. 이러한 자기해석을 인격으로 판단하며 사람의 됨됨이로 착각한다. 사회적 요인에 의해 인격 형성에 방해받은 청소년들은 무리를 선호한다. 무리의 힘을 자기 것으로 착각하며 무리를 통해 문제나 문제에 따른 죄책감을 분산하고 범죄의 무게를 가볍게 만드는 게 효과적이라는 것을 안다. 인격 형성에 긍정적 영향을 받은 청소년들은 문제를 만들지 않고 문제에 휘둘리지 않으며 문제에 휘말리지 않는다. 불편하게 자기감정을 소모적으로 사용하지 않고 자기 목표를 위해서 자신의 역할을 스스로 찾아갈 수 있다. 인격의 긍정 효과는 사고능력의 교차방식을 배워 상황을 판단하는 다차원적 다양성을 자극받지만 부작용은 자기 생존, 욕구의 본능만을 자극받아 사고능력의 단순성으로 능력을 제한받게 된다. 인격은 상대방에게 당장 보여 줄 수 없는 것이며 상대방의 인격 또한 당장 평가할 수 없다. 인격은 조용하고 차분하며, 상황을 분석하고 이해하며 배려하는 것이다. 인격을 배우면 아이들은 더욱 사회에서 안전해진다.

가정의 생태계 위협(교란)

　부모들이 균형과 중심을 잃으면 가정환경 또한 혼란의 중심이 되어 자녀들의 건강한 생존과 성장에도 문제가 될 수 있다. 가정이라는 틀(구조, 환경) 속에서 가치 기준은 부모들의 의지에 따라 행복과 불행, 추억과 고통, 안정과 혼란, 보호와 강압, 역할과 의무, 관계와 갈등, 풍요와 결핍, 책임과 나태 등을 결정하게 된다. 이렇게 자녀들이 혼란의 중심에 있을 것인지, 안정의 중심에 있을 것인지는 결과를 중시하는지, 과정을 중시하는지 부모들의 양육과정에 의해 결정되어진다. 수단과 방법을 통해 과정을 배우느냐, 수단과 방법을 가리지 않고 결과만을 위해 살게 할 것이냐는 부모들의 영향이며 이 영향력을 통해서 '이롭다'와 '해롭다'라는 것을 배울 수 있다. 현대 사회의 부모들은 자녀들의 문해력 향상과 지능 개발을 위해서 다양하게 접근하고 있지만 이 과정이 아이 중심인지/부모 중심인지, 결과 중심인지/과정 중심인지를 혼동하는 경우가 많다. 부모 중심과 결과 중심은 문제를 풀 수 있는지 없는지, 맞았는지 틀렸는지 대해서만 초점을 두고 있어 혼란을 키우게 된다. 너무 이른 시기부터 자녀들의 학습 효과를 보기 위한 조급함과 성급함이 학습을 회피하도록 자극한다. 이른 시기 학습을 강요하는 이유는 자녀의 천재성을 이끌어내기 위함으로 부모들의 성공, 성취 욕구가 반영된 것이며 돈 중심으로 향하고자 하는 기대감과 함께 자녀들을 통해 대리 욕구를 충족하고자 하는 의도가 숨겨져 있다. 자녀들이 잘되길 바라는 부모들의 욕구 이면에 숨겨진 욕구가 작용하기 때문이다. 이렇게 가정환경의 생태계는 정서적인 안정교감보다는 결핍과 혼란, 고통이 가중되어 학습의 흥미와 능률을 떨어뜨리게 된다. 학습의 능률을 올리고자 강압적 환경을 만들게 되면 소극적 의무감을 갖게 되며 인격 형성에 혼란을 가중시킨다.

아이 중심과 과정 중심은 자녀가 학습에 접근하는 단순함부터 문제를 이해하는 다양함까지 자녀 스스로 할 수 있는 조건을 만들고 실수도 인정하는 자세이다. 과정이 주는 다양한 경험은 사회에서 자기 역할에 충실하며 자기 삶을 주체적으로 살아가는 바탕이 된다. 수학의 문제를 풀더라도 사칙 연산을 비롯하여 모든 수학 과정의 연결 고리가 있어 기초가 없이는 심화 과정을 갈 수 없고, 문제를 해결하기 위해서는 질문을 이해할 줄 아는 과정이 꼭 필요하기 때문이다. 부모의 기준보다 자녀의 기준에서 공부하는 습관을 길러 준다면 영재성을 발휘하고 현명한 아이로 성장할 수 있다. 영재성은 누구나 가지고 있다. 수학을 잘하지 못해도 상황을 판단하는 능력이 뛰어나거나, 문해력은 부족하지만 기계 원리의 이해력이 뛰어나 수학의 연결 고리를 이해하고 스스로 심화 과정을 하는 사람들이 있다. 영재성이라는 것은 모든 것을 다 잘하는 것이 아니라 하나의 영역에서 특별함을 보이는 것을 뜻한다. 영재성이 아니더라도 놀 때는 놀고 공부할 때는 공부하는 아이들이 학업의 성취도가 높다. 잘 놀던 아이들이 자신의 미래를 위한 계획을 세우고 공부에 매진하게 되면 어느 순간 태산을 옮겨 놓은 듯이 앉아 있는 모습을 볼 것이다. 과정 중심의 힘은 영재성을 만들기도 하지만 뒤늦게 영재성을 발휘하게도 한다. 성장하면서 자신의 관심사에 따라 배우는 것에 흥미를 느끼며 남들이 어려워하는 것을 쉽게 접하거나 쉽게 이해하는 것 또한 영재성이다. 꼭 어린 시절에만 키워야 하며 뚜렷한 특성을 개발할 필요는 없다는 것이다. 현대 사회의 영재성은 공부나 학습에만 있는 것이 아닌 사회의 모든 것에서 나타날 수 있다. 부동산을 보는 안목, 주식에 투자하는 안목, 미래를 읽고 대비하는 안목, 기능과 기술 습득이 좋은 사람 등 사회 전반에서 다양하게 나타나며 그에 따라 좋은 성공과 성취를 보이는 사람들도 뒤늦게 영재성이 발휘됐기 때문이다. 다만 뒤늦게라도 나타나는 영재성을 스스로 이해하고, 영재성이 나타났을 때 어떻게 접근할 것인지는 자신들의 판단에서 결정되어진다. 풍요로운 교감을 통해 인격 형성에 좋은 영향을 줄 수 있는 과정 중심을 외면하지 말아야 할 것이다.

인간 무의식 위협(교란)

인간이 무의식을 직접 탐험하고 경험하는 시기는 엄마의 태내이지만, 성장과 발달을 거치면서 관계, 환경, 사회에서 긍정적 또는 부정적 자극 등 전 생애(삶/일생)에 직간접적으로 영향을 받고 영향을 주게 된다. 프로이트는 무의식 – 전의식 – 의식이라는 단계에서 무의식은 인간이 알 수 없는 신비의 영역(미스터리/불가사의)이며 의식으로 표현하거나 끌어낼 수 없는 영역이라고 정의하고 있다. 이러한 무의식은 인간이 생존하는 데 유리한 본능의 기능 저장 장치, 불안을 감지하여 자기를 지키는 안전장치, 성장과 발달에 필요한 촉진장치 등 필연적 조건을 전의식과 의식을 통해 전달하는 무한의 영역이며 인간에 대한 모든 정보를 저장하는 저장고이자 감정을 담아두고 처리하여 균형을 잡아주는 중심체로 정의하고자 한다. 단 엄마의 태내기에서 안정된 무의식 탐험과 경험이 안정화된 그리고 회복 능력이 좋은 무의식을 갖게 한다는 기초 조건이 따른다는 것이다.

인간의 무의식을 빙산으로 비유하자면 수면 위 일각은 의식, 수면은 전의식, 수면 아래는 무의식으로 구분하며 빙산은 하나로서 존재한다는 것이다. 빙산이 가라앉지 않는 것은 수면 아래 거대한 얼음덩어리가 중심축이 되어 균형을 잡고 있기 때문이며 인간의 무의식 또한 전의식과 의식의 균형과 중심을 잡고 있다는 것이다. 무의식이라는 무한의 공간영역은 의식과 전의식이 감당할 수 없는 한계치를 수용하고 담아두기도 하며 재처리 과정을 거쳐 전의식과 의식으로 사고능력과 감정을 재생산해 주는 역할(긍정 신호)을 하고 있다. 무의식에서 재처리 과정의 보완을 거쳐 재생산된 사고능력과 감정들이 인류, 사회, 삶에 긍정적인 영향을 미쳐 인간의 성장과 발전에도 영향을 주었다는 것이다. 반면, 당면한 욕구와 참기 어려운 감정, 즉 본능화 된 욕구를 자기 무의식을 통해 재처리 과정(숙성과정)을 거치지 않고 의식의 흐름에 따라 행동했던 사람들의 미숙함이 부정적인 영향을 미쳐 분노와 공격성의 의식화(공격성향-부정신호)로 표출되어 인류를 위협하였다. 재처리 과정을 거치지 않은 의식과 전의식의 감정들이 불안을 만들어 과거 사회를 위협하였고, 불안에 자극받은 과거 사회 사람들의 의식과 전의식에 부정적으로 영향을 미쳐 인류(집단)의 무의식이 불안으로 축적되면서 무의식까지도 지배하려는 영향력을 행사하였다. 인류의 성숙(생존본능)이라는 무의식의 긍정적 가치 기준에 변화를 가져오는 계기가 되어 공격적이고 파괴적인(생존 욕구본능 불안) 이면이 형성된 것이다.

하나로 존재하는 의식, 전의식, 무의식이 자극에 따라 왜 다르게 반응하고 작용하는지를 설명하자면, 보이지 않고 숨겨진 무의식은 의식이나 전의식에 비해 상대적으로 자극에 노출이 적어 자극을 객관화하여 평가하는 완충장치, 안전장치의 기능으로 재처리하기 때문이다. 의식과 전의식은 직접적 자극에 노출되어 자극을 주관화하여 평가하기 때문에 감정과 분노에 즉각적인 반응을 하게 된다. 자극을 다르게 표현하자면, 무의식은 전의식과 의식(나무)의 뿌리(나무의 뿌리 – 나무들이 뿌리를 통해서 서로가 소통하는 것처럼 융은 집단 무의식을 주장) 역할을 하며 전의식과 의식이 생존하도록 각종 생명 유지기능과 영양분을 전달하는 순환장치로써 상호작용하며 기능하고 있다는 것이다. 나무처럼 자기 무의식(개별)은 집단의 무의식(환경)과 연결되며 집단의 무의식은 또 다른 개별 무의식들의 순환장치로써 기능하며 인류와 소통한다.

 무의식의 영역은 무엇으로 어떻게 인간에게 영향을 주고 있을까? 단순하게 접근할 수 없지만 쉽게 자극받는 감정들, 불안에 자극되는 본능적 분노와 공격성이 나타난다면 무의식이 재처리 과정을 위한 안전장치 가동을 위해 보내는 신호이다. 무의식이 보내는 신호를 지나치지 않은 사람들은 자기 효능감이 높아 그만큼 재생산된 다양한 지식을 저장하고 꺼내 사용하는 능력이 좋아 사회 발전과 선한 영향력을 행사할 수 있다. 하지만 현대 사회는 편향적 돈 중심 사회, 이기주의적 본능 욕구, 반복적 불안을 자극하여 무의식의 재처리 과정을 방해하고 있다. 불안이 반복되는 강한 자극과 조급함의 결과 중심 사회가 하나의 구성 요소인 의식, 전의식만을 자극하여 판단과 생각하는 감정의 순환이라는 재처리 과정의 시간을 허용하지 않고 있어 무의식의 균형과 중심을 흔들고 기능상실을 유도하며 집단(인류)의 무의식 또한 위협하고 있다는 것이다.

 그렇다면 왜 무의식까지 지배하려 하며 위협하려는 행위가 반복되는가? 불안을 먹고 사는 사람들, 불안을 만들어 이득을 보려는 사람들이 공격적인 부정신호를 선호하고 받아들이는 이유가 자기 욕구에 의한 행위가 간편하고 쉽기 때문이며, 상대적 불안에 자극받은 사람들을 동요시키고 이용하기가 간편하고 쉽기 때문이다. 재처리 과정을 거치지 않고 본능적인 욕구를 선택하는 단순성을 자극하여 사람들의 판단력을 흐트러뜨려야만 불안을 먹고 사는 사람들의 욕구를 채울 수 있으며, 지배적인 과거 사회의 불안을 단순 모방하여 효과적으로 이득을 취하게 되면서 '불안을 조작하여 이득을 취하는 방법이 효과적이다.'라는 해답을 얻게 된 것이다. 또한, 억지가 이긴다는 개념이 단순성을 선택하도록 자극하고 있다. 재처리 과정의 시간이 억지를 대응하지 못하고 있어 사람들의 성숙을 방해하고 있다.

무의식은 이렇게 득과 실을 인간에게 주었으며 탐욕과 나눔, 타락과 절제, 훼손과 복원, 살인과 존엄 등의 뚜렷한 양면성을 가지게 되었다. 현대 사회에서도 과거 사회의 어두운 면인 분노, 폭력, 공격성 등이 뚜렷하게 나타나고 있으며 힘과 권력에 의존하고 집중하며 집착하고 있다. 인간이 힘과 권력에 취해 무의식이 보내는 신호, 무의식이 전달하는 영양분을 거부하면서 이성적인 사고 체계는 기능을 상실하였고 돈 중심에 의해 인간의 무의식과 이성을 물질로 통제하고 있다. 돈 중심을 향한 탐욕은 무의식의 균형과 중심을 흔들게 되었고 인간의 존엄적인 가치 기준을 위협하고 있다. 양질의 영양분을 흡수하지 못하는 뿌리의 근간인 무의식이 제 기능을 못하면서 전의식과 의식은 결핍이라는 불균형을 만들게 되었고, 결핍은 정신적인 본능의 불안을 증가시켜 혼란한 사회를 만들고 있다.

혼란을 부추기는 권력과 자본은 다른 나무의 영양분을 차단하고 자기 뿌리만 번성하도록 영양분을 흡수(인간이 탐욕의 거름)하며 주변의 나무를 전부 고사(인간 통제 및 종속)시킨다. 자기 뿌리가 너무 비대해지면 땅 위로 솟구쳐 말라 죽게 되는 과정이 권력과 자본을 가진 자뿐만 아니라 돈 중심을 향한 사람들에게도 해당되는데 그 행위를 멈추지 않고 있다. 그럼에도 불구하고 무의식은 아직도 인간의 진화를 위해 성숙이라는 이성 사고의 신호를 무수히 보내고 있다. 이성의 사회를 위해서는 현대 사회를 살아가고 있는 사람들 스스로가 무의식의 신호를 무시하지 않고 자기의 뿌리를 찾아 이성적인 판단을 해야 할 것이다.

사회생태계 위협(교란)

　무의식의 균형과 중심이 흔들린 사회는 안전하지 않다. 돈 중심 사회는 사회의 건강한 생태계도 위협하며 교란시키고 있다. 부모가 자녀에게, 가정은 사회에게 서로 위협이 되고 있다. 위협이 되는 자기 가치 기준은 어떻게 결정되며 누구에게 영향을 받고 누구에게 영향을 주는지를 진단해야 한다. 인간은 성인이 되면서 자신의 가치 기준을 정하지만 스스로 정하기보다 부모의 영향을 받게 된다. 부모와 가장 가까운 관계이며 부모의 행동과 태도를 보고, 듣고, 배우기 때문이다. 부모에게 받은 영향에 따라 자녀들은 자기 가치 기준을 설정하며 관계에서도 균형적인 역할을 하려고 노력한다. 자기 가치를 높이기 위해 사회가 가지고 있는 구조에서 많은 것을 보고, 듣고, 배우고, 경험하며 관계에서 그리고 상황에서 노력한다. 사람은 누구나 가치의 기준이 다르다. 가치의 기준이 자기중심적인지/관계 중심적인지, 사회적인지/복합적인지를 판단하고 바라봐야 하는데 스스로 판단하고 평가하지 못하고 부모에게 의지하게 된다.

　어느 부모는 부모 자신의 가치 기준에 자녀들을 맞추고 자녀들이 부모의 가치 기준에 따르길 바란다. 이미 무의식에서 결핍의 영양분을 전달하는 부모라면 가치의 기준은 성공과 성취의 돈 중심에 있기 때문에 사회 또한 돈 중심의 서열화로 바라보도록 부추기게 된다. 이러한 자녀들이 사회에서 역할을 할 때 부모의 신분을 가져와 자기 신분인 것처럼 행동하며 사회문제를 일으키고 문제를 만든다. 성장한 자녀들의 의식에서 지성과 이성을 판단할 수 있는 무의식의 영양분을 주지 않고 단순한 돈 중심의 정답만을 가르치며 돈 중심의 서열까지 이어받게 하는 사회에서는 자기를 지킬 수 있는 힘 또한 돈 중심으로 해석하게 된다. 부모가 자녀들의 가치 기준에 영향을 행사하게 되면 자녀들은 돈 중심의 결핍을 해소하기 위한 욕구만 보이며 어른이라는 성숙보다는 본능적인 욕구의 채움이라는 퇴행의 결과를 낳게 될 것이다. 이렇게 자녀들의 가치 기준에 영향력을 행사하는 부모들은 영/유아기부터 시작하며 부모 자신의 정답에 초점을 두고 훈육을 한다. 자녀들의 '왜?'라는 질문에 부모는 '왜?'에 대한 설명보다는 '원래!'라는 답을 준다. 원래라는 답은 강요된 답이며, 강요된 답은 성장과 발달에서 자기의 편리와 유리한 해석으로 자기중심화를 촉진하는 매개체로 작용하고 단순한 답을 찾고자 하는 욕구를 촉진시킨다.

단순하게 생각하는 사회는 규칙과 질서, 법만을 강조하며 문제의 원인은 보지 않고 처벌만을 강조하는 것을 말한다. 정의에 대해서도 명확한 기준을 갖지 않고 자기가 속한 집단이나 자기의 편에 있는 사람들을 위해서는 잘못도 정의라는 기준을 삼는다. 편을 가르고 편을 만들어 사회를 지독한 단순 사고에 갇히게 하며, 점차 집단 무의식은 균형과 중심을 잃고 균열이 생기면서 집단의 무한 이기주의 함정에 빠져 헤어 나오지 못하는 구조를 만들게 된다. 단순 사회의 편 가르기는 자신의 편에 속해 있지 않은 모든 사람을 적으로 간주하여 공격의 대상으로 삼고 폭력을 행사해도 정당성이 있다고 생각하며 공격이 합리화가 되는 위험한 사회로의 진입을 뜻하기 때문에 경계의 대상이 되어야 한다. 단순 사회는 사고의 다양성, 사람들의 직업과 특성의 다양성을 거부하는 사회이기도 하다. 단순 사회가 가지는 위험성의 경고에도 부모들은 자녀들에게 단순한 답을 요구하고 있다. 단순 사회에 익숙한 아이들이 성인이 되면 자기중심적 환경에서 벗어나는 것을 참지 못해 포악해지고 유리한 편(집단)에 속하지 못하면 자기 분노와 상실에 빠져 위험한 유혹을 견디지 못하게 된다.

단순 사회는 청소년에게 더욱 영향을 미치고 있다. 단순하게 청소년 범죄에 강력한 처벌을 원하고 있으며 처벌 수위 조정을 요구하는 사람들이 많아지고 있다. 청소년의 강력 범죄는 무섭고 심각하며 끔찍하고 잔인하다. 사회 범죄에서 청소년도 성인과 같은 처벌을 받아야 한다고 강력하게 요구하는 사회가 되었다. 옳고 그름을 따져 법에 따라 처벌하면 된다는 단순한 접근으로는 처벌이 정답이 될 수 있지만, 청소년이 범죄를 일으키는 원인은 단순하지 않다는 것이다. 안전한 사회를 위해 필요한 청소년 범죄의 처벌이 과연 안전한 사회를 위한 가장 최선의 방법인지를 살펴봐야 하는데, 최선의 선택은 아니라는 것이다. 사회 불안과 생존 불안에 내몰린 사회 현상으로 부모의 부재, 학대와 방임 등의 사회문제는 외면하고 당장의 당면한 청소년 범죄에 대한 문제 해결과 강력한 처벌에 의한 재발 방지에 초점을 두고 있다는 것이다. 단순성을 자극하는 사회, 건강하지 않은 무의식의 균열에 의한 가장 큰 피해자가 청소년들이기 때문에 신중하게 검토되어야 한다.

　청소년의 사회문제는 청소년을 이용하여 이득을 얻는 사회에서 찾아야 하며 양육에 소홀하거나 포기하는 부모들에게 책임을 물어야 한다. 또한, 부모가 양육을 포기하도록 사회를 불안으로 내몰고 사회 구조를 안전하게 지키고 정비해야 하는 역할과 의무를 다하지 않는 사회(국가)에게 책임을 물어야 할 것이다. 결손 가정 청소년의 부모들은 자녀들을 양육하는 것이 귀찮아 빨리 성인이 되어 독립하길 원하는 부모들이 많다. 보호에 대한 의무는 없애고 처벌에 대한 책임을 강조한다면 성실한 청소년들에게도 피해가 돌아가게 될 것이다. 청소년의 이러한 잔인성과 지능적인 범죄에서 항상 사회가, 성인들이 이득을 보았고 성인들이 보호의 의무를 등한시한 것인데 책임을 청소년에게만 따진다면 우리의 청소년들은 이 사회에서 설 곳이 없어질 것이며 청소년의 사회 범죄는 증가하게 될 것이다.

　다른 나라의 청소년들이 총을 들고 마약을 운반하며 성을 매매하고 살인, 중독, 청부, 유인, 납치, 감금, 협박, 인신매매 등 청소년의 범죄가 심각한 수준인 것을 보았을 것이다. 범죄율이 말해주듯이 그 사회 구조는 단순하며 사회 불안이 크고 무의식에 균열이 심하다는 증거이기도 하다. 무의식의 균열이 심할수록 범죄는 더욱 잔인하며 지능화될 것이다. 무의식의 균열은 단순 사회를 만들고 단순함은 인간에게 가장 큰 유혹이 되며 남녀노소를 불문하고 유혹의 표적이 될 것이다. 우리 사회도 범죄의 과정이 같은 양상을 보이지 않도록 무의식의 균형과 중심을 위해 노력해야 하며 노력은 안전한 사회를 위해서, 청소년의 안전한 성장과 발달을 위해서 필요하다.

젠더의 역할과 본질의 위협(교란)

현대 사회는 사회 혼란과 불안, 사람들의 불안을 조작하여 위기와 위협의 사회 환경을 만들어 관심을 돌리고 초점을 흐려 권력과 자본을 유지하고자 또는 유지했던 과거 사회를 모방하고 있다. 사회(국가)이익이라는 명분을 앞세워 개방을 강요하거나 개방하는 사회는 전쟁, 약탈이 교류, 교역, 무역이라는 단어로 바뀌었지만 약탈이라는 공통분모는 같다. 이러한 조작된 불안의 최대 피해자는 사회를 구성하고 근본의 바탕이 되는 사람들이지만 불안을 조작하고 불안을 먹고 사는 사람들에게 관심 밖의 일이다. 조작된 불안에 의해 인간, 인류의 무의식 기능이 상실되어 의식, 전의식에 가해지는 수많은 자극을 견디기란 힘들고 어려운 일일 것이다. 특히 개인, 가정을 유지하고 지켜야 하는 부모들은 더욱 혼란을 겪으며 자기 불안, 기초 불안, 생존 불안, 사회 불안을 견뎌내야 한다. 개인(개별)의 건강한 성장이 건강한 가정과 사회를 만들 수 있으며 이는 인류의 건강한 성숙을 이끌어 낼 수 있지만 권력과 자본은 이를 용납하지 않고 있다.

건강하지 않은 자극, 준비되지 않은 환경에의 적응은 가정을 위협하고 있으며 성(젠더)의 역할과 본질까지도 교란시키고 있다. 사회 근본을 이루는 기초 양육 환경, 가족이라는 틀 속에서 보호받아야 하는 개별 독립체가 수많은 자극에 의해 내몰린 부모들의 의식과 전의식으로 자녀들은 태내에서 조차 안전하게 보호받지 못하고 있다. 2장에서도 언급되었지만 아이들은 태내에서 자기 무의식과 부모의 무의식을 직접 탐험하고 경험하게 된다. 개별 독립체로 결정된 성의 본질대로 직접적인 영향을 받아 자아를 형성하게 되는 것이다. 하지만 자극에 반응할 수밖에 없는 환경에 의해 선택할 수 없는 부정적 자극에 노출되어 자녀들이 태내에서도 자극에 보호받지 못하여 무의식을 탐험하고 경험하는 시기를 방해받고 있는 것이다. 자기 무의식을 탐험하고 경험하는 시기에 환경적 요인의 자극은 태내에서도 의식과 전의식에 머물도록 탐험과 경험을 제한하였고, 탐험과 경험을 하였다 할지라도 불안, 갈등의 무조건 자극 반응으로 더욱 쉽게 자기 욕구와 감정에 자극받게 되었다. 태내기 부정적 자극은 성장하면서 인격의 문제가 나타나며 자기 욕구해소가 안된 자극은 피해망상의 정신적 문제를 부추기게 된다.

자극에 쉽게 반응하는 가정일수록 부부간의 갈등과 대립이 치열하게 나타난다. 역할에 대한 논쟁과 다툼이 많고 양육에 대한 갈등도 많아 성장하는 자녀들에게 부정적 자극을 주게 되어 감정과 욕구, 불안 등으로 의식과 전의식을 더욱 활성화시키고 있다. 부부간의 논쟁에도 한계를 두지 않는다. 논쟁의 중심은 자기 욕구해소에 있으나 서로가 양보하지 않는다. 서로가 "왜 나만"을 강조하며 피해망상적인 다툼을 지속하게 된다. 피해망상은 성관계 거부로 이어지며 상대의 성을 비하하게 된다. 자극에 쉽게 반응할수록 자기 성의 역할을 포기하거나 의무적으로 행동한다. 자극에 쉽게 반응할수록 상대를 향한 공격성을 보이며 폭력, 폭행 등으로 분노 감정을 표출하게 된다. 부부 관계뿐만 아니라 사회적으로 자기의 폭력, 폭행을 '기억하지 못한다.'라는 사람들이 있는데 이는 거짓된 행동이며 표현이다. 의식과 전의식은 자극에 즉각 반응하기 때문에 스스로 기억을 왜곡시키고 있을 뿐 자극에 의한 자기 행동은 기억에서 사라지지 않는다. 서로가 왜곡된 기억을 주입시키고 잘못을 인정하지 않는 갈등과 다툼은 성 대결의 구도를 만들게 되며 성(젠더)의 역할을 포기하고 결혼을 기피하게 되는 사회 현상을 만들게 된다.

개별 독립체로서 보호받지 못하는 자아는 혼란의 중심에 있는 것과 같다. 특히 태내에서의 자극은 자기 성(젠더의 본질)에 대한 혼란을 겪고 경험하게 된다. 성의 결정에 따라 남성/여성으로 구분되지만 부모가 가지는 상대방에 대한 갈등과 대립, 상실, 무기력, 우울, 부정, 분노와 같은 불안의 자극에 지속적으로 노출되고 경험하게 되면 신체적으로 결정된 성을 거부하거나 부정하게 되는 것이다.

성(젠더)의 본질까지도 위협하는 환경에서 보호받지 못하는 인류는 스스로에게 위협이 되어 돌아오고 있다. 인간 무의식을 보호하고 안전한 사회를 위해 대책 마련이 시급하다.

맺으며

고갈되어진 배려, 이해심, 존중과 존엄적인 가치의 도덕성, 윤리성 그리고 양심의 결핍으로 무의식이라는 영역이 흔들리고 균형과 중심을 잃어 제 기능을 하지 못하고 있다. 결핍의 독버섯과 같은 자극이 전의식과 의식을 지배하면서 인간은 스스로 위협적인 존재가 되어 가고 있다. 자극에 기능을 멈춘 무의식, 균열된 의식과 전의식에 의해 인류는 위협적이며 위험하고, 불안하고, 불평등과 불균형 등 상식에서 벗어난 사회에서 살아가고 있다. 인간이 인간성을 회복하고 성숙이라는 진화를 위해서는 균열되어진 의식과 전의식을 수리하고 멈춰선 무의식의 기능을 회복하여 사회 균형과 중심을 잡아야 한다. 과거 세대부터 이어져 왔던 균열을 한 번에 잡을 수는 없겠지만 미래 세대를 위해서는 꼭 해야만 한다. 인간의 무의식과 의식, 전의식은 정서 심리(정신)와 직접적인 연관이 되어 있어 사회문제와 사회 구조, 건강한 사회를 위해서는 아주 중요하게 접근하여야 한다. 인간은 성숙할 때 분쟁, 다툼, 대립, 갈등을 멈추게 되며 인류에게, 사회에게 공헌할 수 있는 자기를 위해 노력하게 될 것이다.

무의식의 무(無), '없다.'가 아닌 '느끼지 못하는 의식'이라는 말이다. 존재하지만 그 존재를 알지 못하는 것 또는 무한, 거대해서 인지하지 못하는 공간적 개념에 해당되기도 한다. 자기와 인간 집단의 본질적 개념을 찾기 위해서라도 자기의 무의식을 바라보는 계기가 되어야 한다. 인류의 건강한 사회와 미래를 위해⋯.

※ 불안이론(이론에 대한 세부표 별도)

불안 이론 구조도

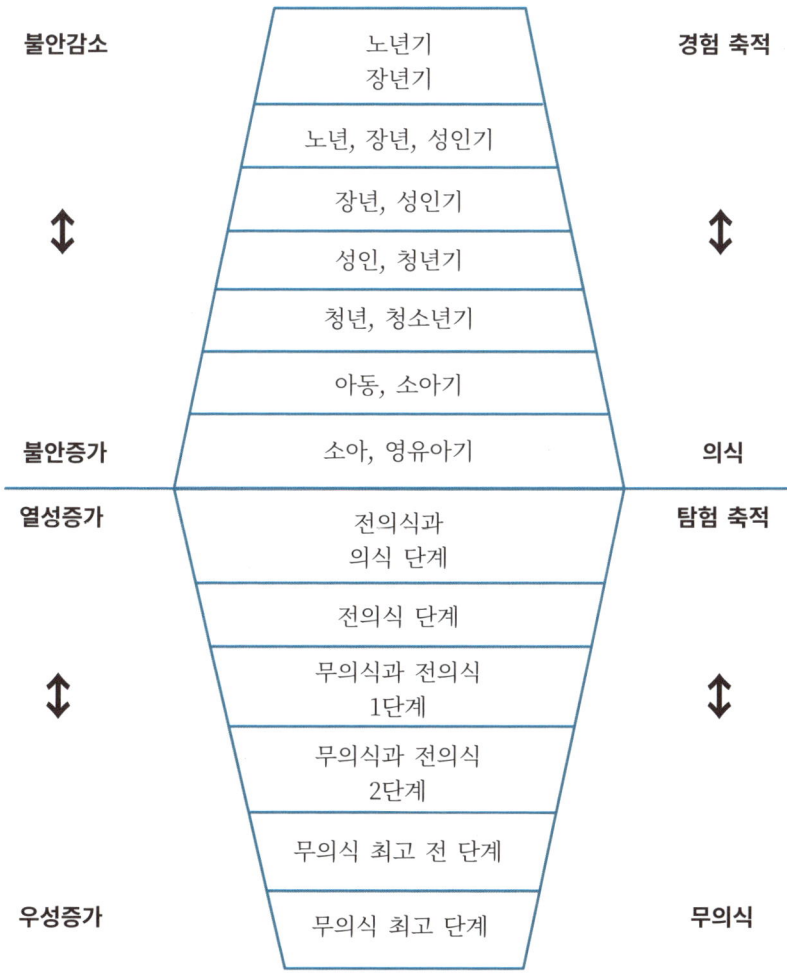